1222.

COMMENTAIRE

SÚR

L'ESPRIT DES LOIS

V516

DE MONTESQUIEU.

IMPRIMERIE DE FAIN, PLACE DE L'ODÉON.

COMMENTAIRE

SUR

L'ESPRIT DES LOIS

DE MONTESQUIEU;

SUIVI D'OBSERVATIONS INÉDITES DE CONDORCET
SUR LE VINGT-NEU·IÈME LIVRE DU MÊME OUVRAGE.

Édition entièrement conforme à celle publiée à **Liége**
en 1817.

PARIS,

DELAUNAY, LIBRAIRE, PALAIS-ROYAL;
MONGIE AÎNÉ, BOULEVART POISSONNIÈRE, N°. 18.
1819.

AVERTISSEMENT DE L'ÉDITEUR.

CET ouvrage a été imprimé en anglais
à Philadelphie, en 1811, sous les aus-
pices du célèbre M. Jefferson, ancien
président des États-Unis; il sert de
texte à l'enseignement dans le collége de
Guillaume et *Marie* de l'état de Vir-
ginie, et dans plusieurs autres.

Un savant français distingué avait
commencé à le traduire en 1812 : cette
traduction n'a pas été achevée.

Nous croyons donc rendre un véritable service aux libéraux de tous les
pays, en publiant aujourd'hui cet ouvrage, traduit dans la langue que l'Europe semble avoir adoptée pour toutes
les sciences politiques et morales. Les
lecteurs y trouveront un double avantage : celui de revenir sur le livre, si
justement admiré, de l'*Esprit des Lois*,

livre dépositaire des titres du genre
humain , perdus depuis trois mille ans,
et retrouvés par Montesquieu (c'est
Voltaire qui rend à ce beau génie cet
immortel hommage); et cet autre, d'apprécier les conquêtes de l'esprit humain
dans le domaine illimité de la raison,
si long-temps usurpé par les préjugés
et les routines, enfans de l'ignorance.

Purger un chef-d'œuvre de quelques
erreurs qui appartiennent moins au
grand homme qu'à son siècle subjugué
par le despotisme des fausses doctrines,
c'est l'honorer; surtout si l'on reconnaît, en même temps, comme l'a fait
l'auteur du *Commentaire* ; que Montesquieu, en secouant, autant qu'il le
lui était permis, sa propre chaîne, en
cachant le manteau du philosophe sous
la simarre du magistrat, a imprimé à
ces esprits, encore observateurs timides,
une impression qui, depuis lui, n'a cessé
de s'accroître, et à laquelle nous de-

vons, parmi tant d'immenses résultats, le gouvernement représentatif et le gouvernement fédéral ; celui-ci approprié à des peuples neufs, à des terres vierges que le privilége féodal n'a point souillés ; celui-là à l'Europe que ce régime délétère, depuis tant de siècles, frappe, plus ou moins, de servile stérilité.

Le volume est terminé par des *Observations inédites de Condorcet*, sur le vingt-neuvième livre de l'*Esprit des Lois;* c'est une critique que nous avons cru devoir rigoureusement imprimer telle qu'elle nous est parvenue. Dans cette lutte, le public a seul le droit de prononcer. C'est à lui de déterminer jusqu'à quel point, s'y présentant avec tous les avantages qu'il a pu puiser dans un demi-siècle de philosophie, Condorcet a balancé l'inébranlable renommée dont Montesquieu jouit et dans sa patrie et chez tous les peuples policés. Éminemment français, il est cosmopolite par le droit du génie et par l'*Esprit des Lois.*

Nous ajouterons quelques observations. Premièrement que l'auteur du *Commentaire* résidant actuellement en Amérique, nous n'avons pu soumettre à son examen les épreuves : nous devons cet avis au lecteur dans le cas où il se serait glissé quelques légères fautes que nous n'aurions pas remarquées, malgré toute notre scrupuleuse attention. En second lieu, nous prévenons le public que nous avons cru pouvoir diviser le *Commentaire*, par chapitres, dont chacun renferme plus ou moins de livres de l'*Esprit des Lois*, selon que les matières l'ont exigé. Nous nous y sommes décidés, parce que nous avons cru reconnaître que c'était d'ailleurs l'intention de l'auteur. Le lecteur verra facilement que les titres des chapitres, sont les titres mêmes des livres que l'auteur commente.

TABLE

Des trente et un Livres de l'Esprit des Lois de Montesquieu, avec le précis des vérités qui en résultent.

Livre XI. Des lois qui forment la liberté politique dans son rapport avec la constitution.

Chapitre premier. — Le problème qui consiste à distribuer les pouvoirs de la société de la manière la plus favorable à la liberté, est-il résolu ?

Réponse. — Il ne saurait être résolu tant qu'on donne trop de pouvoir à un seul homme.

Chapitre deuxième. — Comment pourrait-on parvenir à résoudre le problème proposé ?

Réponse. — Le problème proposé ne peut être résolu qu'en ne donnant jamais à un seul homme assez de pouvoir pour qu'on ne puisse pas le lui ôter sans violence, et pour que tout change avec lui.

Livre XII. Des lois qui forment la liberté politique dans son rapport avec le citoyen.

La liberté politique ne saurait subsister sans la liberté individuelle et la liberté de la presse, et celle-ci sans la procédure par jurés.

Livre XIII. Des rapports que la levée des tributs et la grandeur des revenus publics ont avec la liberté.

L'impôt est toujours un mal.

Il nuit de plusieurs manières différentes à la liberté et à la richesse.

Suivant sa nature et les circonstances, il affecte diversement différentes classes de citoyens.

Pour bien juger de ses effets, il faut savoir que le travail est la seule source de toutes nos richesses, que la propriété territoriale n'est en rien différente de toute autre propriété, et qu'un champ n'est qu'un outil comme un autre.

Livres XIV, XV, XVI et XVII. Des lois dans le rapport qu'elles ont avec la nature du climat. —

Il est l'attribut de l'homme. Il est la source de tout bien. Sa principale utilité est de développer l'industrie. C'est lui qui a civilisé le monde, c'est lui qui a affaibli l'esprit de dévastation. Les prétendues balances de commerce sont des illusions et des minuties.

Livre XXII. Des lois dans le rapport qu'elles ont avec l'usage de la monnaie.

L'argent a une valeur naturelle, c'est pour cela qu'il peut être la mesure de toutes les autres valeurs, ce que ne peut pas être le papier qui n'est que signe. Quand l'argent est frappé d'une empreinte qui en atteste la quantité et la qualité, il est monnaie. Deux métaux ne peuvent pas être tous deux monnaie fondamentale.

Le possesseur de l'argent peut le consommer ou le garder, le donner ou le prêter, le louer ou le vendre comme toute autre richesse.

Le service des changeurs et banquiers consiste à convertir une monnaie dans une autre, à la transporter d'une ville dans une autre, à escompter les lettres non encore échues. Les grandes compagnies qu'ils forment, à cet effet, sont toujours dangereuses ; leurs succès sont peu importans.

Les dettes publiques font hausser l'intérêt de l'argent.

Livre XXIII. Des lois dans le rapport qu'elles ont avec le nombre des habitans.

La population est arrêtée chez les sauvages par le défaut de moyens, et, chez les peuples civilisés, par la mauvaise répartition des moyens. Partout où il y a aisance, liberté, égalité, lumières, elle augmente rapidement. Au reste ce n'est pas la multiplication des hommes qui est désirable, c'est leur bonheur.

Livres XXIV et XXV. Des lois dans le rapport qu'elles ont avec la religion établie dans chaque pays,

considérée dans ses pratiques et en elle-même. — Des lois dans le rapport qu'elles ont avec l'établissement de la religion de chaque pays, et sa police extérieure.

Moins les idées religieuses ont de force dans un pays, plus on y est vertueux, heureux, libre et paisible.

Livre XXVI. Des lois dans le rapport qu'elles doivent avoir avec l'ordre des choses sur lesquelles elles statuent.

Il n'y a rien à tirer de ce livre.

Livres XXVII et XXVIII. De l'origine et des révolutions des lois des Romains sur les successions. — De l'origine et des révolutions des lois civiles chez les Français.

Ces deux-ci sont purement historiques. Je ne m'y arrêterai pas.

Livre XXIX. De la manière de composer les lois.

Rien d'instructif encore ici que la manière dont Condorcet a critiqué ce livre, ou plutôt l'a refait.

Livres XXX et XXXI. Théorie des lois féodales chez les Francs, dans le rapport qu'elles ont avec l'établissement de la monarchie. — Théorie des lois féodales chez les Francs, dans le rapport qu'elles ont avec les révolutions de la monarchie.

Ces deux livres sont encore purement historiques.

Malgré tous ses défauts, l'*Esprit des Lois*, quand il a paru, a mérité d'être attaqué par tous les ennemis des lumières et de l'humanité, et d'être défendu par leurs amis.

RÉFLEXIONS PRÉLIMINAIRES.

Mon objet, en commençant cet ouvrage, était de réfléchir sur chacun des grands sujets qu'a traités Montesquieu, de former mon opinion, de la mettre par écrit afin d'achever de l'éclaircir et de la fixer. Je n'ai pas été long-temps sans m'apercevoir que la collection de ces opinions formerait un traité complet de politique ou *science sociale*, qui serait bon si chacune d'elles était juste, et si toutes étaient bien enchaînées. J'ai donc été tenté, après les avoir épurées, autant que j'en étais capable, de les reprendre toutes, de les refondre, de les distribuer d'une autre manière, et d'en former un ouvrage didactique, dans lequel les matières fussent rangées suivant l'ordre naturel de leur mutuelle dépendance, sans aucun égard pour celui que Montesquieu avait établi entr'elles, et qui, suivant moi, est loin d'être toujours le meilleur. Mais j'ai senti bientôt que, s'il s'était trompé dans le choix de cet ordre, je pourrais bien, à plus forte raison, m'y tromper aussi, malgré l'énorme avantage que me donnent sur lui les lumières acquises pendant les cinquante *prodigieuses* années qui séparent le moment où il a éclairé ses contemporains, de celui où je soumets aux miens le résultat de mes études. D'ailleurs, plus cet ordre que j'aurais préféré aurait été différent do celui qu'a suivi Montesquieu, plus il m'aurait rendu difficile de discuter ses opinions en établissant les miennes. Nos deux marches se croisant sans cesse, je n'aurais pu, sans une foule de redites insupportables, lui rendre cet hommage que je regarde comme un devoir. Je me serais donc vu réduit à présenter mes idées, avec la défaveur d'être souvent contraires aux siennes, sans qu'on en vit suffisamment le motif. Dans cet état, il est douteux qu'on les eût jamais adoptées. On ne leur aurait peut-être pas seulement fait l'honneur de les examiner. Voilà ce qui m'a déterminé à ne donner aujourd'hui qu'un *Commentaire* sur Montesquieu. Un autre plus heureux, profitant de la discussion, si elle s'établit, pourra, dans la suite, donner un vrai *Traité des Lois.* C'est ainsi, je pense, que doivent marcher toutes les sciences ; chaque ouvrage partant toujours des opinions les plus saines actuellement reçues, pour y ajouter quelque nouveau degré de justesse. C'est là vraiment suivre le sage précepte de Condillac, *d'aller rigoureusement du connu à l'inconnu.* Puissé-je, en n'ayant pas plus d'ambition que ne me le permettait ma position, avoir contribué efficacement aux progrès de la science sociale, la plus importante de toutes au bonheur des hommes, et celle que nécessairement ils perfectionnent la dernière, parce qu'elle est le résultat et le produit de toutes les autres !

COMMENTAIRE

SUR

L'ESPRIT DES LOIS

DE MONTESQUIEU.

~~~~~~

CHAPITRE PREMIER.

Sur le Livre Ier. — Des lois en général.

LES lois ne sont pas, comme le dit Montesquieu, *les rapports nécessaires qui dérivent de la nature des choses.* Une loi n'est pas un rapport, et un rapport n'est pas une loi. Cette explication ne présente pas un sens clair. Prenons le mot *loi* dans son sens spécifique et particulier. Cette acception des mots est toujours la première qu'ils aient eue ; et il faut toujours y remonter pour les bien entendre. Dans ce sens nous entendons par une *loi*, une règle prescrite à nos actions par une autorité que nous regardons comme ayant le droit de faire cette loi.

1

Cette dernière condition est nécessaire; car, lorsqu'elle manque, la règle prescrite n'est plus qu'un ordre arbitraire, un acte de violence et d'oppression.

Cette idée de la loi renferme celle d'une peine attachée à son infraction, d'un tribunal qui applique cette peine, d'une force physique qui la fait subir. Sans tout cela, la loi est incomplète ou illusoire.

Tel est le sens primitif du mot *loi*. Il n'a été et n'a pu être créé que dans l'état de société commencée. Ensuite, quand nous remarquons l'action réciproque de tous les êtres les uns sur les autres, quand nous observons les phénomènes de la nature et ceux de notre intelligence, quand nous découvrons qu'ils s'opèrent tous d'une manière constante dans les mêmes circonstances, nous disons qu'ils suivent certaines *lois*. Nous appelons par extension *lois de la nature*, l'expression de la manière dont ces phénomènes s'opèrent constamment. Ainsi nous voyons la chute des graves. Nous disons que c'est une loi de la nature, qu'*un corps grave, abandonné à lui-même, tombe par un mouvement croissant comme la série des nombres* impairs, en sorte que les espaces parcourus sont comme les carrés des temps employés ; c'est-à-dire que les choses se passent comme si une autorité invincible eût ordonné qu'elles fussent comme cela, sous peine de l'anéantissement inévitable des êtres agissans. De même nous disons que c'est une loi de la nature, qu'un être animé soit jouissant ou souffrant, c'est-à-dire qu'il s'opère en lui, à l'occasion de ses perceptions, une sorte de jugement qui n'est que la conscience qu'elles le font jouir ou pâtir ; qu'en conséquence de ce jugement, il naisse en lui une volonté, un désir de se procurer ces perceptions ou de les éviter, et qu'il soit heureux ou malheureux suivant que ce désir est accompli ou non. Cela veut dire qu'un être animé est tel par l'ordre éternel des choses, et que, s'il n'était pas tel, il ne serait pas ce que nous appelons un être animé.

Voilà ce que c'est que les *lois naturelles*. Il y a donc des lois naturelles que nous ne pouvons pas changer, et auxquelles nous ne pouvons pas désobéir impunément ; car nous ne nous sommes pas faits nous-mêmes, et nous n'avons rien fait de ce qui nous entoure.

Ainsi, tant que nous laisserons un corps grave
sans appui, nous serons écrasés par sa chute.
Tant que nous ne nous arrangerons pas pour
que nos désirs soient accomplis, ou, ce qui
revient au même, tant que nous fomente-
rons des volontés inexécutables, nous serons
malheureux. Cela est hors de doute. Là,
l'autorité est suprême, le tribunal infaillible,
la force insurmontable, la punition certaine;
ou du moins tout se passe, comme si tout
cela était ainsi.

Or, dans nos sociétés, nous faisons ce que
nous appelons des lois positives, c'est-à-dire
des lois artificielles et conventionnelles, au
moyen de nos autorités, de nos tribunaux, de
nos forces factices. Il faut donc que ces lois
soient conformes aux lois de notre nature,
qu'elles en dérivent, en soient des conséquences, et ne leur soient pas contraires; sans quoi
il est certain que celles-ci les surmonteront,
que notre objet ne sera pas rempli, que nous
serons malheureux. C'est là ce qui fait que
nos lois positives sont bonnes ou mauvaises,
justes ou injustes. Le *juste* est ce qui produit
le *bien*, l'*injuste* est ce qui produit le *mal*.

Le *juste* et l'*injuste* existent donc avant

les lois positives, quoi qu'il n'y ait que celles-
ci que nous puissions appeler *justes* ou *injustes;* les autres, les lois de la nature,
sont simplement *nécessaires :* notre rôle n'est
pas plus de les juger que de les contredire.
Sans doute, il y a *juste* et *injuste* avant
aucune de nos lois. Si cela n'était pas, il n'y
en aurait jamais ; car nous ne créons rien.
Ce n'est pas à nous qu'il appartient de faire
qu'une chose soit conforme ou contraire à
notre nature. Nous ne faisons que voir et
déclarer ce qui est, à tort ou avec raison,
suivant que nous nous trompons ou non.
Quand nous proclamons *juste* une chose qui
ne l'est pas, nous ne la rendons pas telle
pour cela ; ce qui serait hors de notre pouvoir : seulement nous proclamons une erreur ;
et nous faisons une certaine quantité de mal,
en donnant pour appui à cette erreur la quantité de force dont nous disposons ; mais la
loi, la vérité éternelle qui y est contraire,
reste la même.

Ceci ne veut pas dire, prenons-y bien
garde, qu'il soit toujours juste de résister à
une loi injuste, toujours raisonnable de s'opposer actuellement et violemment à ce qui

est déraisonnable. Il faut savoir avant tout si
la résistance ne fait pas encore plus de mal
que l'obéissance. Mais c'est là une question
très-secondaire dont la solution dépend des
circonstances, et dont les élémens seront dis-
cutés par la suite. Nous sommes loin d'y être
encore.

Reste donc que les lois de la nature existent
antérieurement et supérieurement aux nôtres;
que le juste fondamental est ce qui leur est
conforme, et que l'injuste radical est ce qui
leur résiste; et que, par conséquent, nos lois
postérieures doivent, pour être réellement
bonnes, être conséquentes à ces lois plus
anciennes et plus puissantes. C'est là l'*esprit*
(ou le vrai *sens*) dans lequel doivent être
faites les lois positives; mais cet esprit n'est
pas aisé à saisir et à démêler. Il y a loin
des premiers principes aux derniers résultats. C'est cette série de conséquences qu'un
Traité de l'esprit des lois doit indiquer. Ses
maximes doivent beaucoup se modifier suivant les circonstances et l'organisation particulière de nos sociétés. Examinons donc leurs
différences principales.

CHAPITRE II.

Sur le Livre II. — Des lois qui dérivent directement de la nature du gouvernement.

LA division ordinaire des gouvernemens en républicains, monarchiques et despotiques, me paraît essentiellement mauvaise.

Le mot *républicain* est un terme très-vague, sous lequel on comprend une multitude de gouvernemens prodigieusement différens les uns des autres, depuis la démocratie paisible de Schwitz et la démocratie turbulente d'Athènes, jusqu'à l'aristocratie concentrée de Berne, et la sombre oligarchie de Venise. De plus, cette qualification de républicain n'est pas propre à figurer en opposition avec celle de monarchique; car les Provinces-Unies de la Hollande, les États-Unis de l'Amérique, ont un chef unique, et sont regardés comme des républiques; et l'on a toujours été incertain si l'on devait dire le royaume ou la république de Pologne.

Le mot *monarchique* désigne proprement un gouvernement dans lequel le pouvoir exécutif réside dans les mains d'un seul;

mais ce n'est là qu'une circonstance qui peut
se trouver réunie avec beaucoup d'autres
très-diverses, et qui ne caractérise pas l'essence de l'organisation sociale. Ce que nous
venons de dire de la Pologne, de la Hollande et des Etats-Unis en est la preuve; on
peut en dire autant de la Suède et de la
Grande-Bretagne qui, à plusieurs égards,
sont des aristocraties royales. On pourrait
citer aussi le corps germanique, qui, avec
beaucoup de raison, a souvent été appelé
une république de princes souverains, et
même l'ancien gouvernement de France;
car ceux qui le connaissent à fond, savent
bien que c'était proprement une aristocratie
religieuse et féodale, tant de robe que d'épée.

Quant au mot *despotique*, il désigne un
abus, un vice, qui se trouve plus ou moins
dans tous les gouvernemens, parce que toutes
les institutions humaines sont imparfaites
comme leurs auteurs; mais ce n'est point là
le nom d'une forme particulière de société,
d'une espèce particulière de gouvernement.
Il y a despotisme, oppression, abus d'autorité, partout où la loi établie est sans
force, et cède à la volonté illégale d'un

homme ou de plusieurs. Cela se voit partout
de temps en temps. Dans beaucoup de pays,
les hommes imprudens ou ignorans n'ont
pris aucune précaution pour empêcher ce
malheur. Dans d'autres, ils n'en ont pris que
d'insuffisantes. Mais il n'a été établi nulle
part en principe (pas même dans l'Orient),
que cela doive être ainsi. Il n'y a donc point
de gouvernement qui, par sa nature, puisse,
avec raison, être appelé *despotique*.

S'il y avait un tel gouvernement dans le
monde, ce serait celui du Danemarck, où
la nation, après avoir secoué le joug des
prêtres et des nobles, et craignant leur influence dans ses assemblées, si elle se réu-
nissait de nouveau, a prié le roi de gouverner seul par lui-même, s'en rapportant à lui
du soin de faire les lois qu'il jugerait nécessaires au bien de l'état; et depuis, elle ne lui
a jamais demandé compte de ce pouvoir dis-
crétionnaire. Cependant ce gouvernement, si
illimité par la loi, a toujours été si modéré
(et c'est pour cela qu'on ne s'est jamais occupé de restreindre son autorité), que personne n'oserait dire que le Danemarck est
un état despotique.

On pourrait en dire autant de l'ancien gouvernement de France, si l'on y regarde comme généralement avouées, dans le sens que beaucoup de publicistes leur ont donné, les fameuses maximes : *Le roi ne tient à nully fors de Dieu et de ly*, et *si veut le roi si veut la loi*. Ce sont ces maximes qui ont souvent fait dire à plusieurs rois de ce pays, *Dieu et mon épée*, sans réclamer d'autres droits. Je sais qu'elles n'ont jamais été admises universellement sans restriction. Mais, quand on les aurait supposées reconnues en théorie, on n'aurait jamais dit de la France, malgré les énormes abus qui y existaient, qu'elle fût un état despotique. On l'a même toujours citée comme une monarchie tempérée. Ce n'est donc pas là ce qu'on entend par un gouvernement despotique ; et cette dénomination est mauvaise comme nom de classe, car le plus ordinairement elle signifie une monarchie où les mœurs sont brutales.

Je conclus que la division des gouvernemens en républicains, monarchiques et despotiques, est vicieuse de tous points, et que, chacune de ces classes renfermant des genres très-divers est très-opposés, on ne saurait

dire sur chacune d'elles que des choses très-
vagues, ou qui ne peuvent convenir à tous
les états qui y sont compris.

Je n'adopterai pas cependant la décision
tranchante d'Helvétius, qui, dans sa lettre à
Montesquieu (1), dit nettement : *Je ne connais que deux espèces de gouvernemens, les
bons et les mauvais : les bons qui sont encore
à faire, les mauvais dont tout l'art, etc., etc.*

Premièrement, si on n'a égard qu'à la pratique, dans ce genre comme dans tous les
autres, il y a du bien et du mal partout, et
il n'y a point de gouvernement que l'on ne
puisse classer alternativement parmi les bons
et parmi les mauvais.

Secondement, si au contraire on ne songe
qu'à la théorie, et si l'on ne considère dans

---

(1) Cette lettre, au reste, me paraît pleine de
choses excellentes, ainsi que celle à Saurin, et que
les notes du même auteur sur l'*Esprit des Lois;* et
l'on doit savoir gré à l'abbé de la Roche de nous avoir
conservé les idées d'un homme aussi recommandable
sur des objets si importans, et de les avoir publiées
dans l'édition qu'il a donnée des *OEuvres de Montesquieu*, chez Pierre Didot, en l'an 3. Elles rendent,
suivant moi, cette édition très-précieuse.

les gouvernemens que les principes sur lesquels ils sont fondés, sans s'embarrasser s'ils y conforment ou non leur conduite, il faudrait, pour ranger un gouvernement dans la classe des bons ou des mauvais, prononcer sur le mérite et la justesse des principes, et décider quels sont les principes vrais ou faux. Or, c'est ce que je ne me charge point de faire. Je ne veux, à l'exemple de Montesquieu, que dire ce qui est, montrer les diverses conséquences qu'entraînent les différentes organisations sociales, et laisser au lecteur le soin d'en tirer les conclusions qu'il voudra en faveur des unes ou des autres.

M'attachant donc uniquement au principe fondamental de la société politique, oubliant ses formes diverses, et n'en blâmant aucune, je partagerai tous les gouvernemens en deux classes. J'appellerai les uns *nationaux* ou de droit commun, et les autres *spéciaux* ou de droit particulier et d'exceptions (1).

(1) On pourrait dire aussi *publics* ou *privés*, non-seulement parce que les uns sont fondés sur l'intérêt *général*, et les autres sur quelque intérêt *privé* ; mais encore parce que, dans toutes leurs délibérations, les uns affectent la *publicité*, et les autres le *mystère*.

De quelque manière qu'ils soient organi-
sés, je rangerai dans la première classe tous
ceux où l'on tient pour principe, que tous les
droits et tous les pouvoirs appartiennent au
corps entier de la nation, résident en lui,
sont émanés de lui, et n'existent que par lui
et pour lui; ceux enfin qui professent hautement et sans restriction la maxime avancée
dans l'assemblée des chambres du parlement
de Paris, au mois d'octobre 1788, par un
de ses membres, savoir : *Les magistrats,
comme magistrats, n'ont que des devoirs :
les citoyens seuls ont des droits.* Et entendez
par magistrats, tous ceux qui sont chargés
d'une fonction publique quelconque.

On voit que ces gouvernemens que j'appelle *nationaux*, peuvent prendre toutes
sortes de formes; car la nation peut, à toute
rigueur, exercer elle-même tous les pouvoirs :
alors le gouvernement est une démocratie
absolue. Elle peut, au contraire, les déléguer
tous à des fonctionnaires élus par elle pour
un temps, et renouvelés sans cesse : alors
c'est le gouvernement représentatif pur. Elle
peut aussi les abandonner en totalité ou en
partie à des collections d'hommes ou à des

corps, soit à vie, soit avec succession héréditaire, soit avec la faculté de nommer leurs
collègues en cas de vacances : de la résultent
différentes aristocraties. Elle peut de même
confier tous ses pouvoirs, ou le pouvoir exécutif seulement, à un seul homme, soit à
vie, soit héréditairement, et cela produit une
monarchie plus ou moins limitée, ou même
tout-à-fait illimitée.

Mais, tant que le principe fondamental demeure intact et n'est point révoqué en doute,
toutes ces formes si diverses ont cela de
commun, qu'elles peuvent toujours être mo-
difiées ou même cesser tout-à-fait dès que la
nation le veut, et que nul n'a aucun droit
à opposer à la volonté générale manifestée
suivant les formes convenues. Or, cette circonstance essentielle suffit, suivant moi,
pour que toutes ces organisations différentes
soient regardées comme une seule espèce
de gouvernement.

J'appelle, au contraire, gouvernemens
spéciaux ou d'exceptions, tous ceux, quels
qu'ils soient, où l'on reconnaît d'autres
sources légitimes de droits et de pouvoirs
que la volonté générale, comme l'autorité

divinė, la conquête, la naissance, dans tel
lieu ou dans telle caste, des capitulations
respectives, un pacte social exprès ou tacite, où les parties stipulent, comme puissances étrangères l'une à l'autre, etc., etc.

Il est manifeste que ces diverses sources de
droits particuliers peuvent, comme la volonté générale, produire toutes sortes d'aristocraties, ou de monarchies, et même de démocraties fédératives ou subordonnées les
unes aux autres; mais elles sont bien différentes de celles qui portent les mêmes noms
dans les gouvernemens que j'appelle *nationaux*. Il y a ici différens droits reconnus et
avoués. Il y a, pour ainsi dire, différentes
puissances dans la même société; son organisation ne peut être regardée que comme un
résultat de conventions et de transactions formelles ou tacites, et elle ne doit pouvoir être
changée que du libre consentement de toutes
les parties contractantes; cela me suffit pour
appeler tous ces gouvernemens *spéciaux* ou
d'exceptions.

Je ne prétends pas, je l. épète, décider
ni même discuter actuellement si tous ces
droits particuliers sont également respecta-

bles, s'ils peuvent prescrire à perpétuité contre le droit commun, si l'on peut légitimement les opposer à la volonté générale bien prononcée. Toutes ces questions sont toujours résolues par la force, et d'ailleurs elles ne font rien à l'objet que je me propose. Tous ces gouvernemens sont existans ou peuvent l'être; et tous les corps politiques, dès qu'ils existent, ont droit à leur conservation. Voilà le point d'où je pars avec Montesquieu, et je veux examiner avec lui quelles sont les lois qui tendent à la conservation de chacun d'eux. J'espère que l'on s'apercevra, dans le cours de cette recherche, que la division que j'ai adoptée me donne bien plus de facilité pour pénétrer dans le fond du sujet, que celle qu'il a employée.

CHAPITRE III.

Sur le Livre III. — Des principes des trois gouvernemens.

Je pense, comme Helvétius, que Montesquieu aurait mieux fait d'intituler ce livre : *Conséquences de la nature des Gouvernemens.* Car que se propose-t-il ici? il cherche quels sont les sentimens dont il faut que les membres de la société soient animés, pour que le gouvernement établi subsiste. Or, c'est là le principe conservateur, si l'on veut; mais ce n'est pas le principe moteur. Celui-ci réside toujours dans quelque magistrature qui provoque l'action de la puissance. La cause de la durée d'une association commerciale est l'intérêt et le zèle de ses membres; mais son principe d'action, c'est l'agent ou les agens qu'elle a chargés de suivre ses affaires et de lui en rendre compte, et qui provoquent ses déterminations. Il en est de même de toute société, à moins que l'on ne veuille dire que le principe général de toute

2

action est l'intérêt et le besoin. C'est une
vérité, mais elle est si générale qu'elle ne
signifie plus rien pour chaque cas en particulier.

Quoi qu'il en soit, il est certain que les
divers sentimens, que Montesquieu appelle *le
principe qui fait agir chaque gouvernement*,
doivent être analogues à la nature du gouvernement établi ; car, autrement, ils le ren-
verseraient. Mais est-il bien vrai, comme il
le dit, que la *vertu* soit le principe du gouvernement républicain, *l'honneur* celui du
monarchique, et la *crainte* celui du *despotique?* Cela présente-t-il un sens bien net et
bien précis?

Pour la *crainte*, il n'est pas douteux qu'elle
ne soit la cause du despotisme ; car le moyen
le plus sûr pour être opprimé, est certainement de trembler devant l'oppresseur.
Mais nous avons déjà remarqué que le despotisme est un abus qui se trouve dans tous
les gouvernemens, et non pas dans un gouvernement particulier. Or, si un homme
raisonnable conseille souvent et très-souvent
de souffrir des abus de peur de pis, il veut
que ce soit par raison et non par crainte

que l'on s'y détermine; et d'ailleurs il ne se charge jamais de chercher les moyens de les perpétuer et de les accroître. De plus, Montesquieu dit lui-même en propres termes : *Quoique la manière d'obéir soit différente dans ces deux gouvernemens* (monarchique et despotique), *le pouvoir est pourtant le même. De quelque côté que le monarque se tourne, il emporte et précipite la balance, et est obéi. Toute la différence est que dans la monarchie, le prince a des lumières, et que les ministres y sont infiniment plus habiles et plus rompus aux affaires que dans l'état despotique.* Ce ne sont donc pas là deux gouvernemens différens. L'un n'est que l'abus de l'autre; et, comme nous l'avons déjà dit, le despotisme dans ce sens n'est que la monarchie avec des mœurs brutales. Nous ne parlerons donc ni du despotisme ni de la crainte.

A l'égard de l'*honneur* accompagné de l'*ambition*, qu'on regarde comme le principe de la monarchie; à l'égard de la *vertu* qu'on suppose être le principe de la république, et que l'on change en *modération*, quand cette république est aristocratique, qu'est-ce que tout cela aux yeux d'une saine critique? n'y a-t-il pas un véritable honneur qui ne s'applaudit que de ce qui est bien, et qui doit être exempt de reproches? et un faux honneur qui cherche tout ce qui brille et se targue de vices et même de ridicules, quand ils sont à la mode? n'y a-t-il pas aussi une ambition généreuse, qui ne veut que servir ses semblables et conquérir leur reconnaissance, et une autre ambition qui, dévorée de la soif du pouvoir et de l'éclat, y court par tous les moyens? ne sait-on pas aussi que la modération, suivant les occasions et les motifs, est sagesse ou faiblesse, magnanimité ou dissimulation? et quant à la vertu, qu'est-ce donc que cette vertu uniquement propre aux républiques? serait-il vrai que la vraie vertu soit déplacée quelque part? est-ce sérieusement que Montesquieu a osé avancer que de véritables vices, ou, si l'on veut, des vertus fausses, sont aussi utiles dans la monarchie que des qualités réellement louables? et, parce qu'il fait un portrait abominable des cours, *Chap.* 5, est-il bien sûr qu'il soit désirable ou inévitable qu'elles soient ainsi? je ne puis le penser (1).

(1) Voici les propres expressions de cet homme que l'on cite souvent comme le grand partisan de la monarchie :

« L'ambition dans l'oisiveté, la bassesse dans l'or-
» gueil, le désir de s'enrichir sans travail, l'aversion
» pour la vérité, la flatterie, la trahison, la perfi-
» die, l'abandon de tous ses engagemens, le mépris
» des devoirs du citoyen, la crainte de la vertu du
» prince, l'espérance de ses faiblesses, et plus que
» tout cela, le ridicule perpétuel jeté sur la vertu,
» forment, je crois, le caractère du plus grand nom-
» bre des courtisans, marqué dans tous les lieux et
» dans tous les temps. Or, il est très-malaisé que la
» plupart des principaux d'un état soient malhon-
» nêtes gens, et que les inférieurs soient gens de
» bien ; que ceux-là soient trompeurs, et que ceux-
» ci consentent à n'être que dupes.

» Que si, dans le peuple, il se trouve quelque
» malheureux honnête homme, le cardinal de Ri-
» chelieu, dans son testament politique, insinue
» qu'un monarque doit se garder de s'en servir, tant
» il est vrai que la vertu n'est pas le ressort de ce
» gouvernement. »

J'ajouterai que, d'après cela, il est même assez malaisé de concevoir quelle est l'espèce d'honneur qui peut en être le ressort.

Je crois que ce qu'il y a d'exact dans tout ce que Montesquieu a dit sur ce sujet, se réduit à ces deux points-ci. Premièrement, dans les gouvernemens où il existe, et où il doit exister des classes distinctes et riva-. les, des intérêts particuliers, bien qu'assez impurs et très-séparés de l'intérêt général, peuvent, en quelque façon, servir à atteindre le but de l'association. Secondement, en supposant, dans ce que Montesquieu appelle *monarchie*, l'autorité plus ferme et plus forte que dans ce qu'il nomme *république*, elle peut, sans autant de danger, employer des gens vicieux, et mettre à profit leurs talens sans s'embarrasser de leurs motifs : à quoi on peut ajouter avec lui, que par-là il doit y avoir plus de vices dans la masse de la nation que dans un autre ordre de choses. Voilà, ce me semble, tout ce que l'on peut trouver de plausible dans ces opinions; aller plus loin, c'est évidemment errer.

Au reste, comme par les raisons que nous avons exposées, nous n'avons pu adopter la division des gouvernemens établie par Montesquieu, nous ne le suivrons pas dans les détails qui s'y rapportent, mais nous allons nous servir de la classification que nous avons préférée, pour tâcher d'éclaircir davantage ses idées. Commençons par les gouvernemens que nous avons appelés *nationaux*, c'est-à-dire, qui sont fondés sur la maxime que *tous les droits et tous les pouvoirs appartiennent toujours au corps entier de la nation.*

Entre les diverses formes que ces gouvernemens peuvent revêtir, la démocratie pure est à peu près impossible. Elle ne peut exister un peu de temps de suite que dans des hordes de sauvages, ou parmi les nations un peu plus civilisées, dans quelque coin de terre isolé ou écarté, où les liens de l'association ne sont guère plus resserrés que chez les sauvages. Partout ailleurs où les relations sociales sont plus étroites et plus multipliées, elle ne peut avoir qu'une durée très-courte, et elle finit promptement par l'anarchie qui, par le besoin du repos, la ramène à l'aristocratie ou à la tyrannie. L'histoire de tous les temps fait foi de cette vérité (1).

(1) Et surtout l'histoire de la Grèce. Les démocraties grecques que l'on vante tant, n'ont jamais existé

D'ailleurs, là démocratie absolue ne peut avoir lieu que sur une très-petite étendue de territoire. Nous ne nous en occuperons pas maintenant.

Après cette forme de société qui est l'enfance de l'art, vient le gouvernement représentatif pur, celui dans lequel, suivant des formes exprimées dans un acte consenti librement et appelé *constitution*, tous les associés, nommés *citoyens*, concourent également à choisir leurs différens délégués, et à les contenir dans les limites de leurs missions respectives. C'est la démocratie rendue possible pour un long temps et un grand espace. La démocratie est l'état de la nature brute. La représentation est celui de la nature perfectionnée, qui n'est ni déviée ni sophistiquée, et qui ne procède ni par système ni par expédiens. Ou peut regarder la représentation

par elles-mêmes, mais seulement par la protection du lien fédératif qui les unissait. Encore n'ont - elles duré que des momens, et n'étaient-elles que des aristocraties très-resserrées, eu égard au nombre total des habitans, puisqu'il y avait une foule prodigieuse d'esclaves, qui n'avaient aucune part au gouvernement.

(le gouvernement-représentatif) comme une
invention nouvelle, qui était encore inconnue
du temps de Montesquieu. Elle n'était guère
possible à réaliser avant l'invention de l'imprimerie, qui rend plus complètes et plus
faciles les communications entre les associés,
et la reddition des comptes des délégués, et
qui surtout préserve les états des orages subits,
excités par l'éloquence verbale. Il n'est pas
étonnant qu'elle n'ait été imaginée qu'environ
trois siècles après la découverte de cet art
qui a changé la face de l'univers. Il fallait
qu'il eût déjà opéré de bien grands effets
avant qu'il pût faire naître une pareille idée.

Il est manifeste que le principe conservateur de ce gouvernement est l'amour des individus pour la liberté et l'égalité, ou si l'on
veut pour la paix et la justice. Il faut qu'ils
soient plus occupés de conserver et d'employer à leur gré ce qu'ils ont, que d'acquérir
ce qu'ils n'ont pas; ou que, du moins, ils
n'y emploient d'autre moyen que le développement de leurs facultés individuelles, et
ne cherchent pas à obtenir de l'autorité la
possession des droits de quelques autres individus, ou une portion de la fortune pu-

blique : qu'en conséquence de leur extrême
attachement à tout ce qui leur appartient
légitimement, ils soient affectés de l'injustice
qui serait faite à leur voisin par la force publique, comme d'un danger qui les menace
directement, et qu'ils ne puissent en être
consolés par aucune faveur qui leur soit personnelle ; car s'ils venaient une fois à préférer de tels avantages à la sûreté de ceux
qu'ils possèdent, ils seraient bientôt portés à
mettre les gouvernans en état de disposer de
tout à leur gré, afin d'en être favorisés.

La simplicité, l'habitude du travail, le
mépris de la vanité, l'amour de l'indépendance, si inhérent à tout être doué de volonté, disposent très-naturellement à de tels
sentimens. Si c'était là ce que Montesquieu
entend par *vertu républicaine*, je la croirais
très-aisée à obtenir. Mais nous verrons dans
le livre suivant, qu'il fait consister cette vertu
dans le renoncement à soi-même. Or, nul
être animé n'est par sa nature porté à cela. Il
ne peut renoncer à lui-même ou seulement
croire y renoncer que momentanément, et
par fanatisme. Ainsi c'est demander une vertu
fausse et passagère. Pour celle que je viens

de décrire, elle est si bien dans notre nature, qu'un peu d'habitude, de bon sens, quelques lois sages, et surtout l'expérience que la violence et l'intrigue sont rarement suivies de succès (et quelques années suffiraient pour le prouver), la feraient naître infailliblement et nécessairement. Continuons l'examen des différentes formes des gouvernemens que nous avons nommés *nationaux* ou de droit commun, par opposition à ceux que nous avons appelés *spéciaux* ou de droit particulier et d'exceptions.

Lorsque la démocratie originelle, faute d'avoir imaginé un gouvernement représentatif bien organisé, ou d'avoir su le maintenir, se résigne à se transformer en une aristocratie quelconque, et que par-là on a créé des classes élevées et des classes inférieures, il n'est pas douteux que la fierté des uns, l'humilité des autres, l'ignorance de ceux-ci, l'habileté de ceux-là, ne doivent être mises au rang des principes conservateurs du gouvernement, puisque ce sont autant de dispositions des esprits propres à maintenir l'ordre établi.

De même, lorsque cette démocratie prend

le parti de se changer en monarchie, en se
donnant un chef unique, soit à vie, soit héréditaire, il est vrai de dire que d'une part,
la fierté du monarque, la haute idée qu'il a
de sa dignité, la préférence qu'il marque à
ceux qui l'entourent, l'importance qu'il attache à l'honneur de l'approcher; de l'autre
part, l'orgueil des courtisans, leur dévoue-
ment, leur ambition, leur mépris même
pour les classes inférieures, et enfin le respect superstitieux de ces dernières classes
pour toutes ces grandeurs, et leur désir de
plaire à ceux qui en sont revêtus, toutes ces
dispositions, dis-je, contribuent à la stabilité
du gouvernement, et, dans cet ordre de
choses, sont par conséquent utiles, quelque
jugement que l'on en porte, et quels que
soient d'ailleurs les autres effets qu'elles produisent sur le corps social.

Il faut pourtant observer que nous ne parlons ici que des diverses formes des gouvernemens que nous avons appelés *nationaux*,
c'est-à-dire, dans lesquels nous avons supposé
que l'on fait profession de penser que *tous
les droits et tou les pouvoirs appartiennent
au corps entier de la nation.* Or, dans

ceux-là il ne faut pas que les différens sentimens particuliers, favorables aux formes
aristocratiques et monarchiques, s'exaltent
jusqu'à un certain degré. Il faut que le respect général pour les droits des hommes
prédomine toujours, sans quoi le principe
fondamental serait bientôt oublié ou méconnu, comme il l'est en effet presque toujours dans la pratique.

Maintenant si nous passons à l'examen des
gouvernemens que nous avons appelés *spé-*
ciaux, c'est-à-dire, où l'on reconnaît comme
légitimes différentes sources de droits particuliers, prescrivant contre le droit général
et national, il est évident que les différentes
formes qu'ils peuvent revêtir, admettent les
mêmes opinions et les mêmes sentimens que
nous avons reconnus favorables aux formes
analogues des gouvernemens nationaux : et
même dans ceux-ci, ces opinions et ces sentimens, au lieu d'être subordonnés au respect
général pour les droits des hommes, peuvent et doivent n'être arrêtés que par le
respect dû aux différens droits particuliers
reconnus légitimes. Les droits généraux des
hommes n'y sont rien.

Voilà, je pense, tout ce qu'il y a à dire
sur ce que Montesquieu appelle le principe
des différens gouvernemens. Au reste, il me
paraît beaucoup plus important de rechercher quels sont les opinions et les sentimens que chaque gouvernement fait naître
par sa nature et propage inévitablement,
que de s'occuper de ceux dont il a besoin
pour se soutenir. Je ne me suis arrêté sur
cet objet que pour me conformer à l'ordre
que Montesquieu a jugé à propos de suivre
dans son immortel ouvrage. L'autre question
est bien plus importante au bonheur des
hommes. Elle trouvera peut-être sa place dans
la suite de cet écrit.

CHAPITRE IV.

Sur le Livre IV.—Que les lois de l'éducation doivent être relatives au principe du gouvernement.

Le titre de ce livre est l'énoncé d'une grande vérité, laquelle est fondée sur une autre aussi incontestable , que l'auteur exprime en ces termes : *Le gouvernement est comme toutes les choses de c   monde : pour le conserver, il faut l'aimer.* Il faut donc que notre éducation nous dispose à avoir des sentimens et des opinions qui ne soient pas en opposition avec les institutions établies; sans quoi nous aurons le désir de les renverser. Or , nous recevons tous trois sortes d'éducations : celle des parens , celle des maîtres , celle du monde. Toutes trois, pour bien faire, doivent concourir au même but. Tout cela est très-vrai, mais c'est presque tout ce que nous pouvons recueillir d'utile dans ce livre. Montesquieu ensuite se borne à peu près à dire , que dans les états despotiques on habitue les enfans à la servilité; et que dans les monarchies il se forme, au moins parmi les courtisans, un raffinement de politesse, une délicatesse de goût et une finesse de tact, dont la vanité est la principale cause. Mais il ne nous apprend pas comment l'éducation dispose à ces qualités, ni quelle est celle qui convient au reste de la nation.

A l'égard de ce qu'il appelle le gouvernement républicain, il lui donne expressément pour base *le renoncement à soi-même*, *qui est toujours*, dit-il, *une chose très-pénible*. En conséquence, il manifeste pour beaucoup d'institutions des anciens, envisagées sous le rapport de l'éducation, une admiration que je ne puis partager, et que je suis bien surpris de voir dans un homme qui a autant réfléchi. Il faut que la force des premières impressions reçues soit bien puissante; et cela fait voir l'importance de la première éducation. Pour moi, qui néanmoins ne saurais m'en tenir aveuglément à ce qu'on m'a dit autrefois en m'expliquant Cornelius Nepos ou Plutarque, ou même Aristote, j'avoue naïvement que je n'estime pas plus Sparte que la

Trappe, ni les lois de Crète, si toutefois nous les connaissons bien, plus que la règle de Saint-Bénoît. Je ne saurais penser que l'homme, pour vivre en société, doive être violenté et dénaturé ; et, pour parler le langage mystique, je regarde comme de fausses vertus et des péchés splendides, tous les effets de ce sombre enthousiasme, qui rend les hommes dévoués et courageux, si l'on veut ; mais haineux, farouches, sanguinaires et surtout malheureux. A mon avis, le but de la société n'est point tel et ne le sera jamais. L'homme a besoin de vêtemens et non pas de cilices. Il faut que ses habillemens le garantissent et l'embellissent, mais sans le froisser, et même sans le gêner, si cela n'est pas indispensable pour qu'ils remplissent leur destination. Il en doit être de même de l'éducation et du gouvernement.

D'ailleurs, quand tout cela ne serait pas vrai, ou quand il ne faudrait y avoir aucun égard, quand on devrait compter pour rien le bonheur et le bon sens (choses inséparables) et, n'envisager absolument ces institutions, comme nous l'avons annoncé d'après Montesquieu, que sous le rapport de

la durée du gouvernement établi, je blâme-
rais également toutes ces passions factices,
et ces règlemens anti-naturels. Le fanatisme
est un état violent. Avec de l'habileté et des
circonstances favorables, on peut le faire
durer plus ou moins long-temps : mais enfin
il est essentiellement passager ; et tout gouvernement que l'on fait reposer sur une telle
base ne saurait être véritablement solide (1).

Montesquieu nous annonce qu'en se réser-
vant le droit de juger les diverses formes des
sociétés politiques, il ne considère cependant
dans les lois que la propriété d'être favorables ou nuisibles à telles ou telles de ces
formes. Ensuite il les réduit toutes à trois :
despotique, monarchique et républicaine,
laquelle il subdivise en démocratique et aristocratique ; et c'est la démocratique qu'il

(1) C'est ici le cas de se rappeler ce que nous avons
dit (chapitre Ier.) des lois de la nature et des lois positives. Ces dernières ne doivent jamais être contraires
aux premières ; si Montesquieu avait commencé,
comme nous, par faire l'analyse du mot *loi*, au lieu
d'en donner une définition obscure, il se serait, je
crois, épargné bien de la peine, et, qui plus est, bien
des erreurs.

appelle essentiellement républicaine. Puis il
nous peint le gouvernement despotique,
comme abominable et absurde, et excluant
presque toute loi, et le gouvernement républicain (entendez démocratique), comme
insupportable et presque aussi absurde, tout
en lui prodiguant son admiration. Il suit
de là qu'il n'y a de tolérables que l'aristocratie sous plusieurs chefs, à laquelle il donne
cependant beaucoup de vices sous le nom
de *modération*, et l'aristocratie sous un seul
chef qu'il appelle monarchie, à laquelle il
donne encore plus de vices sous le nom
d'*honneur*. Effectivement ce sont les deux
seules espèces de société parmi celles qu'il
admet, qui ne soient pas absolument contre
nature, et c'est déjà beaucoup. Mais il faut
convenir que rien ne prouve mieux qu'il
a adopté une bien mauvaise classification des
gouvernemens. Suivons donc la nôtre, et
donnons, relativement à l'éducation, quelques
explications dont Montesquieu a cru pouvoir
se dispenser.

J'établirai pour premier principe que,
dans aucun cas, le gouvernement ne peut,
ni ne doit enlever d'autorité les enfans à leurs

parens, pour les élever et en disposer sans leur participation. C'est un attentat contre les sentimens naturels, et la société doit suivre la nature et non l'étouffer. D'ailleurs, *chassez le naturel, il revient au galop*. On ne peut jamais lutter long-temps contre lui avec avantage, ni dans l'ordre physique, ni dans l'ordre moral. C'est donc un législateur bien téméraire que celui qui ose se mettre en opposition avec l'instinct paternel, et même avec l'instinct maternel bien plus fort encore. Nul exemple ne peut excuser son imprudence, surtout dans nos temps modernes.

Cela posé, le seul conseil que l'on puisse donner à un gouvernement relativement à l'éducation, c'est de faire en sorte, par des moyens doux, que les trois espèces d'éducation que les hommes reçoivent successivement, celle des parens, celle des maîtres, et celle du monde, ne se contredisent pas entre elles, et que toutes trois soient dirigées dans le sens du gouvernement.

Pour la seconde, celle des maîtres, il peut y influer très-puissamment et très-directement par les différens établissemens publics d'enseignement qu'il crée ou qu'il favorise,

et par les livres élémentaires qu'il y admet
ou qu'il en rejette. Car, quels que soient ces
établissemens, il arrive toujours par la force
de la nécessité, que la très-majeure partie des
citoyens est élevée et formée dans les maisons d'instruction publique; et, à l'égard du
petit nombre qui reçoit une éducation entièrement particulière et privée, ces éduca-
tions-là même sont encore fortement influen-
cées par l'esprit qui règne dans les établissemens publics.

Quant à l'éducation des parens et à celle
du monde, elles sont absolument sous l'empire de l'opinion publique. Le gouvernement
ne saurait en disposer despotiquement, parce
qu'on ne commande point aux volontés, mais
il a, pour les attirer à lui, les mêmes moyens
dont il se sert pour influencer l'opinion; et
l'on sait combien ces moyens sont puissans,
surtout avec un peu d'adresse et de temps,
puisque les deux grands mobiles de l'homme,
la crainte et l'espérance, sont toujours plus
ou moins au pouvoir des gouvernans, dans
tous les sens et sous tous les rapports.

Sans donc avoir recours à ces actes arbitraires et violens que l'on a trop admirés

dans certaines institutions anciennes, et qui
ne peuvent avoir qu'un succès plus ou moins
passager, comme tout ce qui est fondé
sur le fanatisme et l'enthousiasme, les gouvernemens ont une infinité de moyens pour
diriger, suivant leurs vues, tous les différens
genres d'éducation. Il ne s'agit que de voir
dans quel esprit chacun doit chercher à y
influer. Commençons par ceux que nous
avons nommés gouvernemens de droit privé
ou d'exceptions, et dans cette classe, par celui
que l'on appelle gouvernement monarchique.

Dans une monarchie héréditaire, où l'on
reconnaît au prince et à sa famille des droits
(et par conséquent des intérêts) qui sont propres à lui seul et distincts de ceux de la nation,
on les fonde, ou sur l'effet de la conquête,
ou sur le respect dû à une antique possession,
ou sur l'existence d'un pacte tacite ou créé
exprès, dans lequel le prince et sa famille sont
considérés comme une partie contractante,
ou sur un caractère surnaturel et une mission
divine, ou sur tout cela ensemble. Dans tous
ces cas également, il n'est pas douteux que le
souverain ne doive chercher à inculquer et à
répandre les maximes de l'obéissance passive,

un profond respect pour les formes établies, une haute idée de la perpétuité de ces arrangemens politiques, beaucoup d'éloignement pour l'esprit d'innovation et de recherche, une grande aversion pour la discussion des principes.

Dans cette vue, il doit d'abord appeler à son secours les idées religieuses qui saisissent les esprits dès le berceau, et font naître des habitudes profondes et des opinions invétérées, long-temps avant l'âge de la réflexion. Toutefois il doit commencer par s'assurer de la dépendance des prêtres qui les enseignent, sans quoi il aurait travaillé pour eux et non pas pour lui, et porté dans l'état un élément de trouble, au lieu d'une cause de stabilité. Cette précaution prise, parmi les religions entre lesquelles il peut choisir, il doit donner la préférence à celle qui exige le plus la soumission des esprits, qui proscrit le plus tout examen, qui accorde le plus d'autorité à l'exemple, à la coutume, à la tradition, aux décisions des supérieurs, qui recommande le plus la foi et la crédulité, et enseigne un plus grand nombre de dogmes et de mystères. Il doit par tous les moyens rendre cette religion exclusive et dominante, autant qu'il le peut, sans révolter les préventions trop généralement répandues; et, s'il ne le peut pas, il faut que, parmi les autres religions, il donne, comme en Angleterre, la préférence absolue à celle qui ressemble le plus à celle-là.

Ce premier objet rempli, et ce premier fond d'idées jeté dans les têtes, le second soin du souverain doit être de rendre les esprits doux et gais, légers et superficiels. Les belles-lettres et les beaux-arts, ceux d'imagination et ceux de pur agrément, le goût de la société et le haut prix attaché à l'avantage d'y réussir par ses grâces, sont autant de moyens qui contribueront puissamment à produire cet effet. L'érudition même et les sciences exactes n'y nuiront pas; au contraire. On ne saurait trop encourager et mettre en honneur ces talens aimables et ces utiles connaissances. Les brillans succès que les Français ont obtenus dans tous ces genres, au moment du réveil de leur imagination, l'éclat qui en a rejailli sur eux, et la vanité qu'ils en ont conçue, sont certainement les principales causes qui les ont éloignés si long-temps du goût des affaires, et de celui des recherches philosophiques. Or, ce sont ces deux dernières inclinations que le prince doit surtout tâcher d'étouffer et de contrarier. S'il y réussit, il n'a plus rien à faire, pour assurer la plénitude de sa puissance et la stabilité de son existence, qu'à fomenter dans toutes les classes de la société le penchant à la vanité individuelle et le désir de briller. Pour cela, il lui suffit de multiplier les rangs, les titres, les préférences, les distinctions, en faisant en sorte que les honneurs qui rapprochent le plus de sa personne soient du plus haut prix aux yeux de celui qui les obtient.

Sans entrer dans plus de détails, voilà, je pense, dans quel esprit doit être dirigée l'éducation dans une monarchie héréditaire, en y ajoutant cependant la précaution de ne répandre que très-sobrement l'instruction dans les dernières classes du peuple, et de la borner à peu près à l'enseignement religieux. Car cette espèce d'hommes a besoin d'être tenue dans l'avilissement de l'ignorance et des passions brutales, pour ne pas passer de l'admiration pour tout ce qui est au-dessus d'elle, au désir de sortir de sa misérable condition, et pour ne pas concevoir même la possibilité d'un changement. Car cela la rendrait l'instrument aveugle et dangereux de tous les réformateurs fanatiques et hypocrites, ou même éclairés et bienveillans.

On peut dire, à peu près, les mêmes choses de la monarchie élective, avec cette différence cependant, qu'elle se rapproche beaucoup plus de l'aristocratie héréditaire dont nous allons parler. Car la monarchie élective, qui est toujours un gouvernement très-peu stable, ne saurait avoir absolument aucune solidité sans être soutenue par une aristocratie très-forte; car autrement elle deviendrait tout de suite une tyrannie populaire très-turbulente et très-passagère.

Les gouvernemens dans lesquels le corps des nobles est reconnu avoir les droits de la souveraineté, et où le reste de la nation est regardé légalement comme leur étant soumis, ont, à beaucoup d'égards, relativement à l'éducation, les mêmes intérêts que les monarchies héréditaires. Cependant ils en diffèrent d'une manière remarquable. L'existence des nobles n'étant jamais aussi imposante que celle d'un monarque, ni fondée sur un respect aussi approchant de la superstition, et leur pouvoir n'étant pas aussi concentré et aussi ferme, ils ne peuvent pas se servir avec la même assurance des idées religieuses : car, s'ils leur donnaient trop de force et trop d'influence, les prêtres deviendraient bientôt très-redoutables pour eux. Leur crédit sur le peuple balancerait avec avantage l'autorité du gouvernement; ou, se faisant un parti dans le corps de la noblesse, ils la diviseraient et élèveraient facilement leur pouvoir sur les ruines du sien. De pareils gouvernemens doivent donc manier cette arme dangereuse avec beaucoup de prudence et de discrétion.

Si, comme à Berne, ils ont affaire à un clergé peu riche, peu puissant, peu ambitieux, peu enthousiaste, professant une religion simple qui agite peu les imaginations, ils peuvent sans péril s'en servir pour diriger paisiblement le peuple, et pour l'entretenir dans l'espèce d'ignorance, mêlée d'innocence et de raison, qui convient à leurs intérêts. Une position méditerranée donnant peu de relations avec les nations étrangères favorise encore ce système de modération et de demi-confiance.

Mais, si, comme à Venise, les nobles o.ªt affaire à un clergé riche, ambitieux, remuant, dangereux par ses dogmes et par sa dépendance d'un souverain étranger, il faut, avant tout, qu'ils se garantissent de ses entreprises. Ils ne doivent donc pas laisser trop prévaloir l'esprit religieux dans la nation, parce qu'il tournerait bientôt contre eux. Ils n'osent pas le combattre en propageant la raison et les lumières, parce qu'elles détruiraient bientôt l'esprit de dépendance et de servilité. Ils ne peuvent donc l'affaiblir qu'en précipitant le peuple dans le désordre, la crapule et le vice. N'osant en faire un troupeau stupide dans les mains de ses pasteurs, il faut qu'ils en fassent une canaille dépravée et misérable, incessamment sous le joug de la police, et à laquelle cependant il restera toujours un grand fond de superstition et de religion. C'est là leur seule ressource pour dominer. Le voisinage de la mer et de nombreuses relations commerciales et industrielles sont utiles dans cette vue.

Au reste, à ces nuances près, on voit que l'aristocratie doit, relativement à l'éducation du peuple, se conduire à peu près comme le gouvernement monarchique. Mais il n'en est pas du tout de même à l'égard de la classe supérieure de la société. Dans l'aristocratie, le corps des gouvernans a besoin que ses membres aient une instruction solide et profonde, s'il se peut, le goût de l'application, de l'aptitude aux affaires, un caractère réfléchi, du penchant à la circonspection et à la prudence jusque dans les plaisirs, des mœurs graves et simples même, au moins en apparence, et autant que l'exige l'esprit national. Il faut que ces nobles connaissent l'homme et les hommes, les intérêts des différens états, même ceux de l'humanité en général, ne fût-ce que pour les combattre quand ils sont opposés à ceux de leur corps. Ce sont eux qui gouvernent. La science politique dans toute son étendue doit être leur principale étude et leur continuelle occupation. Il faut bien se garder de leur inspirer cet esprit de vanité, de légèreté, d'irréflexion que l'on cherche à répandre parmi les nobles des états monarchiques. C'est comme si le monarque voulait se rendre lui-même aussi frivole et inconséquent, qu'il désire que ses sujets le soient. Il ne tarderait certainement pas à s'en mal trouver ; et de plus il ne faut pas oublier que l'autorité de l'aristocratie est toujours plus aisée à ébranler que la sienne, et résisterait bien moins à une pareille épreuve. Cette dernière considération fait aussi que le corps des nobles aristocrates a le plus grand intérêt à tâcher de concentrer dans son sein toutes les lumières de la société, et qu'il doit encore bien plus redouter un tiers état éclairé, que ne doit le craindre l'autorité monarchique, quoiqu'en définitif ce soit aussi toujours de ce côté que viennent les seules atteintes réellement dangereuses pour elle, quand, une fois, elle a surmonté l'anarchie féodale.

Voilà, je pense, à peu près tout ce que nous avions à dire du gouvernement aristocratique sous le rapport de l'éducation. Maintenant, pour suivre exactement toutes les parties de la division que j'ai adoptée, et pour achever ce qui concerne les gouvernemens que j'ai appelés *spéciaux* ou d'exceptions, je devrais parler de la démocratie pure, fondée sur des convocations expresses ou reconnaissances de droits particuliers. Mais je n'en dirai rien, non plus que de la démocratie pure, fondée sur le droit national ou commun. Ma raison est non-seulement que ces deux états de la société ne sont guère que des êtres de raison et à peu près imaginaires, mais encore que, ne pouvant exister que chez des peuples presque brutes, il ne peut guère être question là de diriger une éducation quelconque. On devrait plutôt dire que, pour qu'ils se perpétuent, il faut en écarter toujours toute éducation proprement dite. Il en est presque de même, par d'autres motifs, de ce que les publicistes ont coutume d'appeler le gouvernement despotique, et qui n'est autre chose que la monarchie dans l'état de stupidité : c'est pourquoi je ne m'y suis pas arrêté non plus. Je n'ai donc plus à examiner que les gouvernemens *nationaux* sous forme monarchique, aristocratique et représentative.

Quant aux deux premiers, en tant qu'ils sont monarchiques et aristocratiques, ils ont les mêmes intérêts, et doivent avoir la même conduite que ceux dont nous venons de parler ; mais en tant qu'ils sont nationaux, ils doivent avoir plus de respect pour les gouvernés, puisqu'ils avouent ne tenir leurs droits

que de la volonté générale, et ils peuvent
aussi prendre plus de confiance en eux,
puisqu'ils font profession de n'exister que
pour le plus grand bien de tous. Il ne doit
donc pas être question pour eux d'abrutir
ou de dépraver totalement le peuple, et
d'énerver ou d'égarer entièrement les esprits
de la classe supérieure ; car, s'ils y réussis-
saient, les droits des hommes seraient bientôt
négligés ou mal compris dans la nation : ils
perdraient par-là le caractère de gouvernement national et patriotique qui fait leur
principale force ; et par suite, ils seraient
obligés de se créer, pour se soutenir, quelques droits particuliers plus ou moins contestables, qui les réduiraient à la condition
des gouvernemens que nous avons nommés
spéciaux ; ces droits même ne seraient jamais
bien solidement avoués et respectés dans des
pays où on aurait connu auparavant les véritables droits nationaux et généraux. Concluons que, pour leur intérêt, ces gouvernemens ne doivent jamais chercher à faire
oublier absolument la raison et la vérité. Ils
peuvent seulement, à certains égards, et jusqu'à un certain point, obscurcir l'une et voiler

l'autre, pour qu'on ne tire pas incessamment de certains principes, des conséquences trop rigoureuses. Du reste, il n'y a pas d'autres conseils, qui leur soient particuliers, à leur donner relativement à l'éducation.

Reste maintenant le gouvernement représentatif pur. Celui-là ne peut, dans aucun cas, craindre la vérité; son intérêt constant est de la protéger. Uniquement fondé sur la nature et la raison, ses seuls ennemis sont les erreurs et les préjugés. Il doit toujours travailler à la propagation des saines et solides connaissances en tous genres. Il ne peut subsister, si elles ne prévalent : tout ce qui est bien et vrai est en sa faveur; tout ce qui est mal ou faux est contre lui. Il doit donc, par tous les moyens, favoriser le progrès des lumières, et surtout leur diffusion : car il a encore plus besoin de les répandre que de les accroître. Étant essentiellement lié à l'égalité, à la justice, à la saine morale, il doit sans cesse combattre la plus funeste des inégalités, celle qui entraîne toutes les autres, l'inégalité des talens et des lumières dans les différentes classes de la société. Il doit tendre continuellement à préserver la classe inférieure des vices de l'ignorance et de la misère, et la classe opulente de ceux de l'insolence et du faux savoir : il doit tendre à les rapprocher toutes deux de la classe mitoyenne, où règne naturellement l'esprit d'ordre, de travail, de justice et de raison, puisque, par sa position et son intérêt direct, elle est également éloignée de tous les excès. D'après ces données, il n'est pas difficile de voir ce que ce gouvernement doit faire relativement à l'éducation. Il est inutile d'entrer dans les détails. Ainsi nous terminerons là ce chapitre, et nous allons suivre Montesquieu dans l'examen des lois convenables à chaque espèce de gouvernement.

CHAPITRE V.

Sur le Livre V. — Que les lois que le législateur donne, doivent être relatives au principe du gouvernement.

Nous avons dit, au commencement du chapitre IV, que les lois de l'éducation doivent être relatives au principe du gouvernement, c'est-à-dire, que l'éducation doit être dirigée dans l'esprit le plus convenable au maintien du gouvernement établi, si l'on veut prévenir sa chute et empêcher sa ruine, et certainement personne ne sera tenté de dire le contraire. Or, cette vérité si certaine et si généralement avouée, renferme implicitement celle dont il s'agit actuellement; car l'éducation dure toute la vie, et les lois sont l'éducation des hommes faits. Il n'y en a pas une, de quelque espèce qu'elle soit, qui n'inspire quelques sentimens et n'éloigne de quelques autres, qui ne porte à certaines actions, et ne détourne de celles qui leur sont opposées. Par-là les lois, à la longue, forment les mœurs, c'est-à-dire, les habitudes. Il ne s'agit donc ici que de voir quelles sont celles qui sont favorables ou contraires à telle ou telle espèce de gouvernement, toujours sans préjuger leurs autres effets sur le bonheur de la société, et par conséquent, sans prétendre déterminer le degré de mérite des différens gouvernemens qui les rendent nécessaires : c'est là l'objet d'une discussion ultérieure dont nous ne nous occupons pas actuellement.

Montesquieu, dans tout ce livre, raisonne très-conséquemment au système qu'il s'est fait sur la nature des différens gouvernemens, et sur ce qu'il appelle les principes propres à chacun d'eux. Il fait si bien consister la vertu politique des démocraties dans le renoncement à soi-même et dans l'abnégation de tous les sentimens naturels, qu'il leur donne pour modèle les règles des ordres monastiques ; et, parmi ces règles, il choisit les plus austères et les plus propres à déraciner dans les individus tout sentiment humain. Pour atteindre à ce but, il approuve, sans restriction, que l'on prenne les mesures les plus violentes, comme celles de partager toutes les terres également, de ne jamais permettre qu'un seul homme

réunisse deux portions, d'obliger un père à
laisser sa portion à un de ses fils, et à faire
adopter les autres par des citoyens sans enfans, de ne donner qu'une très-faible dot aux
filles, et, quand elles sont héritières, de les
forcer à épouser leur plus proche parent, ou
même d'exiger que les riches prennent, sans
dot, en mariage la fille d'un citoyen pauvre,
et donnent une riche dot à la leur; pour
épouser un citoyen pauvre, etc., etc. Il ajoute
à tout cela le plus profond respect pour tout
ce qui est ancien, pour la censure la plus
rigide et la plus despotique, pour l'autorité
paternelle la plus illimitée, jusques y compris le droit de corriger les enfans des autres,
sans expliquer à la vérité par quel moyen.

De même, il recommande tellement la
modération à l'aristocratie, qu'il veut que
les nobles évitent de choquer et d'humilier
le peuple, qu'ils ne s'attribuent aucuns priviléges individuels, ni honorifiques, ni pécuniaires, qu'ils ne reçoivent que peu ou point
d'appointemens pour les fonctions publiques,
qu'ils s'interdisent tous les moyens d'accroître
leur fortune, toutes les occupations lucra-
tives, telles que le commerce, la levée des

impôts, etc., etc..., et qu'entr'eux, pour éviter l'inégalité, la jalousie et les haines, il n'y ait ni droits de primogéniture, ni majorats, ni substitutions, ni adoptions, mais partages égaux, conduite réglée, grande exactitude à payer leurs dettes, et prompte fin des procès. Cependant il permet et recommande à ces gouvernemens si modérés l'inquisition d'état la plus tyrannique, et l'usage le plus illimité de la délation. Il assure que ces moyens violens leur sont nécessaires. Il faut l'en croire.

En vertu de cette même fidélité à ses principes, il recommande dans les monarchies tout ce qui tend à perpétuer le lustre des familles, l'inégalité des partages, les substitutions, la liberté de tester, les retraits lignagers, les priviléges personnels, et même ceux des terres nobles. Il y approuve les lenteurs des formes, la puissance des corps à qui le dépôt des lois est confié, la vénalité des charges, et généralement tout ce qui tend à relever l'existence des individus des classes privilégiées.

A l'égard de ce qu'il appelle le gouvernement despotique, il peint tous les maux qu'il entraîne, plutôt qu'il ne dit comment il devrait être. Effectivement cela lui était impossible. Après avoir commencé par dire : *Quand les sauvages de la Louisiane veulent avoir du fruit, ils coupent l'arbre au pied et cueillent le fruit. Voilà le gouvernement despotique.* Tout ce qu'on ajouterait serait bien superflu (1).

Telles sont les vues que Montesquieu nous donne ici sur les lois en général, en attendant que, dans les livres suivans, il entre davantage dans les détails des diverses espèces de lois et de leurs différens effets. On ne peut nier que beaucoup de ces idées ne soient dignes de la grande sagacité de notre illustre auteur ; mais il faut convenir aussi qu'il y en a qui sont bien contestables. D'ailleurs elles me paraissent toutes assez mal motivées par l'application exclusive des mots *vertu, modération, honneur* et *crainte*, à ces différentes espèces de gouvernemens. Il serait long et pénible de les dis-

(1) Dans ce peu de mots, consiste tout le chapitre XIII de ce livre, suivi cependant d'assez grands détails sur le même sujet, dans les quatre chapitres suivans.

cuter en partant de cette base, qui n'offre rien d'assez solide ni d'assez précis. Nous parviendrons plus aisément à en apprécier la valeur, en revenant à notre division des gouvernemens en *nationaux* et *spéciaux*, et en les examinant sous leurs différentes formes.

La monarchie, ou le pouvoir d'un seul, considérée dans son berceau au milieu de l'ignorance et de la barbarie (c'est là ce que Montesquieu appelle le gouvernement despotique), ne donne lieu sans doute à aucun système de législation. Il est à peu près réduit pour toute source de revenu, aux pillages, aux présens et aux confiscations, et pour tout moyen d'administration, au sabre et au cordon. Il faut que celui qui est revêtu du pouvoir puisse choisir lui-même son successeur au moins dans sa famille, et que ce successeur, arrivé au trône, fasse étrangler ceux qui auraient pu le lui disputer. Il faut enfin que, sans hésiter, il soit le chef ou l'esclave des prêtres en crédit dans le pays; et, pour qu'il puisse perpétuer cette existence périlleuse, nous n'avons, comme Montesquieu, aucun autre conseil à lui donner que d'employer ces tristes ressources avec adresse, avec audace, et, s'il se peut, avec bonheur.

Mais si le monarque, comme Pierre-le-Grand, veut sortir d'un état aussi abominable et aussi précaire, ou s'il se trouve placé au milieu d'une nation déjà un peu civilisée, et par conséquent tendant puissamment à l'être toujours davantage, alors il faut qu'il se fasse un système raisonné et complet. Il faut d'abord qu'il assure un ordre de succession dans sa famille. Or, de tous les modes d'hérédité, la succession linéale-agnatique, ou de mâle en mâle par ordre de primogéniture, est celui qui est le plus favorable à la perpétuité de la race, et qui préserve le mieux des déchiremens intérieurs et du danger d'une domination étrangère. Par des circonstances à lui particulières, Pierre-le-Grand n'avait pu l'établir en Russie; mais, quatre-vingts ans après, Paul Ier. y est parvenu, aidé de conjonctures plus heureuses, et soutenu par les habitudes générales de toute l'Europe.

Une fois l'hérédité établie dans la maison souveraine, il faut bien donner la même stabilité à l'existence d'un grand nombre de familles, sans quoi celle de la famille régnante ne serait jamais assurée. Une hérédité politique ne saurait subsister long-temps seule dans un état. Si tout est incessamment mobile autour d'elle, si des intérêts permanens et perpétués dans d'autres races, ne se rattachent pas à son existence pour la soutenir, elle sera bientôt renversée. De là les fréquentes révolutions des empires de l'Asie, de là la nécessité d'une noblesse dans les monarchies. Cette raison est plus réelle que toutes celles que l'on peut tirer du mot *honneur* bien ou mal entendu, bien ou mal défini. L'honneur n'est là qu'un masque : c'est l'*intérêt* d'un grand nombre dont il s'agit de se servir pour s'assurer de tout le peuple.

Dans le gouvernement spécial sous forme monarchique, le prince a donc besoin d'appuyer son droit privé, de beaucoup d'autres droits privés qui y soient subordonnés, mais qui y soient liés. Il a besoin de s'entourer de nobles puissans, mais soumis, hautains et souples, qu'il tienne en sujétion et qui y tiennent la nation. Il a besoin de se servir de corps imposans, mais dépendans, d'employer les formes respectées, mais qui cèdent à sa volonté, d'imprimer un grand respect pour les usages établis, quoiqu'ils lui soient subordonnés, en un mot, de donner à tout, un caractère de dépendance et de perpétuité raisonnées, que l'on puisse défendre par des motifs plausibles, sans être obligé de recourir incessamment à la discussion du droit primitif et originaire.

Tout cela rentre parfaitement dans tout ce que nous avons dit de ce gouvernement dans les chapitres III et IV, et justifie pleinement, ce me semble, tous les conseils que Montesquieu donne dans ce livre-ci. La vénalité des charges même, qui est sans doute le point le plus contestable, me paraît suffisamment motivée par ces considérations.

Car d'abord le choix direct du prince, influencé par ses courtisans, ne fournirait pas en général de meilleurs sujets, que la liberté qu'il se réserve toujours de donner ou de refuser à celui qui se présente pour acheter. On peut même dire ensuite que le besoin de finance produit naturellement parmi les candidats, une première épuration qui est utile, et qui ne serait pas aisément remplacée dans tout autre mode de nomination.

En effet, il est essentiel à ce gouvernement que le public attache beaucoup d'importance à l'éclat extérieur. Il faut que ceux qui remplissent les places obtiennent beaucoup plus de considération par la figure qu'ils font, que par l'importance de leurs fonctions mêmes. Or, la vénalité en écarte sûrement, non-seulement ceux qui n'ont pas de quoi les payer, mais même ceux qui n'auraient pas de quoi y briller par leur dépense, et qui seraient tentés d'introduire la mode de mépriser le faste, et de se faire valoir par d'autres avantages moins frivoles. De plus, cette même vénalité tend énergiquement à appauvrir le tiers état au profit du trésor par les finances qu'on y verse, et au profit de la classe privilégiée en y faisant entrer les fortunes de ceux qui s'y trouvent introduits par ces charges; et c'est encore là un avantage important dans ce système. Car il n'y a que la classe inférieure dans un tel ordre de choses, qui s'enrichisse continuellement par l'économie, par le commerce, par tous les arts utiles; et, si on ne la soutirait pas sans cesse par tous les moyens, elle deviendrait rapidement la plus riche et la plus puissante, et même la seule puissante, étant déjà nécessairement, par la nature de ses occupations, la plus éclairée et la plus sage. Or, c'est ce qu'il faut surtout éviter. Le mot de Colbert à Louis XIV : *Sire, quand V. M. crée une charge, la Providence crée tout de suite un sot pour l'acheter*, est plein d'esprit et de profondeur sous ce rapport. Effectivement, si la Providence ne fascinait pas à chaque instant les yeux des hommes de la classe moyenne, ils réuniraient bientôt tous les avantages de la société. Les mariages des filles riches des plébéiens avec les membres pauvres du corps de la noblesse sont encore un excellent moyen de prévenir cet inconvénient. On ne saurait trop les encourager. C'est une des choses en quoi la folle vanité est le plus utile.

Les avis que Montesquieu donne aux gouvernemens aristocratiques dans ce même livre, me paraissent également sages. J'y ajouterais seulement que, si les nobles aristocrates doivent s'interdire tous les moyens d'augmenter leurs fortunes, ils doivent en même temps veiller, avec un soin jaloux, à ce que les membres de la bourgeoisie n'ac-

croissent pas leurs richesses. Ils doivent contrarier sans cesse le développement de leur
industrie, et, s'ils ne peuvent réussir à l'étouffer, il faut qu'ils fassent entrer successivement
dans leur corps tous ceux qui ont obtenu
un grand succès. C'est le seul moyen qui leur
reste pour n'avoir pas tout à en craindre.
Encore ce moyen ne serait-il pas sans danger
si l'on était obligé d'y avoir recours trop
souvent.

Il est presque superflu d'observer ici,
comme nous l'avons fait à propos de l'éducation, que les monarchies et les aristocraties
dites nationales ont absolument les mêmes
intérêts, et que toutes doivent prendre les
mêmes mesures; mais qu'elles doivent les
employer avec infiniment plus de ménagement
et de circonspection. Car enfin il est convenu
qu'elles n'existent que pour l'avantage de tous :
il ne faut donc pas qu'il soit trop visible que
toutes ces dispositions qui n'ont pour but
que l'intérêt particulier des gouvernans, sont
contraires au bien général et à la prospérité
de la masse. Mais c'en est assez sur ce sujet.

Je ne parlerai point ici de la démocratie
pure, parce que, comme je l'ai déjà dit, c'est

un gouvernement impraticable à la longue,
et absolument impossible sur un espace de
terrain un peu étendu. Je ne m'amuserai
donc pas à examiner si les mesures tyran-
niques et révoltantes que l'on croit nécessaires
pour le soutenir sont exécutables, et si même
plusieurs ne sont pas illusoires et contradic-
toires. Je passerai tout de suite au gouvernement représentatif pur, que je regarde
comme la démocratie de la raison éclairée.

Celui-là n'a nul besoin de contraindre les
sentimens et de forcer les volontés, ni de
créer des passions factices ou des intérêts
rivaux, ou des illusions séductrices. Il doit
au contraire laisser un libre cours à toutes
les inclinations qui ne sont pas dépravées et
à toutes les industries qui ne sont pas contraires au bon ordre. Il est conforme à la
nature : il n'a qu'à la laisser agir.

Ainsi il tend à l'égalité. Mais il n'essayera
pas de l'établir par des mesures violentes
qui n'ont jamais qu'un effet momentané, qui
manquent toujours leur but, et qui, de plus,
sont injustes et affligeantes. Il se bornera à
diminuer, autant que possible, la plus funeste
de toutes les inégalités, celle des lumières;

à développer tous les talens ; à leur donner à tous une égale liberté de s'exercer, et à ouvrir à chacun des citoyens également tous les chemins vers la fortune et la gloire.

Il a intérêt à ce que les grandes richesses amoncelées ne se perpétuent pas dans les mêmes mains, se dispersent bientôt, et rentrent dans la masse générale. Il ne tentera pas d'opérer cet effet directement et par force ; il ne cherchera même pas à le produire en excitant à la profusion et à la dissipation : ce serait corrompre au lieu d'opprimer. Il se contentera de ne permettre ni majorats, ni substitutions, ni retraits lignagers, ni priviléges, qui ne sont que des inventions de la vanité, ni encore moins des arrêts de surséance qui sont de vrais subterfuges de la friponnerie. Il établira l'égalité des partages, restreindra la faculté de tester, permettra le divorce avec les précautions convenables, empêchera ainsi que les testamens et les mariages soient un objet continuel de spéculations sans honnête industrie : et du reste il s'en rapportera à l'effet lent, mais sûr, de l'incurie des riches et de l'activité des pauvres.

Il désire que l'esprit de travail, d'ordre et d'économie, règne dans la nation. Il n'ira pas, comme certaines républiques anciennes, demander minutieusement compte aux individus de leurs actions et de leurs moyens, ou les gêner dans le choix de leurs occupations. Il ne les tourmentera même pas par des lois somptuaires qui ne font qu'aigrir les passions, et qui ne sont jamais qu'une atteinte inutile portée à la liberté et à la propriété. Il lui suffira de ne point détourner les hommes des goûts sages et des idées vraies, de ne fournir aucun aliment à la vanité, de faire que le faste et le déréglement ne soient pas des moyens de succès, que le désordre des finances de l'état ne soit pas une occasion fréquente de fortunes rapides, et que l'infamie d'une banqueroute soit un arrêt de mort civile. Avec ces seules précautions, les vertus domestiques se trouveront bientôt dans presque toutes les familles, puisqu'il est vrai qu'on les y rencontre fréquemment, au milieu de toutes les séductions qui en éloignent, et malgré les avantages que l'on trouve trop souvent à y renoncer.

Par les mêmes raisons, ce gouvernement, qui a un besoin pressant que toutes les idées justes se propagent et que toutes les erreurs s'évanouissent, ne croira pas atteindre ce but en payant des écrivains, en faisant parler des professeurs, des prédicateurs, des comédiens, en donnant des livres élémentaires privilégiés, en faisant composer des almanachs, des catéchismes, des instructions, des pamphlets, des journaux, en multipliant les inspections, les règlemens, les censures, pour protéger ce qu'il croit la vérité. Il laissera tout simplement chacun jouir pleinement du beau droit de dire et d'écrire tout ce qu'il pense, *fari quæ sentiat;* bien sûr que, quand les opinions sont libres, il est impossible qu'avec le temps la vérité ne surnage pas, et ne devienne pas évidente et inébranlable. Or, il n'a jamais à craindre ce résultat, puisqu'il ne s'appuie sur aucun de ces principes contestables que l'on ne peut défendre que par des considérations éloignées, puisqu'il n'est fondé originairement que sur la droite raison, et puisqu'il fait profession d'être toujours prêt à s'y soumettre, ainsi qu'à la volonté générale dès

qu'elles se manifestent. Il ne doit donc intervenir que pour maintenir le calme et la
lenteur nécessaires dans les discussions, et
surtout dans les déterminations qui peuvent s'ensuivre.

Par exemple, ce gouvernement ne doit
point adopter la vénalité des charges, il ne
demande pas à la Providence *de créer des
sots*, mais des citoyens éclairés. Il n'y a
point de classe qu'il veuille appauvrir, parce
qu'il n'y en a pas qu'il veuille élever; ainsi
cette mesure lui est inutile. D'ailleurs il est
de sa nature que la plupart de fonctions
publiques soient conférées par l'élection libre
des citoyens, et les autres par le choix éclairé
des gouvernans, que presque toutes soient
très-temporaires, et qu'aucunes ne donnent
lieu à de très-grands profits ni à des priviléges permanens. Ainsi il n'y a point de raisons pour les acheter ni pour les vendre.

Il y aurait encore bien des choses à dire
sur tout ce que ce gouvernement et ceux
dont nous avons parlé auparavant doivent
faire, ou ne pas faire en fait de législation,
mais je me borne aux objets que Montesquieu
a jugé à propos de traiter dans ce livre. Je

ne m'en suis éloigné un moment que pour
mieux prouver, contre l'autorité de ce grand
homme, que les mesures directes et violentes
qu'il approuve dans la démocratie ne sont
pas les plus efficaces ; et que c'est un mauvais
système de gouvernement que celui qui contredit la nature. Je suivrai la même marche
dans tout le reste de cet ouvrage.

CHAPITRE VI.

*Sur le Livre VI. — Conséquences des princip*s *des divers gouvernemens, par rapport à la simplicité des lois civiles et criminelles, la forme des jugemens, et l'établissement des peines.*

MALGRÉ les belles et grandes vues qui se font admirer dans ce livre, nous n'y trouverons pas toute l'instruction que nous aurions dû en attendre, parce que l'illustre auteur n'a pas distingué avec assez de soin ce qui regarde la justice civile, de ce qui regarde la justice criminelle. Nous tâcherons de remédier à cet inconvénient. Mais, avant de nous occuper de ces objets particuliers, il faut nous livrer encore à quelques réflexions générales sur la nature des gouvernemens, dont nous avons parlé dans le livre second ; car les matières que nous avons traitées, dans les Chapitres III, IV et V, ont dû jeter un nouveau jour sur ce sujet.

La division des gouvernemens en différentes classes, présente des difficultés importantes, et donne lieu à beaucoup d'observations, parce qu'elle fixe et constate l'idée que l'on a de ces gouvernemens, et le caractère essentiel que l'on y reconnaît. J'ai déjà dit ce que je pense de la division des gouvernemens en républicain, monarchique et despotique, adoptée par Montesquieu. Je la crois défectueuse par plusieurs raisons. Cependant il y est très-attaché, il en fait la base de son système de politique, il y rapporte tout, il y assujettit sa théorie tout entière, et je suis persuadé que cela nuit souvent à la justesse, à l'enchaînement et à la profondeur de ses idées. Je ne saurais donc trop motiver mon opinion.

D'abord la démocratie et l'aristocratie sont si essentiellement différentes, qu'elles ne sauraient être confondues sous un même nom. Aussi Montesquieu lui-même est souvent obligé de les distinguer. Alors il a quatre gouvernemens au lieu de trois; et, quand il parle du gouvernement républicain, on ne sait plus précisément duquel il est question. Voilà un premier inconvénient.

Ensuite qu'est-ce que le despotisme? nous

avons dit que ce n'était qu'un abus et non une espèce de gouvernement. Cela est vrai, si l'on ne considère que l'usage du pouvoir. Mais, si l'on n'a égard qu'à son étendue, le despotisme est le gouvernement d'un seul. Il est la concentration de tous les pouvoirs dans une seule et même main. Il est l'état de la société dans lequel un seul a tous les pouvoirs, et tous les autres n'en ont aucun. Il est enfin essentiellement la monarchie, à prendre ce mot dans toute la force de sa signification. Aussi avons-nous déjà observé qu'il est la vraie monarchie pure, c'est-à-dire, illimitée; et il n'y a pas d'autre vraie monarchie. Car, qui dit monarchie tempérée ou limitée, dit une monarchie où un seul n'a pas tous les pouvoirs, où il y en a d'autres que le sien, c'est-à-dire, une monarchie qui n'est pas une monarchie. Il faut donc écarter cette dernière expression qui implique contradiction : et nous voilà revenus, par la force des choses et l'exactitude de l'analyse, à trois genres de gouvernemens; mais, au lieu du républicain, du monarchique et du despotique, nous avons le démocratique, l'aristocratique et le monarchique.

Dans ce système que ferons-nous donc de ce que l'on appelle ordinairement monarchie, c'est-à-dire, de cette monarchie qui est limitée et tempérée? nous remarquerons que ce n'est jamais par le corps entier de la nation que le pouvoir du monarque est limité, quand il l'est; car alors ce ne serait plus le gouvernement monarchique tel qu'on l'entend, ce serait le gouvernement représentatif sous un seul chef, comme dans la constitution des États-Unis de l'Amérique, ou comme dans celle faite pour la France, en 1791. Le pouvoir du souverain dans ce qu'on nomme *monarchie tempérée*, n'est donc jamais limité que par des fractions de la nation, et par des corps puissans élevés dans son sein, c'est-à-dire, des collections d'hommes ou de familles, réunies par une conformité de naissance, de fonctions, ou d'illustration, et ayant des intérêts communs, mais distincts de l'intérêt général de la masse. Or, c'est là précisément ce qui constitue une aristocratie. J'en conclus que la monarchie de Montesquieu n'est autre chose que l'aristocratie sous un seul chef, et que par conséquent sa division des gouvernemens, bien

expliquée et bien comprise, se réduit à celle-
ci : démocratie pure, aristocratie avec un
ou plusieurs chefs, et monarchie pure.

Cette nouvelle manière de considérer les
formes sociales, en nous faisant mieux voir
le caractère essentiel de chaque gouvernement, nous suggère des réflexions importantes. La démocratie pure, malgré les éloges
que lui ont prodigués le pédantisme et l'irréflexion, est un ordre de choses insupportable. La monarchie pure est, à peu près, aussi
intolérable ; l'une est un gouvernement de
sauvages ; l'autre, un gouvernement de barbares. Il est à peu près impossible que tous
deux n'éprouvent pas des altérations à la
longue. Ils sont seulement, l'un et l'autre,
l'enfance de la société, et l'état presque nécessaire de toute nation commençante.

En effet, des hommes grossiers et ignorans
ne savent pas combiner une organisation
sociale. Ils ne peuvent imaginer que deux
choses, ou de prendre tous également part
à la conduite de la peuplade, ou de s'en
remettre aveuglément à celui d'entr'eux qui
s'est attiré leur confiance. Le premier de ces
deux moyens a dû être préféré le plus sou-

vent par ceux chez qui l'esprit d'inquiétude
et d'activité a entretenu l'instinct de l'indépendance; et le second par ceux en qui la
paresse et l'amour du repos ont prévalu ; et,
dans cet état primitif de l'homme, l'influence
du climat agissant très-énergiquement, elle
a dû presque toujours décider de ces dispositions. Aussi voyons-nous .outes les sociétés
informes, depuis le nord de l'Amérique jusqu'à la Nigritie et aux îles de la mer du Sud,
sous l'un de ces deux régimes, ou même pas-
sant rapidement de l'un à l'autre suivant les
circonstances. Car, quand une horde de sauvages a élu un chef de guerre, qu'ils suivent
tous, la démocratie absolue est changée en
monarchie pure.

Mais ces deux ordres de choses font naître
des mécontentemens, soit par la conduite
du despote, soit par celle des citoyens ; et,
pendant ce temps-là, il s'établit insensiblement entre les membres de l'association des
différences de crédit, de forces, de richesses,
de talens, de puissance quelconque. Ceux
qui possèdent ces avantages en usent. Ils
forment des réunions, ils se saisissent des
opinions civiles ou religieuses qui s'établissent

en leur faveur : ils présentent des résistances,
au moyen desquelles ils dirigent la multitude
ou contiennent le despote ; et ainsi naissent
partout des aristocraties diverses avec un
chef ou sans chef, qui s'organisent petit à
petit sans qu'on sache bien comment, et
sans qu'on puisse remonter à leur origine
première, ni constater rigoureusement leurs
droits autrement que par la possession. Aussi
toutes les nations qui valent la peine qu'on
s'occupe d'elles, sont sous un régime plus
ou moins aristocratique ; et il n'y a pas eu
d'autre gouvernement dans le monde, jusqu'à
ce que, dans des temps très-éclairés, des
peuples entiers, renonçant à toute inégalité
antérieurement établie, se soient réunis par
le moyen de représentans égaux, librement
élus, pour se donner d'une manière légale
un gouvernement réprésentatif, en vertu de
la volonté générale, scrupuleusement recueil-
lie et nettement exprimée. Laissant donc là
les barbares, nous n'avons réellement à comparer ensemble que ces deux gouvernemens,
l'*aristocratie* et la *représentation*, et leurs
divers modes. Nos recherches en seront très-
simplifiées, et auront un but mieux déterminé.

Cela posé, venons à l'objet particulier de ce livre, et commençons par les lois civiles.

Montesquieu remarque que les lois civiles sont beaucoup plus compliquées sous le gouvernement qu'il appelle monarchique, que sous le despotisme. Il prétend que c'est parce que l'honneur des citoyens y est d'un bien plus grand prix, et y occupe une bien plus grande place ; et il s'en faut peu qu'il ne trouve que c'est encore là un avantage de sa monarchie. Puis, content de ce rapprochement, il n'examine sous ce point de vue ni la démocratie ni l'aristocratie.

Il me semble qu'il y a une autre manière de considérer ce sujet. D'abord il n'est pas douteux que la simplicité des lois civiles ne soit en elle-même un bien ; mais il est certain aussi que ce bien est beaucoup plus difficile à obtenir dans la société perfectionnée que dans la société commençante, parce qu'à mesure que les relations sociales deviennent plus nombreuses et plus délicates, les lois qui les régissent deviennent nécessairement plus compliquées.

Ensuite on observe que ces lois sont, en général, très-simples dans la monarchie pure, où les hommes sont comptés pour rien; mais, quoique Montesquieu ne le dise pas, la même chose arrive dans la démocratie, malgré le respect que l'on y a pour les hommes et pour leurs droits. Cela doit être ainsi dans les deux cas. Il ne faut pas aller chercher la cause de ce fait dans la *crainte* ou dans la *vertu*, que l'on donne pour *principes* à ces deux gouvernemens. La raison en est que ce sont là les deux états de la société encore informe.

Par la raison contraire, ces mêmes lois sont inévitablement plus compliquées dans les diverses formes d'aristocratie qui régissent toutes les nations civilisées. Seulement il faut remarquer, avec Montesquieu, que l'aristocratie, sous un seul chef, est encore plus sujette que l'autre à cet inconvénient; non pas parce qu'elle a pour principe *l'honneur*, comme on le dit, mais parce qu'elle exige des gradations plus multipliées entre les diverses classes des citoyens, dont une des distinctions consiste à n'être pas soumis aux mêmes règles, ni jugés par les mêmes tribunaux. En effet, le même monarque peut aisément gouverner des provinces régies par des lois différentes, et peut même avoir

intérêt à entretenir ces semences de divisions
entre ses sujets, afin de les contenir les uns
par les autres.

Ajoutons, pour terminer cet article, que le
gouvernement représentatif ne pouvant au
contraire subsister sans l'égalité et l'union des
citoyens, est, de tous ceux des nations civilisées, celui qui doit le plus désirer la simplicité
et l'uniformité des lois civiles, et qu'il doit
en approcher autant que le permet la nature
des choses.

A l'égard de la forme des jugemens, il me
paraît que, dans tout gouvernement, il faut
que le souverain, soit peuple, soit monarque,
soit sénat, ne décide jamais des intérêts des
particuliers ni par lui-même, ni par ses ministres, ni par des commissions spéciales, mais
toujours par des juges établis d'avance à cet
effet, et qu'il est désirable que ces magistrats
jugent toujours suivant le texte précis de la
loi. Mais il me semble que cette dernière condition n'empêche nullement, ni qu'on admette
en justice l'espèce d'action que les jurisconsultes appellent *ex bonâ fide*, ni que les juges
rendent des espèces de jugemens d'équité,
quand les lois ne sont ni formelles ni précises.

Pour ce qui regarde les lois criminelles, il n'y a pas d'organisation sociale où elles ne doivent être aussi simples qu'il est possible, et suivies littéralement dans les jugemens ; mais, quant à la forme de la procédure, plus le gouvernement aura de respect pour les droits des hommes, plus elle sera circonspecte et favorable à la juste défense de l'accusé. Ces deux points ne peuvent pas faire matière à discussion.

Il pourrait naître d'importantes questions relativement à l'usage des jurés, et ce serait ici le moment de les traiter ; mais Montesquieu n'en parle pas. Je me bornerai donc à dire que cette institution me paraît beaucoup plus digne d'éloges, sous le rapport politique, que sous le rapport judiciaire ; c'est-à-dire, que je ne suis pas bien sûr qu'elle soit toujours un moyen très-efficace de rendre les jugemens plus justes ; mais il me paraît hors de doute qu'elle est un obstacle très-puissant à la tyrannie des juges ou de ceux qui les nomment, et une manière certaine d'habituer les hommes à faire plus d'attention et à attacher plus d'importance aux injustices faites à leurs semblables. Cette consi-

dération me paraît prouver que cet usage est
convenable aux différens gouvernemens, à
proportion qu'ils sont eux-mêmes plus com-
patibles avec l'esprit de liberté, l'amour
de la justice et le goût général pour les
affaires.

C'est, au reste, un très-bon usage dans les
gouvernemens, que la punition de tous les
délits se poursuive par les soins de la partie
publique, et non par l'effet d'accusations
particulières. Punir le crime pour empêcher
qu'il ne se renouvelle, est une vraie fonction
publique. Personne ne doit être maître de
s'en emparer pour la faire servir à ses passions
privées, et lui donner l'air d'une vengeance.

Relativement à la sévérité des peines, la
première question qui se présente à résoudre,
est de savoir si la société a jamais le droit
d'ôter la vie à un de ses membres. Montesquieu n'a pas jugé à propos de traiter cette
question, sans doute parce qu'il entre dans
son plan de parler toujours du fait et de ne
jamais discuter le droit. Pour moi, quoique
très-fidèle au plan que je me suis fait de le
suivre scrupuleusement, je pense qu'il est
utile de justifier ici la peine capitale du

reproche d'injustice dont l'ont couvert des hommes respectables, et par leurs lumières et par les motifs qui les ont dirigés. Il ne faut pas que cette mesure sévère et affligeante ait un caractère odieux, tant que les circonstances la rendent nécessaire. J'avouerai donc que, suivant moi, la société a pleinement le droit d'annoncer d'avance qu'elle fera périr quiconque se rendra coupable d'un crime, dont les suites lui paraissent assez funestes pour être subversives de son existence. C'est à ceux qui ne voudraient pas se soumettre aux conséquences de cette disposition à renoncer à la société qui l'adopte, avant de s'être mis dans le cas qu'on puisse la leur appliquer. Ils doivent toujours en avoir la liberté toute entière, et dans toute autre occasion, comme dans celle-là : sans quoi il n'y a pas un règlement de la société qui soit complétement juste, puisqu'il n'y en a pas un qui ait été accepté librement par les intéressés. Mais, avec cette condition, l'établissement de la peine de mort me paraît tout aussi juste en lui-même que celui de toute autre peine.

Cela ne veut pas dire, au reste, que le coupable soit obligé en conscience d'abandonner sa vie , parce que là loi veut sa mort, et de renoncer à se défendre, parce qu'elle l'attaque. Ceux qui ont professé ces principes sont aussi exagérés dans leur sens , que ceux qui contestent à la société le droit de punir de mort, le sont dans le leur. Les uns et les autres ont une idée inexacte de la justice criminelle. Quand le corps social annonce qu'il punira de telle peine telle action , il se déclare d'avance en état de guerre avec celui qui commettra cette action qui lui nuit. Mais le coupable n'a pas perdu pour cela le droit de sa défense personnelle. Nul être animé n'en saurait être jamais privé. Seulement il est réduit à ses forces individuelles ; et les forces sociales qui , dans toute autre occasion, l'auraient protégé , sont dans celle-ci tournées contre lui.

Il ne reste plus qu'à savoir jusqu'à quel point il faut employer ces forces contre le crime, pour le prévenir efficacement. A cet égard, on ne peut qu'admirer la belle observation de Montesquieu, que *plus les gouvernemens sont animés de l'esprit de la liberté, plus les peines y sont douces;* et les excellentes¹ choses qu'il dit sur l'ineffica-

cité des punitions barbares ou seulement
trop sévères, sur le triste effet qu'elles ont
de multiplier les crimes, au lieu de les diminuer, parce qu'elles rendent les mœurs
atroces et les sentimens féroces, enfin sur
la nécessité de graduer et de proportionner
les peines à l'importance des délits et à la ten-
tation de les commettre, et surtout de faire
en sorte qu'il ne paraisse pas possible que le
coupable y échappe; c'est là principalement
ce qui détourne du crime; et il ne faut jamais
oublier que le seul motif raisonnable des
punitions, la seule cause qui les rende justes,
ce n'est pas de réparer le mal fait, ce qui
est impossible; ce n'est pas de satisfaire la
haine qu'inspire le vice, ce qui ne serait
qu'obéir à un sentiment aveugle; mais c'est
uniquement d'empêcher le mal à venir, ce
qui est la seule chose à la fois utile et
possible.

Cette seule réflexion fait voir combien est
absurde la loi du talion, qui donne à la
justice la marche et toute l'apparence d'une
vengeance brutale. On est tout étonné de
trouver dans notre célèbre auteur un chapitre exprès sur cette loi de sauvages, et

de n'y point trouver cette remarque essentielle. Il y a des momens où les meilleurs esprits paraissent réellement sommeiller. Montesquieu nous en fournit un autre exemple dans le chapitre suivant, où il approuve que des hommes innocens soient déshonorés pour le crime de leur père ou de leurs fils : on en peut dire autant du chapitre 18me., où, après ces mots, *nos pères les Germains n'admettaient guère que des peines pécuniaires;* il ajoute : *Ces hommes guerriers et libres estimaient que leur sang ne devait être versé que les armes à la main.* Il ne s'aperçoit pas que, si les sauvages de la forêt Hercinie qu'il veut vanter, on ne sait pourquoi, n'avaient jamais accepté de compositions pécuniaires pour un assassinat, il aurait dit, avec bien plus de raison : *Ces hommes généreux et fiers mettaient à si haut prix le sang de leurs proches, qu'ils croyaient que le sang seul du coupable pouvait le payer, et qu'ils auraient rougi d'en faire l'objet d'un honteux trafic.* Ce profond penseur a souvent le tort, comme Tacite, de beaucoup trop respecter les peuples barbares et leurs institutions.

Malgré ces légères fautes, on ne peut trop l'admirer. Cependant je lui reprocherai encore dans ce livre de ne s'être pas prononcé assez fortement contre l'usage de la torture et celui de la confiscation, peines que pourtant il désapprouve. A l'égard du droit de faire grâce, il est certain qu'il est nécessaire, au moins aussi long-temps que durera l'usage de la peine de mort. Car, tant que les juges seront exposés à faire une injustice irréparable, il faut bien qu'il y ait quelque moyen de s'en préserver, quand on a sujet de le craindre; et cela est encore plus indispensable, lorsque tout le monde convient que les lois sont très-imparfaites. Du reste, je ne vois pas pourquoi Montesquieu dit : *La clémence est la qualité distinctive du monarque. Dans la république, où l'on a pour principe la vertu, elle est moins nécessaire.* Je ne suis pas plus satisfait de ses autres réflexions sur ce sujet. Je vois seulement que, dans les gouvernemens où l'on respecte la liberté, on doit prendre bien garde que l'on ne puisse pas y porter atteinte au moyen du droit de faire grâce, et que ce droit ne devienne pas un pri-

vilége d'impunité pour certaines personnes
et pour certaines classes, comme cela n'arrive que trop souvent dans les monarchies,
ainsi qu'Helvétius l'objecte, avec raison, à
Montesquieu.

CHAPITRE VII.

Sur le Livre VII. — Conséquences des différens principes des trois gouvernemens par rapport aux lois somptuaires, au luxe, et à la condition des femmes.

J'ai regret de me trouver si souvent en opposition avec un homme pour lequel je professe tant de respect. Cependant c'est cette différence de sentimens qui m'a fait prendre la plume; j'ai pensé que mes observations ne seraient pas sans quelque utilité. Je dirai donc mon opinion hardiment, et le lecteur jugera.

Helvétius reproche, avec raison, à Montesquieu de n'avoir pas dit nettement ce que c'est que le luxe, et de n'en avoir parlé, pour cette raison, que d'une manière vague et inexacte. Il faut donc, avant tout, déterminer avec précision le sens de ce mot dont on a tant abusé. Le luxe consiste essentiellement dans les dépenses non productives, quelle que soit d'ailleurs la nature de ces dépenses. La preuve que l'espèce de la dépense n'y fait rien, c'est qu'un joaillier peut employer cent mille écus à faire tailler des diamans et fabriquer des bijoux, sans qu'il y ait le moindre luxe de sa part. Il compte les revendre avec profit. Au contraire, qu'un homme achète une boîte ou une bague de cinquante louis pour son usage, c'est pour lui une dépense de luxe. Un cultivateur, un maquignon, un roulier peuvent entretenir deux cents chevaux sans aucun luxe ; ce sont des outils de leurs métiers. Qu'un homme oisif en ait deux, uniquement pour se promener, c'est du luxe. Un entrepreneur de mines, un chef de manufacture, fait bâtir une pompe à feu pour son service ; c'est un acte d'économie. Un amateur de jardins en fait construire une pour arroser ses gazons, c'est une dépense de luxe. Nul ne dépense plus en façons d'habits qu'un tailleur : ce sont ceux qui les portent qui ont du luxe.

Sans multiplier davantage ces exemples, on voit que ce qui constitue réellement les dépenses de luxe, c'est de n'être pas productives. Cependant, comme on ne peut pourvoir à ses besoins et se procurer des jouissances que par des dépenses qui ne ren-

trent pas, et comme pourtant il faut bien
subsister et même jouir jusqu'à un certain
point (car, en définitif, c'est là le but de tous
nos travaux, celui de la société et de toutes
ses institutions), on ne regarde comme dépenses de luxe que les dépenses improductives
qui ne sont pas nécessaires, sans quoi *luxe* et
consommation deviendraient synonymes.

Mais le nécessaire absolu n'a pas de limites
très-fixes. Il est susceptible d'extension et de
restriction. Il varie suivant les climats, suivant les forces et suivant les âges. Il varie
même suivant les habitudes qui sont une
seconde nature. Un homme sous un ciel
sévère, sur un sol ingrat, un malade, un
vieillard, ont bien plus de besoins qu'un jeune
Indou bien portant, qui peut aller presque
nu, peut coucher sous un cocotier, et se
nourrir de ses fruits; et dans le même pays
le strict nécessaire est bien plus étendu pour
l'homme élevé dans l'aisance, qui a peu
déployé ses forces physiques et beaucoup
exercé ses facultés intellectuelles, que pour
son semblable qui a passé son enfance chez
des parens pauvres et sa jeunesse dans l'exercice d'un métier pénible.

Il y a de plus chez les peuples civilisés un nécessaire de convention, qu'on a prodigieusement exagéré sans doute, mais qui, en lui-même, n'est pas entièrement fantastique, et qui est au contraire fondé en raison. Il est au fond de même nature que la dépense qu'un ouvrier fait en outils de son métier : car il tient à la profession qu'on exerce. Le vêtement long et chaud, et la chaussure légère et peu solide d'un homme de cabinet, seraient un luxe et même un luxe incommode pour un pâtre, un chasseur, un roulier, un artisan; comme le seraient pour un avocat la cuirasse nécessaire à l'homme de guerre, ou l'habit de théâtre dont ne peut se passer un acteur. Il faut qu'un homme qui doit recevoir beaucoup de personnes chez lui, parce qu'il a affaire à elles et qu'il ne peut les aller chercher, soit mieux logé que celui qui travaille en ville. Celui qui, par ses fonctions, a besoin de connaître un grand nombre d'individus, et de les voir parler et agir, doit pouvoir les réunir dans sa maison, et avoir par conséquent un plus grand état de dépense qu'un homme sans relations. C'est le cas de la plupart des fonctionnaires publics. Celui même qui, sans aucunes fonctions, a seulement la réputation de jouir de beaucoup d'aisance et de grands moyens, doit donner plus de latitude à ses consommations, afin de ne pas passer, quelque bienfaisant qu'il puisse être, pour trop parcimonieux et trop attaché à ses intérêts; car c'est un vrai besoin pour tout homme de jouir de la juste estime qui lui est due, surtout lorsqu'il ne l'achète par aucune injustice, mais seulement lorsqu'il y emploie ses facultés moins utilement qu'il aurait pu le faire. Je sais jusqu'à quel point la vanité qui veut paraître ce qu'elle n'est pas, et la rapacité qui veut envahir ce qui ne lui revient pas, ont abusé souvent parmi nous de ces considérations pour colorer leurs excès; mais il n'en est pas moins vrai que réellement le nécessaire n'a pas de limites très-fixes, et que le luxe proprement dit ne commence que là où le nécessaire finit.

Toutefois le caractère essentiel du luxe est de consister en dépenses non productives; et cela seul nous montre combien est absurde l'idée de ceux qui ont prétendu que l'accroissement du luxe pouvait enrichir une nation : c'est comme si on conseillait à un

négociant d'augmenter la dépense de sa maison pour rendre ses affaires meilleures. Cette
dépense peut bien être un signe, quoique assez
équivoque, de sa richesse : mais assurément
elle ne saurait en être la cause. Comment!
on convient qu'il faut qu'un fabricant diminue
ses frais pour avoir plus de bénéfice sur ce
qu'il produit, et on veut qu'une nation soit
d'autant plus opulente qu'elle dépensera davantage! cela est contradictoire. Mais, dit-on,
le luxe favorise le commerce et encourage
l'industrie, en animant la circulation de l'argent. Point du tout : il change cette circulation et la rend moins utile; mais il ne
l'augmente pas d'un écu. Calculons.

Mon bien est en fonds de terre, et j'ai
par devers moi une somme de deux cent
mille francs, provenant de mes revenus.
Certainement ce sont mes fermiers qui ont
produit cette somme, en tirant du sol une
masse de denrées de pareille valeur, au-delà
de leur subsistance, de celle de tous leurs
ouvriers, et au-delà des légitimes profits des
uns et des autres; certainement encore ce
n'est pas par leur dépense, mais bien par
leur économie, qu'ils ont créé cette valeur;

car, s'ils avaient consommé autant qu'ils ont produit, ils n'auraient pu me rien remettre. On en pourrait dire autant, si cette somme me venait de mon travail dans le commerce, dans les manufactures, ou dans tout autre état utile de la société; car, si j'avais tout dépensé à mesure de mes grains, je n'aurais rien de reste. Mais enfin j'ai cette somme.

Maintenant je l'emploie en dépenses inutiles et uniquement pour ma propre consommation. Je l'ai éparpillée : elle est passée en diverses mains qui ont travaillé pour moi; elle a servi aux besoins de différentes personnes, et voilà tout ; car leur travail est perdu. Il n'en reste rien, il n'a produit que ma satisfaction passagère, comme si ces personnes s'étaient toutes employées à me donner un feu d'artifice ou un autre spectacle. Si au contraire j'avais employé cette valeur en choses utiles, elle serait éparpillée de même : le même nombre d'hommes en auraient vécu ; mais leur travail serait suivi d'une utilité qui resterait. Des améliorations de terres assureraient un revenu futur plus considérable ; une maison bâtie produirait un loyer; un chemin fait, un pont construit, donneraient

une plus grande valeur à certains terrains,
rendraient praticables des relations commerciales, impossibles auparavant, et il en résulterait mon avantage par une juste rétribution, ou celui du public par ma générosité.
Des marchandises achetées ou fabriquées, non
pas pour consommer, mais pour revendre
ou pour donner à des indigens, me rentre-
raient avec profit, ou seraient un secours
pour beaucoup d'individus que la misère
auraient détruits. Voilà la comparaison exacte
des deux manières de dépenser.

Si l'on suppose qu'au lieu d'employer mon
argent de l'une ou de l'autre de ces manières,
je l'ai prêté, la question n'est que reculée et
point changée. Il s'agit de savoir quel usage
fait de la somme celui à qui je l'ai prêtée,
et quel usage je fais moi-même de l'intérêt
qu'il m'en paie. Suivant ce qu'il sera, il produira un des deux effets que nous venons de
développer. Il en est exactement de même,
si, avec mes deux cent mille francs, j'achète
de nouveaux fonds dont je percevrai le revenu.

Si enfin l'on suppose que, sans employer ni
prêter mon argent, je l'enterre, c'est le seul
cas où l'on puisse soutenir qu'il vaudrait

mieux que je l'eusse dépensé, même mal; car du moins quelqu'un en aurait profité. Mais, sur ce point, j'observe, 1°. que ce n'est pas là un système de conduite, mais une vraie manie; que cette manie est rare, parce qu'elle est trop visiblement nuisible à celui qui en est saisi; qu'elle est toujours trop rare pour influer sensiblement sur la masse générale des richesses, et que même elle est encore plus rare dans les pays où règne l'esprit d'économie, que dans ceux où domine le goût du luxe, parce qu'on y connaît mieux l'utilité des capitaux et la manière de s'en servir.

2°. Je remarquerai que cette folie, si peu importante qu'elle ne mériterait pas de nous occuper, est encore en elle-même moins nuisible qu'on ne le croit, car ce ne sont pas des denrées qu'on peut enterrer; ce ne sont que des métaux précieux que l'on enfouit. Ainsi les marchandises qui les ont procurés ont été livrées à la consommation, et ont rempli leur destination. Ce ne sont donc que les métaux qui sont soustraits à l'utilité générale : et, s'il était possible que la quantité en fût notable, il arriverait seulement que

chaque portion de ceux qui restent en circula-
lation , en aurait plus de valeur , représente-
rait plus de marchandises et de travail, et
que par conséquent le service se ferait de
même. S'il en résultait quelque inconvénient, ce serait, tout au plus, pour le commerce
étranger , parce que l'étranger pourrait , à
très-bon marché , s'emparer des productions
du pays ; encore en serait-on bien plus que
dédommagé par l'avantage que les manufactures nationales auraient sur les siennes , de
pouvoir fournir à plus bas prix ; ce qui ,
comme l'on sait, est la plus grande de toutes
les supériorités. C'est cette supériorité que
les nations riches en métaux ne peuvent balancer que par un bien plus grand talent de
fabrication et de spéculation ; talent qui, en
effet, est souvent leur partage , non pas parce
qu'elles sont riches , mais parce que , dès
long-temps , il existe chez elles , et que c'est
lui qui les a enrichies. Mais c'est suivre trop
loin les conséquences d'une chose qui ne peut
arriver.

Je me crois donc en droit de conclure
que , sous le rapport économique , le luxe
est toujours un mal , une cause continuelle

de misère et de faiblesse. Son véritable effet est de détruire incessamment , par la trop grande consommation des uns , le produit du travail et de l'industrie des autres ; et cet effet est si énorme , quoiqu'on l'ait souvent méconnu , que , dès qu'il cesse un moment dans un pays où il y a un peu d'activité, on y voit tout de suite un accroissement de richesses et de forces tout-à-fait prodigieux.

Ce que la raison nous démontre à cet égard, l'histoire nous le prouve par les faits. Quand la Hollande a-t-elle été capable d'efforts vraiment incroyables ? c'est quand ses amiraux vivaient comme ses matelots, quand tous les bras de ses citoyens étaient employés à enrichir l'état ou à le défendre , et que personne ne s'occupait à faire croître des tulipes et à payer des tableaux. Tous les événemens politiques et commerciaux subséquens se sont réunis pour la faire déchoir; elle a conservé l'esprit d'économie , elle a encore des richesses considérables dans un pays où tout autre peuple vivrait à peine. Faites d'Amsterdam la résidence d'une cour galante et magnifique ; changez ses vaisseaux en habits brodés , et ses magasins en salles

de bal, et vous verrez si, dans très-peu d'années, il lui restera seulement de quoi se défendre contre les irruptions de la mer. Quand
l'Angleterre, malgré tous ses malheurs et ses
fautes, a-t-elle pris un développement prodigieux? Est-ce sous Cromwel ou sous Charles
second? Je sais que les causes morales ont
bien plus de puissance que les calculs économiques; mais je dis que ces causes morales
n'augmentent toutes les ressources, que parce
qu'elles dirigent tous les efforts vers des objets solides; ce qui fait que les moyens ne
manquent ni à l'état, ni aux particuliers pour
les grandes choses, parce qu'ils ne les ont
pas employés en futilités.

Pourquoi les États-Unis de l'Amérique
voient-ils doubler tous les vingt-cinq ans leur
culture, leur industrie, leur commerce, leurs
richesses et leur population? C'est parce
qu'ils produisent plus qu'ils ne consomment.
Ils sont dans une position favorable, j'en
conviens; ils produisent prodigieusement:
mais enfin, s'ils consommaient encore davantage, ils s'appauvriraient, languiraient, seraient misérables comme les Espagnols, malgré tous leurs avantages.

Enfin prenons un dernier exemple bien plus frappant encore. La France, sous son ancien gouvernement, n'était certainement pas aussi misérable que les Français mêmes se sont plu à le dire ; mais elle n'était pas florissante. Sa population et son agriculture n'étaient pas dans un état rétrograde, mais elles étaient stationnaires : ou, si elles obtenaient quelques accroissemens, ils étaient moindres que ceux de plusieurs nations voisines, et par conséquent n'étaient pas proportionnés aux progrès des lumières du siècle. Elle était obérée ; elle n'avait aucun crédit ; elle manquait toujours de fonds pour les dépenses utiles ; elle se sentait incapable de supporter les frais ordinaires de son gouvernement, et encore plus de faire aucun grand effort à l'extérieur. En un mot, malgré l'esprit, le nombre et l'activité de ses habitans, la richesse et l'étendue de son sol, et les bienfaits d'une assez longue paix, elle tenait avec peine son rang parmi ses rivaux, et était peu considérée et nullement redoutée au dehors.

La révolution est venue, et la France a souffert tous les maux imaginables. Elle a été déchirée par des guerres atroces, civiles et étrangères. Plusieurs de ses provinces ont été dévastées et beaucoup de villes réduites en cendres. Toutes ont été pillées par les brigands et par les fournisseurs des troupes. Son commerce extérieur a été anéanti ; ses flottes ont été totalement détruites, quoique souvent renouvelées ; ses colonies, qu'on croyait si nécessaires à sa prospérité , ont été abîmées ; et, qui pis est, elle a perdu tous les hommes et tous les trésors qu'elle a prodigués pour les subjuguer. Son numéraire a été presque tout exporté, tant par l'effet de l'émigration que par celui du papier - monnaie. Elle a entretenu quatorze armées dans un temps de famine ; et, au milieu de tout cela, il est notoire que sa population et son agriculture se sont augmentées considérablement en très-peu d'années : et actuellement (en 1806), sans que rien soit encore amélioré pour elle du côté de la mer et du commerce étranger, auquel on attache communément une si grande importance, sans qu'elle ait eu un seul instant de paix pour se reposer , elle supporte des taxes énormes, elle fait des dépenses immenses en travaux publics; elle suffit à tout sans emprunts, et elle a une puissance colossale à laquelle rien ne peut résister sur le continent de l'Europe, et qui subjuguerait tout l'univers, sans la marine anglaise. Qu'est-il donc arrivé dans ce pays qui ait pu produire ces inconcevables effets? Une seule circonstance a suffi.

Dans l'ancien ordre des choses, la plus grande partie des travaux utiles des habitans de la France était employée chaque année à produire les richesses qui formaient les immenses revenus de la cour et de toute la classe opulente de la société; et ces revenus étaient presque entièrement consumés en dépenses de luxe, c'est-à-dire, à solder une masse énorme de population, dont tout le travail ne produisait absolument rien que les jouissances de quelques hommes. En un moment la presque totalité de ces revenus est passée et dans les mains du nouveau gouvernement, et dans celles de la classe laborieuse. Elle a alimenté de même tous ceux qui en tiraient leur subsistance; mais leur travail a été appliqué à des choses nécessaires ou utiles, et il a suffi pour défendre l'état

au dehors, et accroître ses productions au
dedans (1).

Doit-on en être surpris, quand on songe
qu'il y a eu un temps assez long où, par
l'effet même de la commotion et de la détresse générale, on aurait à peine trouvé en
France un seul citoyen oisif ou occupé de
travaux inutiles. Ceux qui faisaient des car-
rosses, ont fait des affûts de canons; ceux qui
faisaient des broderies et des dentelles, ont
fait de gros draps et de grosses toiles ; ceux
qui ornaient des boudoirs ont bâti des granges et défriché des terres; et même ceux
qui jouissaient en paix de toutes ces inuti-
lités ont été forcés, pour subsister, de rendre des services dont on avait besoin. C'est
là le secret des ressources prodigieuses
que trouve toujours un corps de nation dans
ces grandes crises. On met à profit alors tout

(1) La seule suppression des droits féodaux et des
dîmes, partie au profit des cultivateurs , partie à celui de l'état, a suffi aux uns pour accroître beaucoup
leur industrie , à l'autre pour asseoir une masse
énorme d'impôts nouveaux , et ce n'était là qu'une
faible portion des revenus de la classe consomma-
trice sans utilité.

ce qu'on laissait perdre de forces sans s'en
apercevoir dans les temps ordinaires; et l'on
est effrayé de voir combien cela était considérable. C'est là le fond de tout ce qu'il y a
de vrai dans les déclamations de collége sur
la frugalité, la sobriété, l'horreur du faste,
et toutes ces vertus démocratiques des nations pauvres et agrestes, que l'on nous vante
si ridiculement, sans en comprendre ni la
cause ni l'effet. Ce n'est pas parce qu'elles
sont pauvres et ignorantes que ces nations
sont fortes : c'est parce que rien n'est perdu
du peu de forces qu'elles ont, et qu'un
homme qui a cent francs et les emploie
bien, a plus de moyens qu'un homme qui
en a mille et les perd au jeu. Mais faites
qu'il en soit de même chez une nation riche
et éclairée, et vous verrez le même développement de forces que vous avez vu dans
la nation française, dont les efforts ont été
bien supérieurs à tout ce qu'a jamais fait la
république romaine ; car ils ont renversé des
obstacles bien plus puissans. Que l'Allemagne,
par exemple, laisse seulement, pendant quatre
ans, dans les mains de la classe laborieuse et
frugale, les revenus qui servent au faste de

toutes ses petites cours et de toutes ses riches abbayes, et vous verrez si elle sera une nation forte et redoutable. Au contraire, supposez que l'on rétablisse entièrement en France l'ancien cours des choses, vous y verrez incessamment renaître, malgré son grand accroissement de territoire, la langueur au milieu des ressources, la misère au milieu des richesses, la faiblesse au milieu de tous les moyens de force.

On me répétera que j'assigne à la seule distribution du travail et des richesses, le résultat d'une foule de causes morales de la plus grande énergie. Encore une fois, je ne nie point l'existence de ces causes : je la reconnais comme tout le monde ; mais de plus j'en explique l'effet. Je conviens que l'enthousiasme de la liberté intérieure et de l'indépendance extérieure, et l'indignation contre une oppression injuste et une aggression plus injuste encore, ont pu seules opérer en France ces grands renversemens : mais je soutiens que ces grands renversemens n'ont fourni à ces passions tant de moyens de succès , malgré les erreurs et les horreurs auxquelles leur violence les a entraînées, que parce qu'ils ont produit un meilleur emploi de toutes les forces. *Tout le bien des sociétés humaines est dans la bonne application du travail; tout le mal dans sa déperdition.* Ce qui, au reste, ne veut dire autre chose, si ce n'est que, quand on s'occupe de pourvoir à ses besoins, ils sont satisfaits; et que, quand on perd son temps, on souffre. On est honteux de devoir prouver une vérité si palpable, mais il faut se rappeler que l'étendue de ses conséquences est surprenante.

On pourrait faire un ouvrage tout entier sur le luxe, et il serait très-utile; car ce sujet n'a jamais été bien traité. On montrerait que le luxe, c'est-à-dire, le goût des dépenses superflues, est, jusqu'à un certain point, l'effet du penchant naturel à l'homme pour se procurer incessamment des jouissances nouvelles, dès qu'il en a les moyens, et de la puissance de l'habitude qui lui rend nécessaire le bien-être dont il a joui, même alors qu'il lui devient onéreux de continuer à se le procurer; que par conséquent le luxe est une suite inévitable de l'industrie dont pourtant il arrête les progrès, et de la richesse qu'il tend à détruire; et que c'est pour cela aussi que, quand une nation est déchue de son ancienne grandeur, soit par l'effet du luxe, soit par toute autre cause, il y survit à la prospérité qui l'a fait naître, et en rend le retour impossible, à moins que quelque secousse violente et dirigée vers ce but, ne produise une régénération brusque et complète. Il en est de même des particuliers.

Il faudrait faire voir, d'après ces données; que, dans la situation opposée, quand une nation prend, pour la première fois, son rang parmi les peuples civilisés, il faut, pour que le succès de ses efforts soit complet, que les progrès de son industrie et de ses lumières soient beaucoup plus rapides que ceux de son luxe. C'est peut-être principalement à cette circonstance qu'on doit attribuer le grand essor qu'a pris la monarchie prussienne sous son second et son troisième rois; exemple qui doit un peu embarrasser ceux qui prétendent que le luxe est si nécesssaire à la prospérité des monarchies. C'est une même circonstance qui me paraît assurer la durée de la félicité des États-Unis; et l'on

peut craindre que la jouissance incomplète
de cet avantage ne rende difficiles et imparfaites la vraie prospérité et la vraie civilisation de la Russie.

Il faudrait dire quelles sont les espèces de
luxe les plus nuisibles ; on pourrait considérer la maladresse dans les fabriques, comme
un grand luxe ; car elle entraîne une grande
perte de temps et de travail. Il faudrait surtout expliquer comment les grandes fortunes
sont la principale et la presque unique source
du luxe proprement dit ; car à peine serait-il
possible s'il n'en existait que de médiocres.
L'oisiveté même, dans ce cas, ne pourrait
guère avoir lieu. Or, c'est une espèce de luxe,
puisque, si elle n'est pas un emploi stérile
du travail, elle en est la suppression (1).
Les branches d'industrie qui peuvent produire
rapidement des richesses immenses portent
donc avec elles un inconvénient qui contre-

(1) Les seuls oisifs qu'on devrait voir sans improbation sont ceux qui se livrent à l'étude, et surtout
à l'étude de l'homme : et ce sont les seuls qu'on per-
sécute. Il y a de bonnes raisons pour cela. Ils font voir
combien les autres sont nuisibles, et ils ne sont pas
les plus forts.

balance fortement leurs avantages. Ce ne sont pas celles-là que l'on doit désirer de voir se développer les premières dans une nation naissante. De ce genre est le commerce maritime. L'agriculture, au contraire, est bien préférable ; ses produits sont lents et bornés. L'industrie proprement dite, celle des fabriques, est encore sans danger et très-utile. Ses profits ne sont pas excessifs ; ses succès sont difficiles à obtenir et à perpétuer, ils exigent beaucoup de connaissances et des qualités estimables, et ont des conséquences très-heureuses. La bonne fabrication des objets de première nécessité est surtout désirable. Ce n'est pas que les manufactures d'objets de luxe ne puissent aussi être très-avantageuses à un pays ; mais c'est quand leurs produits sont comme la religion de la cour de Rome, dont on dit qu'elle est pour elle une marchandise d'exportation et non pas de consommation ; et il est toujours à craindre de s'enivrer de la liqueur qu'on prépare pour les autres. Toutes ces choses et beaucoup d'autres devraient être développées dans l'ouvrage dont il s'agit : mais elles ne sont pas de mon sujet. Je ne de-

vais pas faire l'histoire du luxe. Je devais
dire seulement ce qu'il est, et quelle est son
influence sur la richesse des nations. Je crois
l'avoir fait.

Le luxe est donc un grand mal sous le rapport économique ; c'en est un plus grand
encore sous le point de vue moral qui est
toujours le plus important de tous, quand
il s'agit des intérêts des hommes. Le goût
des dépenses superflues, dont la principale
source est la vanité, la nourrit et l'exaspère.
Il rend l'esprit frivole et nuit à sa justesse.
Il produit, dans la conduite, le déréglement
qui engendre beaucoup de vices, de désordres et de troubles dans les familles. Il conduit aisément les femmes à la dépravation,
les hommes à l'avidité, les uns et les autres
au manque de délicatesse et de probité,
et à l'oubli de tous les sentimens généreux
et tendres. En un mot, il énerve les âmes
en rapetissant les esprits ; et il produit
ces tristes effets, non-seulement sur ceux
qui en jouissent, mais encore sur tous
ceux qui l'admirent ou qui servent à l'entretenir.

Malgré ces funestes conséquences, on doit

accorder à Montesquieu, *que le luxe est sin-gulièrement propre aux monarchies*, c'est-à-dire, aux aristocraties sous un seul chef, et *qu'il est nécessaire dans ces gouvernemens.* Ce n'est point, comme il le dit, afin d'animer la circulation, et pour que la classe pauvre ait part aux richesses de la classe opulente. Nous avons vu que, de quelque manière que celle-ci emploie ses revenus, ils fournissent toujours la même quantité de salaires : toute la différence est qu'elle paie des travaux inutiles au lieu de payer des travaux utiles : et si elle porte les dépenses de luxe jusqu'à hypothéquer ou aliéner ses fonds, la circulation n'en est point augmentée, parce que celui qui lui fournit son argent l'aurait employé autrement : mais cela va directement contre les principes établis dans les livres précédens, par Montesquieu lui-même, qui fait, avec raison, de la perpétuité du lustre des familles nobles, la condition nécessaire de la durée des monarchies.

Si donc le monarque, comme il faut en convenir, a intérêt à encourager et à favoriser le luxe, c'est parce qu'il a besoin d'exciter puissamment la vanité, d'inspirer beaucoup de respect pour tout ce qui brille, de rendre les esprits frivoles et légers pour les éloigner des affaires, de fomenter des sentimens de rivalité entre les diverses classes de la société, de faire incessamment sentir à tous le besoin d'argent et de ruiner ceux de ses sujets qui pourraient devenir solidement puissans par l'excès de leurs richesses. Sans doute il lui en coûte fréquemment des sacrifices pécuniaires pour réparer le désordre des affaires de ces familles illustrées qu'il a besoin de soutenir; mais, avec le pouvoir qu'elles lui conservent, il a le moyen de se procurer de plus grandes ressources encore aux dépens des autres. Telle est la marche propre à la monarchie, comme nous l'avons déjà vu. Ajoutons seulement que, par les raisons contraires, le gouvernement représentatif, dont nous avons aussi expliqué la nature et les principes, n'a nul motif de favoriser la faiblesse naturelle à l'homme de se livrer à des dépenses superflues; qu'il a des intérêts tout opposés, et que, par conséquent, il n'est jamais obligé de sacrifier une partie des forces de la société, pour réussir à la régir tranquillement. Il n'est pas nécessaire d'entrer dans plus de détails sur ce sujet.

Mais les gouvernemens qui ont intérêt à s'opposer aux progrès du luxe, doivent-ils avoir recours aux lois somptuaires? je ne répéterai pas ici que les lois somptuaires sont toujours un abus d'autorité, une atteinte à la propriété, et qu'elles ne parviennent jamais au but qu'elles se proposent. Je dirai seulement qu'elles sont inutiles, quand l'esprit de vanité n'est pas incessamment excité par toutes les institutions; quand la misère et l'ignorance de la basse classe ne sont pas assez grandes pour qu'elle ait une admiration stupide pour le faste; quand les moyens de faire des fortunes rapides et excessives sont rares; quand ces fortunes se dispersent promptement par l'égalité des partages dans les successions; quand enfin tout imprime aux esprits une autre direction et le goût des vraies jouissances; quand, en un mot, la société est bien ordonnée.

Voilà les vrais moyens de combattre le luxe; toutes les autres mesures ne sont que des expédiens misérables. Je ne reviens point de mon étonnement de ce qu'un homme comme Montesquieu ait porté le goût de ces expédiens, au point que, pour concilier la prétendue *modération* dont il fait le principe de son aristocratie, avec ce qu'il croit les intérêts du peuple, il approuve qu'à Venise les nobles se fassent voler leurs trésors par des courtisanes, et que, dans les républiques grecques, les plus riches citoyens les employassent en fêtes et en spectacles, et qu'enfin il arrive à trouver que les lois somptuaires sont bonnes à la Chine, parce que les femmes y sont fécondes. Heureusement il en conclut aussi qu'il faut détruire les moines, conséquence qui, pour être bonne, ne tient pas trop au principe dont elle sort.

A l'égard des femmes, elles sont des bêtes de somme chez les sauvages, des animaux de ménagerie chez les barbares, alternativement despotes et victimes chez les peuples livrés à la vanité et à la frivolité. Ce n'est que dans les pays où règnent la liberté et la raison, qu'elles sont les heureuses compagnes d'un ami de leur choix, et les mères respectées d'une famille tendre, élevée par leurs soins.

8

Ni les mariages Samnites (ou Sunnites) (1), ni les danses de Sparte ne produisent un pareil effet. Il est inconcevable qu'on ait été tant de temps avant de sentir l'énorme ridicule de ces niaiseries, et toute l'horreur du tribunal domestique des Romains. Les femmes ne sont faites ni pour dominer, ni pour servir, non plus que les hommes. Ce ne sont point là des sources de bonheur et de vertu ; et l'on peut affirmer qu'elles n'ont produit nulle part ni l'un ni l'autre.

(1) Voltaire a remarqué, dans son commentaire sur l'*Esprit des lois*, que l'histoire de ces singuliers mariages est tirée de *Stobée*, et que *Stobée* parle des Sunnites, peuple de Scythie, et non pas des Samnites. Au reste, cela est fort indifférent.

CHAPITRE VIII.

*Sur le Livre VIII — De la corruption des
principes des trois gouvernemens.*

Aucun livre de l'*Esprit des Lois* ne prouve
mieux que celui-ci combien est vicieuse la
classification des gouvernemens qu'a adoptée
Montesquieu, et combien nuit à la profondeur et à l'étendue de ses idées l'usage qu'il
a fait de cette classification systématique,
en adaptant exclusivement à chacun de ces
gouvernemens un sentiment qui se trouve
plus ou moins dans tous, dont il fait le
principe unique de chacun d'eux, et dont
il tire, pour ainsi dire par force, la raison
de tout ce qu'ils font et de tout ce qui leur
arrive.

En effet, dans ce livre huitième, la première chose dont on est frappé, c'est qu'en
n'annonçant que trois espèces de gouvernemens, il commence par en distinguer quatre,
qui sont en effet très-différens, et il finit par
en réunir deux sous le nom de républicain;

qui n'ont réellement nulle ressemblance sous
le rapport dont il est question, celui de
l'étendue du territoire.

Ensuite, vu qu'aucune institution humaine
n'est exempte de défauts, on s'attend qu'il
va nous dire quels sont les vices inhérens et
propres à chacune des formes sociales, et
nous enseigner les moyens de les combattre.
Point du tout : en vertu de son arrangement
systématique, il se tient dans les abstractions ;
il n'est point question encore des gouvernemens, il ne s'agit que de leurs principes.
Et que nous apprend-il relativement à ces
principes ? le voici :

Le principe de la démocratie, dit-il, *se
corrompt, non-seulement lorsqu'on perd l'esprit d'égalité, mais encore lorsque chacun
veut être égal à ceux qu'il choisit pour lui
commander :* et il explique cette seconde
idée par beaucoup d'exemples et de raisonnemens. Mais, toute juste qu'elle est, a-t-elle
quelque rapport particulier avec la vertu
démocratique qu'il a caractérisée ailleurs,
l'abnégation de soi-même, plus qu'avec tout
autre principe politique ? Est-il une société
quelconque qui puisse subsister quand tout

le monde veut commander, et que personne
ne veut obéir. ?

Sur l'aristocratie, il nous dit qu'elle se
corrompt, *lorsque le pouvoir des nobles devient arbitraire, et qu'ils n'observent pas les
lois.* Sans doute ces excès sont contraires à
la *modération*, prétendu principe de ce gouvernement. Mais quel est celui dont le principe ne se corrompt pas? ou plutôt qui n'est
pas déjà corrompu dans le principe et dans
le fait, quand il devient arbitraire et quand
les lois n'y sont pas observées?

Aussi l'article de la monarchie est-il, à
peu près, le même que celui-ci en d'autres
termes. On y trouve que le principe de la
monarchie se corrompt, quand le prince
détruit les prérogatives des corps ou les priviléges des villes, quand il ôte aux uns leurs
fonctions naturelles pour les donner arbitrairement à d'autres, quand il est plus amou-
reux de ses fantaisies que de ses volontés,
quand il devient cruel, quand on peut être
à la fois couvert d'infamie et de dignités.
Certainement de tels désordres sont pernicieux; mais il n'y en a aucun, excepté le
dernier, qui ait un rapport direct avec

l'honneur, et il est partout aussi fâcheux et aussi révoltant que dans la monarchie.

A l'égard du gouvernement despotique, on nous dit : *Les autres gouvernemens périssent parce que des accidens particuliers en violent le principe : celui-ci périt par son vice intérieur, lorsque quelques causes accidentelles n'empêchent point son* PRINCIPE *de se corrompre ;* c'est-à-dire, qu'il ne se maintient que *quand quelque circonstance le force à suivre quelque ordre et à souffrir quelque règle.* Je crois cela vrai. Il me paraît très-sûr que le gouvernement despotique, non plus qu'un autre, ne peut subsister, s'il ne s'y établit une sorte d'ordre. Mais il faut convenir qu'il est singulier d'appeler *corruption de la crainte*, l'établissement d'un ordre quelconque. D'ailleurs, je le demande de nouveau, qu'est-ce que tout cela nous apprend ?

Je crois pouvoir conclure de ces citations, qu'il y a peu de lumières à tirer des réflexions que suggère à Montesquieu, la manière dont s'affaiblissent et se détruisent, suivant lui, ses trois ou quatre prétendus principes de gouvernement. Je ne m'y arrêterai donc pas davantage ; mais je prendrai la liberté de

combattre ou du moins de discuter une assertion qui est la suite de toutes ces idées. Il
prétend que *la propriété naturelle des petits
états est d'être gouvernés en république ; celle
des médiocres , d'être soumis à un monarque ;
celle des grands empires, d'être dominés par
un despote : que, pour conserver les principes
du gouvernement établi , il faut maintenir
l'état dans la grandeur qu'il avait déjà ; et
que cet état changera d'esprit à mesure qu'on
rétrécira ou qu'on étendra ses limites.* Je crois
cette décision sujette à beaucoup de difficultés.

Premièrement, je répéterai une observation
que j'ai déjà faite souvent. Le mot *république*
est ici fort équivoque. Il s'applique également
à deux gouvernemens qui se ressemblent en
cela, qu'ils n'ont pas un chef unique , et qui
diffèrent beaucoup pour l'objet dont il s'agit.
La démocratie ne peut certainement avoir
lieu que dans un très-petit espace, ou que
dans l'enceinte d'une seule ville; et même, à la
rigueur , elle est absolument impossible partout, un peu de temps de suite. Comme nous
l'avons déjà dit, c'est l'enfance de la société.
Mais pour l'aristocratie sous plusieurs chefs,

nommée *république*, il me semble que rien ne l'empêche de gouverner un vaste territoire, comme l'aristocratie sous un seul chef, nommée *monarchie*. La république romaine est une grande preuve que cela est très-possible.

A l'égard du gouvernement despotique (la monarchie pure), je ne conçois pas comment Montesquieu peut avancer (*chap.* 19), qu'il est nécessaire pour bien régir un grand empire, après avoir dit précédemment que c'est toujours un gouvernement abominable; ni comment il prétend ici qu'il faut conserver à ce vaste empire son étendue, pour conserver le principe de ce gouvernement, après avoir dit aussi précédemment que ce gouvernement ne peut subsister qu'en renonçant à son principe. Tout cela est contradictoire (1).

Ce dernier aveu m'autorise à renouveler mon assertion, que le despotisme est, comme la démocratie, un état de la société encore informe, et que ces deux mauvais ordres de

(1) Je crois que l'on peut dire seulement que tout état, excessivement étendu, ne peut manquer de tomber sous le joug du despotisme, ou de se diviser.

choses, tous deux impossibles à la longue,
ne méritent pas de nous occuper. Reste donc
seulement l'aristocratie sous plusieurs chefs,
et l'aristocratie sous un seul, ou la monarchie, qui toutes deux peuvent également
avoir lieu dans tous les états, depuis le plus
petit jusqu'au plus grand; avec cette différence cependant que la dernière, outre les
frais et les sacrifices que coûtent à la nation
l'entretien et les prérogatives des classes distinguées et des corps privilégiés, exige encore des gouvernés toutes les dépenses qu'entraîne nécessairement l'existence d'une cour.
En sorte que réellement il faut, pour y suffire,
qu'un état ait un certain degré d'étendue
ou du moins d'opulence. Il ne s'agit là ni
d'honneur, ni de modération, ni d'aucune
autre idée fantastique prise arbitrairement
pour servir de réponse à tout, mais de calcul
et de possibilité. Un roi ne saurait subsister
aux dépens d'un petit nombre d'hommes peu
industrieux et par conséquent peu riches.
Car, comme dit le bon et profond La Fon-
taine, *il ne vit pas de peu.* Il y a plus de
philosophie et de saine politique dans ces
quatre mots que dans beaucoup de systèmes.

J'ajouterai que le gouvernement représentatif avec un ou plusieurs chefs, lequel j'ai
toujours mis en parallèle, et, pour ainsi dire,
en pendant avec l'aristocratie et ses diverses
formes, comme étant le mode propre à un
troisième degré de civilisation, a, de même
que cette aristocratie, la propriété de convenir à toutes les sociétés politiques depuis
les plus petites jusqu'aux plus grandes. Il
jouit même de cet avantage à un plus haut
degré. Car, d'une part, il est par sa nature
bien moins dispendieux pour les gouvernés,
puisqu'aux frais nécessaires de l'administration, il n'ajoute pas les sacrifices beaucoup
plus onéreux, résultant des priviléges de
quelques hommes; ainsi, il peut plus aisément subsister dans des petits états : d'autre
part, joignant à la puissance physique de son
pouvoir exécutif, le pouvoir moral de chacun des membres du pouvoir législatif dans
la partie de l'empire par laquelle chaque
membre est spécialement délégué, il a bien
plus de force pour procurer l'exécution des
lois sur tous les points d'un vaste territoire.
Ainsi, il peut mieux maintenir l'ordre dans
un grand empire. Il faut seulement pour cet

effet que le pouvoir législatif ne se mette pas en opposition avec le pouvoir exécutif, comme il arrive souvent dans l'aristocratie sous un seul chef, lorsque les classes privilégiées se mettent en opposition avec ce chef; et il y a beaucoup de moyens pour cela : mais ce n'est pas ce dont il est question actuellement.

Voilà, je pense, tout ce que l'on peut dire de l'étendue d'une société politique, en ne la considérant que relativement à la forme du gouvernement, comme a fait Montesquieu : mais il me semble que ce sujet peut être envisagé sous d'autres points de vue qu'il a négligés, et donner lieu à plusieurs observations importantes.

Premièrement, de quelque manière qu'un état soit gouverné, il faut qu'il ait une certaine étendue. S'il est trop petit, les citoyens pourront, quand ils le voudront, se voir tous en deux jours, et faire une révolution en une semaine. Ainsi, vu la mobilité des esprits des hommes et leur excessive sensibilité au mal présent, cet état n'est jamais à l'abri d'un changement subit. Il ne saurait donc avoir ni liberté, ni tranquillité assurées, ni bonheur durable.

Il faut de plus qu'un état ait une force suffisante. S'il est trop faible, il ne jouit jamais d'une véritable indépendance, et n'a qu'une existence précaire. Il ne subsiste que par la jalousie réciproque de ses voisins plus puissans. Il souffre de toutes leurs querelles, ou est la victime de leurs réconciliations. Il est entraîné, malgré lui, dans leur atmosphère, et il finit par être englobé par l'un d'eux : ou, ce qui est peut-être pis encore, en lui conservant une ombre d'existence, on ne lui laisse jamais la liberté de se gouverner à son gré. Il faut toujours qu'il soit régi par les principes et suivant les vues des états qui l'entourent, en sorte qu'il est bouleversé, non-seulement par les révolutions qui s'opèrent dans son sein, mais encore par toutes celles qui peuvent avoir lieu ailleurs.

Gênes, Venise, tous les petits états d'Italie, tous ceux de l'Allemagne, malgré leur lien fédératif, Genève, malgré son union au corps helvétique, sont autant de preuves de ces vérités. La Suisse et la Hollande elles-mêmes, malgré leurs forces plus réelles, en sont des exemples encore plus marquans. On a cru et on a dit trop long-temps, sans assez de

réflexion, qu'elles étaient suffisamment dé-
fendues, l'une par ses montagnes, l'autre
par ses écluses, et toutes deux par le patriotisme de leurs habitans. Mais que peuvent
ces faibles obstacles, et le zèle sans moyens,
contre une puissance prépondérante? L'expérience a montré qu'elles n'avaient réellement été conservées que par les égards
réciproques des grands états les uns pour
les autres. Je ne conçois pas de sort plus
malheureux que celui des citoyens d'un état
faible.

D'un autre côté, il ne faut pas que le
corps politique dépasse certaines proportions. Ce n'est pas l'excès de l'étendue qui,
en lui-même, me paraît un grand inconvénient. Dans nos sociétés perfectionnées, les
relations sont si multipliées, les communications si faciles, l'imprimerie surtout rend
si aisé le moyen de transmettre des ordres,
des instructions, et même des opinions, et
de recevoir, en retour, des comptes et des
renseignemens certains et détaillés sur l'état
des choses et des esprits, et sur la capacité
et les intérêts des individus, qu'il n'est pas
plus difficile de gouverner une grande pro-

vince qu'une petite ; aussi la distance me
semble-t-elle un très-faible obstacle à l'exercice suffisant de l'autorité, et à celui de la
force, quand elle est nécessaire. Je crois
même que la grande étendue de la base est
un avantage incalculable ; parce que, lorsqu'elle existe, les troubles intérieurs et les
agressions étrangères renversent très-diffi-
cilement l'édifice politique. Car le mal ne
peut pas se déclarer partout en même temps,
il reste toujours quelques parties saines, d'où
l'on peut porter secours aux parties malades.
Mais ce qui est important, c'est que l'étendue d'un état ne soit pas telle qu'il renferme
dans son sein des peuples trop différens de
mœurs, de caractère, surtout de langage,
et qui aient des intérêts particuliers trop
distinctes. Telle est la considération majeure
qui me paraît devoir principalement borner
l'étendue d'une société.

Il en est pourtant une autre bien digne
d'attention encore : il est essentiel au bonheur
des habitans d'un pays, que les frontières
soient d'une facile défense, qu'elles ne soient
pas en même temps sujettes à contestation,
et qu'elles se trouvent placées de manière à

ne pas intercepter les débouchés des denrées
et le cours que le commerce tend à prendre
de lui-même. Pour cela il faut que l'état ait
des limites qu'il tienne de la nature, et qui ne
soient pas des lignes abstraites, tracées arbitrairement sur une carte.

Sous tous ces rapports, la mer est, de toutes
les limites naturelles, la meilleure : elle a
de plus une propriété admirable qui lui est
particulière, c'est que les forces qui servent
à la défendre, les forces navales, emploient
peu d'hommes, que ces hommes sont utiles
à la prospérité publique, et surtout qu'ils
ne peuvent jamais prendre part en masse
aux discordes civiles, ni alarmer la liberté
intérieure. Aussi est-ce un avantage inappré-
ciable, pour être heureux et libre, que d'habi-
ter une île. Cela est si vrai que, si vous supposez la surface du globe toute partagée en
îles d'une grandeur convenable et suffisamment éloignées les unes des autres, vous la
verrez couverte de nations industrieuses et
riches, sans armées de terre, par conséquent
régies par des gouvernemens modérés, ayant
entre elles les communications les plus commodes, et pouvant à peine se nuire, autre-

ment qu'en troublant leurs relations réciproques; égarement qui cesse bientôt par l'effet de leurs besoins mutuels. Au contraire,
imaginez la terre sans mer, vous verrez les
peuples sans commerce, toujours en armes,
craignant les nations voisines, ignorant
l'existence des autres, et vivant sous des gouvernemens militaires. La mer est un obstacle
pour toute espèce de mal, et une facilité pour
toute espèce de bien.

Après la mer, la meilleure limite naturelle, est la cime des plus hautes chaînes de
montagnes, en prenant pour ligne de démarcation le point de partage des eaux qui
coulent des sommets les plus élevés et par
conséquent les plus inaccessibles. Cette limite est encore très-bonne en ce qu'elle
est d'une précision suffisante, en ce que les
communications sont si difficiles d'un revers
de montagne à l'autre, qu'en général les
relations sociales et commerciales s'établissent toujours en suivant le cours des eaux;
et enfin en ce que, quoiqu'elle doive être
défendue par des troupes de terre, du moins
elle en exige un moindre nombre que les
pays de plaines, puisque, pour la protéger,

il suffit d'occuper les gorges formées par les principaux mamelons qui partent de la grande chaîne.

Enfin, à défaut des mers et des montagnes, on peut se contenter des grands fleuves, en ne les prenant qu'à un endroit où ils soient déjà un peu considérables, et en les suivant jusqu'à la mer, mais des grands fleuves seulement; car, s'il s'agit de rivières affluentes dans d'autres dont on ne dispose pas, ce sont autant d'artères coupées par lesquelles la circulation ne peut plus se faire, et qui paralysent souvent une grande étendue de pays. De plus ces rivières ne sont pas, en général, assez considérables, au moins dans une partie de leurs cours, pour être de vraies barrières contre les entreprises hostiles. Je sais que les grands fleuves mêmes ne sont pas une limite très-précise, parce que leur cours change incessamment et engendre mille contestations, qu'ils ne sont qu'une défense bien peu sûre, qu'un ennemi entreprenant les passe toujours, qu'en un mot ils sont bien plus faits par la nature pour unir leurs riverains, que pour les séparer. Mais enfin, il est des localités où il faut bien se contenter de ces limites. Quoi

qu'il en soit, une société politique doit toujours, pour son bonheur, travailler à se procurer ses limites naturelles, et ne jamais se
permettre de les dépasser.

A l'égard du degré de puissance dont elle
a besoin pour se conserver, il n'est que relatif et dépend beaucoup des forces de ses
voisins : ceci nous amène naturellement au
sujet du livre suivant.

CHAPITRE IX.

Sur le Livre IX. — Des lois dans le rapport qu'elles ont avec la force défensive.

LE titre de ce livre semblerait annoncer qu'on trouvera ici la théorie des lois relatives à l'organisation de la force armée, et au service que les citoyens doivent à la patrie pour sa défense; mais ce n'est point ce dont Montesquieu s'est occupé. Il ne parle que des mesures politiques que peut prendre un état pour se mettre à l'abri des entreprises de ses voisins. Nous ne ferons que le suivre.

Prévenu de l'idée qu'une république, soit démocratique, soit aristocratique, ne peut jamais être qu'un petit état, il ne voit pour elle de moyen de défense que de s'unir à d'autres états par un lien fédératif; et il fait un grand éloge des avantages de la constitution fédérative, qui lui paraît la meilleure invention possible pour conserver la liberté au dedans et au dehors. Sans doute, il vaut mieux, pour un état trop faible, se joindre à plusieurs autres par des alliances ou par une fédération, qui est la plus étroite des alliances, que rester isolé. Mais si tous ces états réunis n'en formaient qu'un seul, ils seraient certainement plus forts. Or, cela se peut au moyen du gouvernement représentatif. Nous nous trouvons bien en Amérique du système fédératif, parce que nous n'avons pas de voisins redoutables ; mais si la république française avait adopté ce mode, comme on le lui a proposé, il est douteux qu'elle eût pu résister à toute l'Europe, comme elle l'a fait, en demeurant *une et indivisible*. Règle générale : un état gagne en forces en se joignant à plusieurs autres ; mais il gagnerait encore davantage en ne faisant qu'un avec eux, et il perd en se subdivisant en plusieurs parties, quelque étroitement qu'elles demeurent unies.

On pourrait soutenir, avec plus de vraisemblance, que la fédération rend l'usurpation du pouvoir souverain plus difficile que l'indivisibilité ; cependant elle n'a pas empêché la Hollande d'être asservie par la maison d'Orange. Il est vrai que c'est surtout l'influence étrangère qui a rendu le stathou-

dérat héréditaire et tout-puissant ; et cela
rentre dans les inconvéniens des états faibles.

Un autre avantage de la fédération, qui me
paraît incontestable, et dont pourtant Montesquieu ne parle pas, c'est qu'elle favorise
la distribution plus égale des lumières et la
perfection de l'administration, parce qu'elle
fait naître un espèce de patriotisme local,
indépendamment du patriotisme général, et
parce que les législatures particulières connaissent mieux les intérêts particuliers de
leur petit état.

Malgré ces heureuses propriétés, je pense
que l'on ne doit regarder les fédérations,
surtout chez les anciens, que comme des
essais et des tentatives d'hommes qui n'avaient
pas encore imaginé le vrai système représentatif, et qui cherchaient à se procurer à
la fois la liberté, la tranquillité et la puissance, avantages que ce système seul peut
réunir. Si Montesquieu l'avait connu, j'ose
croire qu'il aurait partagé cette opinion.

Au reste, il observe, avec raison, qu'une
fédération doit être composée d'états à peu
près de même force, et régis à peu près par
les mêmes principes. L'absence de ces deux

conditions est la cause de la faiblesse du corps germanique ; et l'opposition des principes aristocratiques de Berne, de Fribourg avec la démocratie des petits cantons, a souvent été nuisible à la confédération helvétique, nommément dans ces derniers temps.

Il remarque encore, avec non moins de justesse, que les petites monarchies sont moins propres à former une fédération que les petites républiques. La raison en est bien frappante. L'effet d'une fédération est d'élever une autorité commune au-dessus des autorités particulières; et par conséquent des rois qui essaieraient d'en former une, ou cesseraient d'être souverains ou ne seraient pas de vrais fédérés. C'est ce qui se voit en Allemagne, où les petits princes n'ont que l'apparence de la souveraineté, et où les grands n'ont que l'apparence d'être de la fédération. Cette réflexion, si notre auteur l'eût faite, aurait, ce me semble, mieux prouvé sa thèse que l'exemple des rois cananéens qu'il nous cite; exemple, en vérité, bien peu imposant et bien peu concluant.

A ce propos, qu'il me soit permis de dire que l'on ne peut assez s'étonner de la quantité de faits, ou minutieux, ou problématiques, ou mal circonstanciés, que Montesquieu va chercher dans les auteurs les plus suspects, ou dans les pays les moins connus, pour les faire servir de preuves à ses principes ou à ses raisonnemens. Il me semble que, la plupart du temps, ils éloignent de la question, au lieu de l'éclaircir. J'avoue que cela m'a toujours fait une vraie peine. Dans l'occasion présente, il est si attaché à soutenir qu'une république ne saurait gouverner une grande étendue de pays, sans le secours de la fédération, qu'il cite la république romaine comme une république fédérative. Assurément je ne prétends pas disputer d'érudition avec un homme si savant, qui d'ailleurs ici ne produit pas ses autorités : je sais qu'à différentes époques, et suivant différens modes, les Romains ont réuni à leur empire les peuples vaincus ; mais je ne puis voir là une vraie fédération; et il me paraît que, si un état a jamais eu le caractère de l'unité, c'est une république qui résidait toute entière dans une seule ville, que, par cette raison, on appelait la tête ou la capitale de l'univers, *caput orbis.*

Après avoir parlé des fédérations comme des seuls moyens de défense des républiques, Montesquieu dit que ceux des états despotiques consistent à ravager leurs frontières et à les environner de déserts; et ceux des monarchies à s'entourer de places fortes.

Je crois que c'est pousser bien loin l'esprit de système que d'attribuer exclusivement un de ces moyens à chaque espèce de gouvernement. Mais je ne m'arrêterai pas sur ce sujet, ni sur tout le reste de ce livre, parce que je ne vois pas d'instruction à en tirer.

Je n'y trouve à recueillir que cette belle sentence : *l'Esprit de la monarchie est la guerre et l'agrandissement ; l'esprit de la république est la paix et la modération.* Montesquieu répète la même chose en plusieurs endroits. Est-ce donc là faire l'éloge du gouvernement d'un seul (1)?

(1) Montesquieu par cette *sentence* exprimait, sans choquer ouvertement le pouvoir, la préférence que les peuples doivent donner à la république sur la monarchie. (*Note de l'éditeur.*)

CHAPITRE X.

Sur le Livre X. — Des lois dans le rapport qu'elles ont avec la force offensive.

Sous ce titre, ce livre traite du droit de faire la guerre, et de celui de faire des conquêtes, des conséquences de la conquête, de l'usage qu'on en peut faire, et des moyens de la conserver.

Le droit de faire la guerre qu'a une collection d'hommes, vient du droit qu'a chacun de ces hommes, en qualité d'être sensible, de défendre sa personne et ses intérêts ; car c'est pour les défendre avec moins de peine et plus de succès, qu'il s'est réuni en société avec d'autres hommes, et qu'il a ainsi converti son droit de défense personnelle en celui de faire la guerre conjointement avec eux.

Les nations sont les unes à l'égard des autres dans l'état où seraient des hommes sauvages qui, n'appartenant à aucune nation et n'ayant entre eux aucun lien social, n'auraient aucun tribunal à invoquer, aucune force publique à réclamer pour en être protégés. Il faudrait bien qu'ils se servissent chacun de leurs forces individuelles pour se conserver.

Cependant ces hommes-là même, pour ne pas se dévorer incessamment comme des bêtes féroces, seraient obligés de faire usage de la faculté qu'ils auraient, quoique bien imparfaitement, de s'entendre les uns les autres, de s'expliquer quand ils seraient en querelle; sans quoi leurs différens dureraient éternellement; de faire entre eux quelques conventions pour se laisser réciproquement en repos, et de compter, jusqu'à un certain point, sur la foi jurée, quoiqu'ils n'en eussent pas une garantie bien rassurante.

C'est aussi ce que font les nations. Les plus brutales s'envoient des parlementaires, des hérauts, des ambassadeurs que l'on respecte, font des traités, se donnent des otages. Les plus civilisées vont jusqu'à mettre des bornes à leurs fureurs, même pendant que la guerre dure encore. Elles s'accordent respectivement le droit d'enterrer les morts, soignent les blessés, échangent les prisonniers, au lieu de les manger ou d'exercer sur eux une vengeance féroce; et d'un autre côté, elles s'habituent à ne pas rompre la paix sans provocation et sans explication, et sans déclarer que l'explication ou la satisfaction ne sont pas suffisantes. Tout cela prend la force d'usages reçus et de règles convenues entre elles; règles qui manquent à la vérité de moyen coërcitif pour empêcher d'y contrevenir (1), mais qui n'en composent pas moins ce que l'on appelle le droit des nations, le droit des gens, *jus gentium.*

Cet ordre de choses fait sortir les nations de l'état d'isolement absolu que nous avons peint d'abord, et les amène à être entre elles dans un état de société informe et à peine ébauché, à peu près tel qu'il existe entre les sauvages, qui, par une espèce de confiance mutuelle, se sont réunis en une même horde, sans avoir su organiser une puissance publique qui assure les droits de chacun d'eux. Déjà, dans cet état, le meilleur système de

---

(1) C'est ce qui fait qu'elles ne sont pas de véritables lois positives, quoique fondées sur les lois éternelles de la nature. Voyez la définition du mot *loi*, au chapitre premier.

conduite est, en général, la probité unie à la prudence, parce qu'en ménageant les moyens de défense personnelle, il assure l'appui qui résulte de la confiance et de la bienveillance générales. C'est là ce qu'on peut dire en faveur de l'observation des règles du droit des gens ; c'est la seule sanction dont ces règles soient susceptibles actuellement.

Il paraîtra peut-être que c'est injurier les nations civilisées, de dire qu'elles sont entr'elles dans un état semblable à celui des individus qui composent une société informe et à peine ébauchée. Cependant c'est un grand pas de fait d'être sorti de l'état d'isolement absolu : pour arriver à celui de société perfectionnée et organisée, il ne leur manque que d'établir entre elles un tribunal et une force coërcitive commune, comme font dans l'intérieur d'une fédération les peuples fédérés, comme font dans l'intérieur d'une société les individus qui en sont membres.

Ce second pas a toujours paru impossible et chimérique ; pourtant il est peut-être bien moins difficile à faire que le premier ou les deux premiers qui l'ont précédé. Quand on songe combien il a fallu de temps et de

peines pour que les hommes dans leur état
primitif soient parvenus à former un langage,
même imparfait, à s'entendre passablement,
à s'inspirer assez de confiance mutuelle pour
former ensemble de petites sociétés, et ensuite
de plus grandes ; combien il en a fallu plus
encore pour que ces sociétés aient cessé d'être,
les unes à l'égard des autres, précisément
comme des troupeaux de bêtes farouches,
pour qu'elles aient établi entre elles quelque
communication et des relations morales ; il
paraîtra infiniment plus aisé que ces relations
morales s'organisent et deviennent de vraies
relations sociales. Il y a certainement eu une
époque où il devait paraître plus difficile de
former une république fédérative quelconque, qu'il ne l'est actuellement d'établir un
vrai pacte social entre plusieurs grandes nations ; et il y a plus loin de l'état originaire
de l'homme à la ligue des Achéens, que de
l'état actuel de l'Europe à la fédération régulière de toutes ses parties. Le plus grand
obstacle à cette fédération vient certainement des monarchies que renferme cette
partie du monde, parce qu'elles y sont bien
moins propres que les républiques par les

raisons que nous avons dites dans le chapitre précédent. Mais à quoi servirait-il de s'efforcer de présenter un tel projet comme exécutable à present? et à quoi surtout serait-il utile de s'obstiner à le proclamer impossible à jamais? Il y a plus de choses possibles que nous ne le croyons; l'expérience le prouve tous les jours. Laissons faire au temps, ne nous pressons point de réaliser des rêves, et pressons nous encore moins de combattre et de détruire les espérances des gens de bien.

Je suis fâché que Montesquieu, à propos du droit qu'ont les nations de faire la guerre, ne se soit pas occupé de débrouiller les idées fondamentales du *droit des gens*. Il en serait résulté beaucoup de lumière. Mais du moins nous devons le remercier d'avoir rejeté les absurdités de tous nos anciens publicistes sur ce sujet, et lui savoir encore plus de gré d'avoir dit formellement, que le droit de faire la guerre n'a pas d'autre fondement que celui d'une défense nécessaire, et qu'il ne peut jamais être question de prendre les armes pour des raisons d'amour-propre ou de bienséance, et encore moins pour la gloire, ou plutôt pour la vanité d'un prince.

Du droit de faire la guerre dérive le droit de faire des conquêtes. Réunir à son territoire tout le pays du peuple vaincu ou du moins une partie, est le moyen de constater sa supériorité, de tirer avantage de ses succès, de diminuer la puissance de l'ennemi en augmentant la sienne, et d'assurer sa tranquillité à l'avenir. Les nations sauvages n'ont pas ce moyen d'atteindre le but de la guerre et d'établir la paix. C'est un des malheurs de leur condition. Aussi leurs guerres sont-elles atroces, et, pour ainsi dire, sans terme ; et, lorsqu'il y a eu quelques exemples de mauvaise foi réciproque, il n'y a plus de possibilité de repos que dans la destruction entière d'une des deux parties belligérantes.

Cependant la conquête, quoique préférable à cette funeste extrémité, serait encore une atteinte au droit naturel qu'a chaque homme de n'être membre d'une société qu'autant qu'il le veut, si le peuple victorieux ne laissait pas à tous les habitans du pays conquis la liberté d'en sortir, comme les vainqueurs eux-mêmes doivent toujours avoir celle de s'expatrier quand ils le ju-

gent à propos. Seulement, à l'égard des vaincus, il peut, suivant les circonstances et
pendant un certain temps, prendre quelques
précautions et mettre des conditions à cette
liberté. Mais enfin elle doit exister ; et, avec
cette mesure, la conquête est parfaitement
exempte de reproches aux yeux de la justice,
si la guerre elle-même a été juste.

Maintenant naissent deux questions. Quand
et jusqu'à quel point doit-on faire des conquêtes ? et comment, après la paix, doit-on
traiter le pays conquis ? Montesquieu expose
en détail quels sont, sur ces deux points, les
intérêts de chacun des gouvernemens qu'il
distingue, il explique même avec soin comment doit se conduire une nation qui en
subjugue une autre, en s'établissant toute
entière dans son territoire, comme les Tartares à la Chine et les Francs dans les Gaules.

Pour moi, j'écarterai d'abord cette dernière supposition, parce que je n'y vois
qu'un état de guerre qui se prolonge indéfiniment, et qui subsiste jusqu'à ce que les
vainqueurs aient été expulsés, ou que les
deux nations se soient complétement fon-
dues l'une dans l'autre, de gré ou de force.

Ainsi il ne peut pas être question là d'un établissement de paix. D'ailleurs ce cas ne peut avoir lieu qu'entre un peuple barbare et un peuple dans un état de société encore très-imparfait. Or , je ne veux m'occuper que des nations vraiment civilisées.

Par cette dernière raison , je ne parlerai point non plus ni des états démocratiques, ni des états despotiques , mais seulement de ceux qui sont gouvernés par l'aristocratie sous un seul ou sous plusieurs chefs , ou par le gouvernement représentatif. Ces gouvernemens , comme nous l'avons vu , sont également propres à régir des pays plus ou moins étendus; ainsi ce n'est point cette considération qui peut leur faire désirer ou craindre un accroissement de territoire; mais la convenance des limites naturelles me paraît d'une toute autre importance. Je crois , je le répète, qu'une nation ne doit rien négliger pour se procurer les meilleures limites possibles, et qu'elle ne doit jamais les dépasser quand elle les a atteintes. Ainsi, tant qu'elle n'est pas arrivée à ce but, il faut qu'elle ajoute à son domaine tout le pays qu'elle peut acquérir à la paix; mais si elle

·y est parvenue, et que cependant le soin de sa sûreté future l'oblige à dépouiller entière-ment, ou du moins en partie, son ennemi de son territoire, je pense qu'elle doit le cé-der à quelque peuple dont elle ait intérêt d'augmenter la puissance, ou en former un ou plusieurs états indépendans auxquels elle donnera un gouvernement analogue au sien. Elle prendra seulement la précaution de don-ner à ces nouveaux états, une force telle qu'ils ne puissent point lui causer d'inquié-tude, mais telle cependant qu'ils soient ca-pables de se soutenir par eux-mêmes, afin de n'être pas incessamment obligée de les protéger et de les défendre ; car ce serait pour elle une source de guerres éternellement re-naissantes.

A l'égard de la conduite à tenir avec les habitans des pays conquis que l'on garde, je pense, avec Montesquieu, que les gouver-nemens qui, comme les différentes sortes d'aristocraties, ne sont pas fondés sur une justice exacte et sur des principes fixes, doi-vent souvent, pour s'attacher leurs nouveaux sujets, les traiter plus favorablement que les anciens. Mais le gouvernement représen-

tatif, qui a pour base l'équité et l'égalité absolues, ne peut faire autre chose pour les
citoyens qu'il acquiert, que de les assimiler
en tout à ceux qu'il a déjà. Au reste, c'est
certainement faire assez en leur faveur pour
que bientôt ils soient contens de leur nouveau sort.

A ce propos, je remarque combien est
juste la réflexion de Montesquieu, que *sou-*
vent un peuple gagne beaucoup à être con-
quis, et j'ajoute que cela est vrai surtout de
ceux qui sont conquis par une nation vivant
sous le gouvernement représentatif; car ils
gagnent en même temps du côté de la liberté et du côté de l'économie, soit qu'on
les réunisse à leur vainqueur; soit qu'on
les destine à former un nouvel état, régi par
les mêmes principes. Être conquis ainsi, c'est
moins être envahi, qu'être délivré. C'est là
ce qui rend ce gouvernement si redoutable
à tous les autres; car, dans leurs querelles
avec lui, les intérêts de leurs propres sujets
sont contre eux. C'est là ce qui a fait que
les énormes acquisitions de la république
française se sont si facilement incorporées
avec elle, malgré tous les préjugés civils et

religieux qui s'y opposaient ; et il en arrivera de même de la Louisiane à l'égard des
États-Unis, malgré toutes les intrigues étrangères. Si les Français avaient bien profité de
cet immense avantage en ne s'écartant pas
de leurs principes, après s'être donné les
limites naturelles qu'ils pouvaient désirer,
ils se seraient très-promptement entourés
d'états constitués comme le leur, qui, en
lui servant de barrières, auraient assuré sa
tranquillité à jamais.

Avant de quitter ce sujet, rendons encore
hommage à cette profonde réflexion de Montesquieu, qu'*une république, qui veut demeurer libre, ne doit pas avoir de sujets*. Ceci est
parfaitement applicable au gouvernement représentatif, et j'en conclus qu'il ne doit pas
avoir de possessions outre-mer, soumises à la
métropole. Il peut lui être très-utile de former des colonies pour se débarrasser du superflu de sa population, ou pour se procurer
des relations commodes et amicales dans des
pays propres à un commerce avantageux.
Mais il doit les émanciper dès qu'elles sont
en état d'exister par elles-mêmes ; comme,
dans notre système fédératif, nous faisons

pour nos nouveaux comtés, lorsqu'ils ont acquis un certain degré de population. Mais c'est assez parler de la guerre et de ses conséquences ; passons à d'autres objets.

CHAPITRE XI.

Sur le Livre XI. — Des lois qui forment la liberté politique dans son rapport avec la constitution.

J'AI cru devoir partager mon commentaire sur ce livre en deux parties. La première a seule un rapport direct avec l'ouvrage de notre auteur. La seconde est la suite de la première ; mais Montesquieu n'a pas poussé si loin ses recherches.

PREMIÈRE PARTIE.

Le problème qui consiste à distribuer les pouvoirs de la société de la manière la plus favorable à la liberté, est-il résolu?

Dans ce livre, dont le titre ne présente pas, ce me semble, un sens suffisamment clair, on examine de quel degré de liberté on peut jouir sous chaque espèce de constitutions, c'est-à-dire, quels effets produisent nécessairement sur la liberté des citoyens, les lois qui forment la constitution de l'état. Ces lois

sont uniquement celles qui règlent la distribution des pouvoirs politiques ; car la constitution d'une société n'est autre chose que
l'ensemble des règlemens qui déterminent la
nature, l'étendue, et les limites des autorités qui la régissent. Aussi, lorsqu'on veut
réunir tous ces règlemens en un seul corps
de lois qui soit la base de l'édifice social,
la première attention que l'on doit avoir
est de n'y faire entrer aucune disposition
étrangère à cet objet unique ; sans quoi ce
n'est plus précisément une *constitution* que
l'on a rédigée ; ce n'est qu'une portion, plus
ou moins considérable, du code général qui
régit la nation.

Mais pour voir quelle est l'influence de
l'organisation de la société sur la liberté de
ses membres, il faut savoir précisément ce
que c'est que la liberté. Le mot *liberté*,
comme tous ceux qui expriment des idées
abstraites très-générales, est souvent pris
dans une multitude d'acceptions différentes
qui sont autant de portions particulières de
sa signification la plus étendue : ainsi, l'on
dit qu'un homme est devenu libre, qu'il a
acquis, qu'il a recouvré sa liberté, quand il

a mis à fin une entreprise qui l'occupait tout entier, quand il a terminé des affaires qui l'absorbaient, quand il a quitté des fonctions assujettissantes, quand il a renoncé à une place qui lui imposait des devoirs, quand il s'est affranchi du joug de certaines passions, de certaines liaisons qui l'enchaînaient et le dominaient, quand il s'est évadé d'une prison, quand il s'est soustrait à l'empire d'un gouvernement tyrannique. On dit de même qu'il a la liberté de penser, de parler, d'agir, d'écrire, qu'il a la parole, la respiration, tous les mouvemens libres, lorsque rien ne le gêne à tous ces égards. Ensuite on range toutes ces libertés particielles par groupes; et on en compose ce que l'on appelle la liberté physique, la liberté morale ou la liberté naturelle, la liberté civile, la liberté politique. De là, il arrive que, quand on veut s'élever à l'idée la plus générale de la liberté, chacun la compose principalement de l'espèce de liberté à laquelle il attache le plus de prix, et de l'éloignement des gênes dont il est le plus préoccupé, et qui lui paraissaient les plus insupportables. Les uns la font consister dans la vertu, ou dans l'indifférence, ou dans une sorte d'impassibilité, comme les stoïciens qui prétendaient que leur sage était libre dans les fers ; d'autres la placent dans la pauvreté ; d'autres, au contraire, dans une honnête aisance, ou bien dans l'état d'isolement et d'indépendance absolue de tout lien social. D'autres encore prétendent qu'être libre, c'est vivre sous un gouvernement d'une telle espèce, ou, en général, sous un gouvernement modéré, ou même seulement sous un gouvernement éclairé. Toutes ces opinions sont justes, relativement au côté par lequel on considère l'idée de la liberté; mais, dans aucune, on ne la voit sous tous ses aspects, et on ne l'embrasse dans toute son étendue. Cherchons donc ce que toutes ces différentes espèces de liberté ont de commun, et sous quel point de vue elles se ressemblent toutes ; car cela seul peut entrer dans l'idée générale, abstraite de toutes les idées particulières, et les renferme toutes dans son extension.

Si nous y réfléchissons bien, nous trouverons que la qualité commune à toutes les espèces de liberté, est qu'elles procurent à celui qui en jouit un plus grand développe-

ment de l'exercice de sa volonté, que s'il
en était privé. Ainsi l'idée de liberté, dans
son plus haut degré d'abstraction, et dans
sa plus grande étendue, n'est autre que l'idée
de la puissance d'exécuter sa volonté ; et
être libre, en général, c'est pouvoir faire ce
qu'on veut.

D'après cela, l'on voit que l'idée de liberté n'est applicable qu'aux êtres doués de
volonté. Aussi, quand nous disons que de
l'eau coule plus librement quand on a enlevé
les obstacles qui s'opposaient à son passage,
ou qu'une roue tourne plus librement parce
qu'on a diminué les frottemens qui retar-
daient son mouvement, ce n'est que par extension, et parce que nous supposons, pour
ainsi dire, que cette eau a envie de couler,
que cette roue a envie de tourner.

Par la même raison, cette question tant dé-
battue, *notre volonté est-elle libre ?* ne devait
pas naître : car il ne peut s'agir de liberté,
par rapport à notre volonté, que quand
elle est formée, et non pas avant qu'elle
le soit. Ce qui y a donné lieu, c'est que, dans
certaines occasions, les motifs qui agissent sur
nous sont si puissans, qu'il n'est pas possible

qu'ils ne nous déterminent pas tout de suite
à vouloir une chose plutôt qu'une autre ; et
alors nous disons que nous voulons forcément ;
tandis que , dans d'autres circonstances , les
motifs ayant moins d'intensité et d'énergie ,
nous laissent la possibilité d'y réfléchir , de
les peser et de les apprécier ; et alors nous
croyons que nous avons le pouvoir d'y résister ou d'y obéir, et de prendre une déter-
mination plutot qu'une autre , uniquement
parce que nous le voulons. Mais c'est une
illusion ; car, quelque faible que soit un motif,
il entraîne nécessairement notre volonté, s'il
n'est pas balancé par un autre qui soit plus
fort ; et alors celui-là est aussi nécessairement
déterminant que l'aurait été l'autre, s'il avait
existé seul. On veut ou on ne veut pas, mais
on ne peut pas vouloir vouloir ; et, quand on
le pourrait , il y aurait encore une cause à
cette volonté antécédente, et cette cause serait
hors de l'empire de notre volonté, comme
le sont toutes celles qui la font naître. Concluons que la liberté n'existe qu'après la
volonté et relativement à elle, et qu'elle n'est
que le pouvoir d'exécuter la volonté (1). Je

(1) C'est aussi le sentiment de Locke.

demande pardon au lecteur de cette discussion métaphysique sur la nature de la liberté; mais il verra bientôt qu'elle n'est ni déplacée ni inutile. Il est impossible de bien parler des intérêts des hommes sans premièrement se bien rendre compte de la nature de leurs facultés. Si quelque chose a manqué aux lumières du grand homme que je commente, c'est surtout cette étude préliminaire. Aussi l'on peut voir combien est vague l'idée qu'il nous a donnée du sens du mot *liberté*, quoiqu'il ait consacré trois chapitres à le déterminer. Nous lui avons déjà fait, à peu près, le même reproche au sujet du mot *loi*, dans le premier chapitre.

La liberté, dans le sens le plus général de ce mot, n'est donc autre chose que la puissance d'exécuter sa volonté, et d'accomplir ses désirs. Maintenant, la nature de tout être doué de volonté est telle, qu'il n'est heureux ou malheureux que par cette faculté de vouloir et que relativement à elle. Il jouit quand ses désirs sont accomplis; il souffre quand ils ne le sont pas; et il ne saurait y avoir de bonheur et de malheur pour lui, qu'autant que ce qu'il désire arrive ou n'arrive pas.

Il s'ensuit que sa liberté et son bonheur sont une seule et même chose. Il serait toujours complétement heureux, s'il avait toujours complétement le pouvoir d'exécuter sa volonté ; et les degrés de son bonheur sont constamment proportionnels aux degrés de ce pouvoir.

Cette remarque nous explique pourquoi les hommes, même sans qu'ils s'en doutent, aiment tous si passionnément la liberté ; c'est qu'ils ne sauraient jamais aimer rien d'autre. Quelque chose qu'ils souhaitent, c'est toujours, sous un nom ou sous un autre, la possibilité d'accomplir un désir ; c'est toujours la possession d'une partie de pouvoir, l'anéantissement d'une portion de contrainte, qui constituent une certaine quantité de bonheur. L'exclamation : *Ah si je pouvais......!* renferme tous nos vœux : car il n'y en a pas un qui ne fût accompli, si celui-là l'était toujours. *La toute-puissance*, ou, ce qui est la même chose, *la toute-liberté*, est inséparable de la félicité parfaite.

Cette même remarque nous conduit plus loin. Elle nous fait voir pourquoi les hommes se sont souvent fait des idées si différentes de la liberté ; c'est qu'ils en ont eu de différentes du bonheur. Ils ont toujours dû attacher éminemment l'idée de *liberté*, au pouvoir de faire les choses qu'ils désiraient le plus, celles auxquelles ils attachaient leur principale satisfaction. Montesquieu, dans son chap. II, paraît s'étonner que beaucoup de peuples aient eu de fausses idées de la liberté, et l'aient fait consister dans des choses qui étaient étrangères à leurs solides intérêts, ou qui, du moins, n'y étaient pas essentielles. Mais il aurait dû d'abord s'étonner que les hommes aient souvent placé leur bonheur et leur satisfaction dans la jouissance de choses peu importantes ou même nuisibles. Cette première faute faite, l'autre devait s'ensuivre. Dès qu'un Russe, du temps de Pierre-le-Grand, mettait tant d'intérêt à porter sa longue barbe, qui n'était peut-être qu'une gêne et un ridicule, dès qu'un Polonais était passionnément attaché à la possession de son *liberum veto*, qui était le fléau de sa patrie, il est tout simple qu'ils se trouvassent très-tyrannisés de se voir enlever l'un ou l'autre de ces prétendus avantages. Ils étaient réellement très-asservis, quand on les en a

dépouillés; car leur volonté la plus forte a
été subjuguée. Montesquieu se répond à lui-
même, quand il ajoute cette phrase remarquable : *Enfin chacun a appelé* LIBERTÉ *le
gouvernemement qui était conforme à ses inclinations.* Cela devait être ainsi et ne pouvait être autrement; en cela chacun a eu
raison ; car chacun est vraiment libre quand
ses inclinations sont satisfaites, et on ne peut
pas l'être d'une autre manière.

De cette dernière observation dérivent de
nombreuses conséquences. La première qui
se présente, est qu'une nation doit être regardée comme vraiment libre tant que son
gouvernement lui plaît, quand même, par
sa nature, il serait moins conforme aux
principes de la liberté qu'un autre qui lui
déplairait. On a souvent prétendu que Solon
disait : *Je n'ai pas donné aux Atheniens les
meilleures lois possibles, mais les meilleures
qu'ils* PUSSENT *recevoir*, c'est-à-dire , les
meilleures dont ils *fussent dignes.* Je ne crois
pas que Solon ait dit cela. Cette vanterie
méprisante aurait été bien déplacée dans sa
bouche, lui qui avait si mal assorti ses lois
au caractère national, qu'elles n'ont pas même

duré autant que lui. Mais je crois qu'il a dit : *Je leur ai donné les meilleures lois qu'ils* VOULUSSENT *recevoir*. Cela peut être, et le justifie de son mauvais succès. Il y a plus, cela a dû être ainsi : puisqu'il n'imposait pas ses lois par la force, il a bien fallu qu'il les donnât telles qu'on voulait les recevoir. Eh bien ! les Athéniens, en se soumettant à ces lois si imparfaites, ont sans doute été très-mal avisés ; mais ils ont été très-libres, tandis que ceux des Français qui ont reçu, malgré eux, leur constitution de l'an 3 (1795), quelque libre qu'elle pût être, ont été réellement assujettis, puisqu'ils n'en voulaient pas. Nous devons conclure de ceci, que les institutions ne peuvent s'améliorer que proportionnellement à l'accroissement des lumières dans la masse du peuple, et que les meilleures *absolument*, ne sont pas toujours les meilleures *relativement ;* car, plus elles sont bonnes, plus elles sont contraires aux idées fausses ; et, si elles en choquent un trop grand nombre, elles ne peuvent se maintenir que par un emploi exagéré de la force. Dès lors plus de liberté, plus de bonheur, plus de stabilité surtout. Cela en servant d'apologie à

beaucoup d'institutions mauvaises en elles-
mêmes, qui ont pu être convenables dans
leur temps, ne doit pas nous les faire conserver. Cela peut aussi nous expliquer le
mauvais succès de quelques institutions très-
bonnes, et ne nous empêchera pas de les
reprendre dans un autre temps.

Une seconde conséquence de l'observation
que nous avons faite ci-dessus, c'est que le
gouvernement sous lequel on est le plus
libre, quelle que soit sa forme, est celui qui
gouverne le mieux; car c'est celui où le plus
grand nombre est le plus heureux; et, quand
on est aussi heureux qu'on peut l'être, les volontés sont accomplies autant qu'il est possible. Si le prince qui exerce le pouvoir le plus
despotique, administrait parfaitement, on serait, sous son empire, au comble du *bonheur,*
qui est une seule et même chose avec la
liberté. Ce n'est donc pas la forme du gouvernement qui, en elle-même, est une chose
importante. Ce serait même une raison assez
faible à alléguer en sa faveur, que de dire
qu'elle est plus conforme qu'une autre aux
vrais principes de la raison, car, en définitif,
ce n'est pas de spéculation et de théorie qu'il

11

s'agit dans les affaires de ce monde, mais de pratique et de résultats. C'est là ce qui affecte les individus qui sont des êtres sensibles et positifs, et non pas des êtres idéals et abstraits. Les hommes qui, dans les commotions politiques de nos temps modernes, disent, *Je ne m'embarrasse pas d'être libre : la seule chose dont je me soucie, c'est d'être heureux*, disent une chose à la fois très-sensée et très-insignifiante : très-sensée, en ce que le bonheur est effectivement la seule chose que l'on doive rechercher; très-insignifiante, en ce qu'il est une seule et même chose avec la vraie liberté. Par la même raison, les enthousiastes qui disent qu'on doit compter pour rien le bonheur quand il s'agit de la liberté, disent une chose doublement absurde; car, si le bonheur pouvait être séparé de la liberté, ce serait sans doute lui qu'il faudrait préférer; mais on n'est pas libre quand on n'est pas heureux; car certainement ce n'est pas faire sa volonté que de souffrir. Ainsi la seule chose qui rende une organisation sociale préférable à une autre, c'est qu'elle soit plus propre à rendre heureux les membres de la société : et, si l'on

désire, en général, qu'elle leur laisse beaucoup de facilité pour manifester leur volonté,
c'est qu'alors il est plus vraisemblable qu'ils
seront gouvernés à leur gré. Cherchons donc,
avec Montesquieu, quelles sont les conditions
principales qu'elle doit remplir pour atteindre ce but : et, comme lui, ne nous occupons de cette question que d'une manière
générale, et sans égard pour aucune localité,
ni pour aucune conjoncture particulière.

Ce philosophe justement célèbre a remarqué d'abord, que toutes les fonctions publiques peuvent être considérées comme se
réduisant à trois principales : celle de faire
les lois; celle de conduire, suivant le vœu de
ces lois, les affaires tant intérieures qu'extérieures; et celle de statuer, non-seulement sur
les différens des particuliers, mais encore sur
les accusations intentées contre les délits privés ou publics; c'est-à-dire, en trois mots, que
toute la marche de la société se réduit à
vouloir, à exécuter, et à juger.

Ensuite il s'est aisément aperçu que ces
trois grandes fonctions, et même deux
d'entr'elles, ne pouvaient jamais se trouver
réunies dans les mêmes mains sans le plus

grand danger pour la liberté du reste des
citoyens ; car, si un seul homme ou un seul
corps était, en même temps, chargé de vouloir
et d'exécuter, il serait certainement trop
puissant pour que personne puisse le juger,
ni par conséquent le réprimer. Si seulement
celui qui fait les lois rendait les jugemens,
il serait vraisemblablement bientôt le maître
de celui qui les exécute ; et si enfin celui-ci,
toujours le plus redoutable de tous dans le
fait, parce qu'il dispose de la force physique, y joignait encore la fonction de juger,
il saurait bien faire en sorte que le législateur ne lui donnât que les loi; qu'il voudrait recevoir.

Ces dangers ne sont que trop réels et trop
manifestes ; il n'y a pas de mérite à les voir.
La grande difficulté est de trouver les moyens
de les éviter. Montesquieu s'est épargné la
peine de chercher ces moyens. Il a mieu
aimé se persuader qu'ils étaient trouvés. Il
blâme même Harrington de s'en être occupé.
On peut dire de lui, dit-il, *qu'il n'a cherché
la liberté qu'après l'avoir méconnue, et qu'il
a bâti Chalcédoine ayant le rivage de Bysance
devant les yeux.* Il est tellement convaincu

que le problème est pleinement résolu, qu'il
dit ailleurs : *Pour découvrir la liberté poli-*
tique dans la constitution, il ne faut pas tant
de peine : si on peut la voir où elle est ,
SI ON L'A TROUVÉE, *pourquoi la chercher?*
et tout de suite il explique tout le mécanisme
du gouvernement anglais, tel qu'il le conçoit
dans son admiration. Il est vrai qu'à l'époque
où il écrivait, l'Angleterre était extrêmement
florissante et glorieuse, et que son gouvernement était, de tous ceux connus jusqu'alors,
celui qui produisait ou paraissait produire
les plus heureux résultats sous tous les rapports. Cependant ces succès, en partie réels,
en partie apparens, en partie effets de causes
étrangères, ne devaient pas faire illusion à
une aussi forte tête, au point de lui mas-
quer les défauts de la théorie de ce gouvernement, et de lui faire accroire qu'elle ne
laissait absolument rien à désirer.

Cette prévention en faveur des institutions
et des idées anglaises lui fait oublier d'abord
que les fonctions législatives, exécutives et
judiciaires, ne sont que des fonctions délé-
guées qui peuvent bien donner du pouvoir
ou du crédit à ceux à qui elles sont confiées,

mais qui ne sont pas des puissances existantes par elles-mêmes. Il n'y a en *droit* qu'une puissance, la volonté nationale; et en *fait* il n'y en a pas d'autre que l'homme ou le corps chargé des fonctions exécutives, lequel, disposant nécessairement de l'argent et des troupes, a en main toute la force physique. Montesquieu ne nie pas cela, mais il n'y songe pas. Il ne voit que ses trois prétendus pouvoirs législatif, exécutif et judiciaire. Il les considère toujours comme des puissances indépendantes et rivales, qu'il ne s'agit que de concilier et de limiter les unes par les autres, pour que tout aille bien, sans faire entrer du tout en ligne de compte la puissance nationale.

Ne faisant point attention que la puissance exécutive est la seule réelle *de fait* et qu'elle emporte toutes les autres, il approuve, sans discussion, qu'elle soit confiée à un seul homme, même héréditairement dans sa famille, et cela, par l'unique raison qu'un homme seul est plus propre à l'action que plusieurs. Quand il en serait ainsi, il aurait été bon d'examiner s'il n'y est pas tellement propre, que bientôt il ne laisse plus aucune

autre action libre autour de lui, et si d'ailleurs cet homme choisi par le hasard a toujours suffisamment les qualités nécessaires à la
délibération qui doit précéder toute action.

Il approuve aussi que la puissance législative soit confiée à des représentans tempo-
raires, librement élus par la nation dans
toutes les parties de l'empire. Mais ce qui est
plus extraordinaire, il approuve qu'il existe,
dans le sein de cette nation, un corps de
privilégiés héréditaires, et que ces privilégiés
composent, à eux seuls et de droit, une section du corps législatif distincte et séparée
de celle qui représente la nation, et ayant
le droit d'empêcher par son *veto* l'effet des
résolutions de celle-ci. La raison qu'il en
donne est curieuse. C'est, dit-il, que leurs
prérogatives sont *odieuses en elles-mêmes*,
et qu'il faut qu'ils puissent les défendre.
On croirait plutôt devoir conclure qu'il faut
les abolir.

Il croit de plus que cette seconde section
du corps législatif est encore très-utile pour
lui confier tout ce qu'il y a de vraiment
important dans la puissance judiciaire, le
jugement des crimes d'état; par là elle de-

vient, comme il le dit, *la puissance réglante*, dont la puissance exécutive et la puissance législative ont besoin pour se tempérer réciproquement. Il ne s'aperçoit pas, ce dont pourtant toute l'histoire d'Angleterre fait foi, que la chambre des pairs n'est rien moins qu'une puissance indépendante et *réglante*, mais seulement un appendice et une avant-garde du pouvoir exécutif dont elle a toujours suivi le sort; et qu'ainsi, en lui donnant un *veto* et un pouvoir judiciaire, on ne fait autre chose que le donner au parti de la cour, et rendre à peu près impossible la punition des criminels d'état qu'il favorise.

Malgré ces avantages, et malgré les forces réelles dont dispose la puissance exécutive, il croit nécessaire qu'elle possède encore le droit d'apposer son *veto* sur les résolutions, même unanimes, des deux sections du corps législatif, et qu'elle puisse le convoquer, le proroger, et le dissoudre : et il pense que la partie populaire de ce corps trouve suffisamment de quoi se défendre dans la précaution de ne jamais voter les impôts que pour un an, comme s'il ne fallait pas tou=

jours les renouveler chaque année, sous peine de voir la société se dissoudre; et dans l'attention à ne souffrir ni camps, ni casernes, ni places fortes, comme si on ne pouvait pas à chaque instant l'y obliger en en faisant naître la nécessité.

Montesquieu termine ce long exposé par cette phrase aussi embarrassée qu'embarrassante : *Voici donc la constitution fondamentale du gouvernement dont nous parlons. Le corps législatif étant composé de deux parties, l'une enchaînera l'autre, par sa faculté mutuelle d'empêcher. Toutes les deux seront liées par la puissance exécutrice, qui le sera elle-même par la législative.* A quoi il ajoute cette singulière réflexion : *Ces trois puissances devraient former un repos ou une inaction. Mais, comme par le mouvement nécessaire des choses, elles sont contraintes d'aller, elles seront forcées d'aller de concert.* J'avoue que je ne sens pas du tout la nécessité de cette conclusion. Il me paraît au contraire très-manifeste que rien ne pourrait aller, si tout était réellement enchevêtré comme on le dit, si le roi n'était pas effectivement le maître du parlement, et s'il n'était pas inévitable qu'il le mène comme il a toujours fait, ou par la crainte ou par la corruption. A la vérité, je ne trouve rien dans tout ce fragile échafaudage qui l'en empêche. Aussi je ne vois en faveur de cette organisation, à mon avis très-imparfaite, qu'une seule chose dont on ne parle pas. C'est la ferme volonté de la nation qui entend qu'elle subsiste ; et, comme en même temps, elle a la sagesse d'être extrêmement attachée au maintien de la liberté individuelle et de la liberté de la presse, elle conserve toujours la facilité de faire connaître hautement l'opinion publique; en sorte que, quand le roi abuse trop du pouvoir *dont il est réellement en possession*, il est bientôt renversé par un mouvement général qui se fait en faveur de ceux qui lui résistent, comme cela est arrivé deux fois dans le dix-septième siècle, et comme cela est toujours assez aisé dans une île, où il n'existe jamais de raison pour avoir sur pied une armée de terre, bien forte. C'est là le seul véritable *veto* auprès duquel tous les autres ne sont rien. Le grand point de la constitution de l'Angleterre est que la nation a déposé six ou sept fois son roi. Mais, il faut en convenir, ce n'est pas là un expédient constitutionnel. C'est bien plutôt l'insurrection ordonnée par la nécessité, comme elle l'était autrefois, dit-on, par les lois de la Crète, disposition législative, dont, à mon grand étonnement, Montesquieu fait l'éloge dans un autre endroit de son livre. Malgré cet éloge, il est certain que ce remède est si cruel qu'un peuple un peu sensé endure bien des maux avant d'y avoir recours, et il peut même arriver qu'il diffère assez de s'y déterminer, pour que, si les usurpations du pouvoir sont conduites avec adresse, il prenne insensiblement les habitudes de l'assujettissement, au point de n'avoir plus ni le désir, ni la capacité de s'en affranchir par un pareil moyen.

Une chose qui caractérise bien la vive imagination de Montesquieu, c'est que, sur la foi de trois lignes de Tacite, qui exigeraient de grands commentaires, il croit avoir trouvé chez les sauvages de l'ancienne Germanie, le modèle et tout l'esprit de ce gouvernement, qu'il regarde comme le chef-d'œuvre de la raison humaine. Dans l'excès de son admiration, il s'écrie : *Ce beau système a été trouvé dans les bois !* et, un moment après, il ajoute : *Ce n'est point à moi d'examiner si les Anglais jouissent actuellement de la liberté, ou non : il me suffit de dire qu'elle est établie* PAR LEURS LOIS*, et je n'en cherche pas davantage.*

Je crois pourtant que le premier point méritait bien d'être examiné par lui, ne fût-ce que pour s'assurer qu'il avait bien vu le second ; et, s'il avait cherché davantage *dans leurs lois*, il aurait trouvé que, chez les Anglais, il n'existe réellement que deux puissances au lieu de trois ; que ces deux puissances ne subsistent en présence l'une de l'autre, que parce que l'une jouit de toute la force réelle et n'a presque aucune faveur publique, tandis que l'autre n'a aucune force et jouit de toute la faveur, jusqu'au moment où elle voudrait renverser sa rivale, et quelquefois y compris ce moment ; que de plus, ces deux puissances, en se réunissant, sont également maîtresses de changer toutes les lois établies, même celles qui déterminent leur existence et leurs relations, car aucun statut ne le leur défend, et elles l'ont fait plusieurs fois ; que, par conséquent, la liberté n'est véritablement pas établie par les lois politi-

ques ; et que, si les Anglais en jouissent à un
certain degré, cela vient des causes que j'ai
expliquées, qui tiennent plus aux lois civiles
et criminelles qu'aux autres, ou qui même
sont tout-à-fait hors de la loi.

Je crois donc que le grand problème qui
consiste à distribuer les pouvoirs de la société, de manière qu'aucun d'eux ne puisse
franchir les limites que lui prescrit l'intérêt
général, et qu'il soit toujours facile de l'y retenir ou de l'y ramener par des moyens paisibles et légaux, n'est pas résolu dans ce
pays. Je réclamerais plutôt cet honneur pour
nos États-Unis de l'Amérique, dont les
constitutions déterminent ce qui doit arriver, quand le corps exécutif ou le corps législatif, ou tous les deux ensemble, outre-
passent leurs pouvoirs, ou sont en opposition,
et quand on éprouve la nécessité de faire des
changemens à l'acte constitutionnel soit d'un
état, soit de toute la fédération. Mais on m'ob-
jecterait qu'en fait de pareils règlemens, la
grande difficulté c'est leur exécution : que,
nous autres Américains, nous en trouvons la
garantie, lorsqu'il s'agit des autorités d'un état
en particulier, dans la force des autorités su-

périeures de la fédération; et que, lorsqu'il
s'agit de celles-ci, cette garantie se trouve
dans la réunion de la majorité des états fédérés ; qu'ainsi nous avons éludé la difficulté
plutôt que nous ne l'avons résolue, ou que,
du moins, nous ne l'avons résolue qu'à l'aide
du système fédératif, et qu'il reste à savoir
comment on pourrait y parvenir dans un
état *un et indivisible*. D'ailleurs, un pareil
sujet demande à être traité plutôt théorique-
ment qu'historiquement. Je vais donc essayer
d'établir, *à priori*, les principes d'une constitution vraiment libre, légale et paisible :
pour cela, il convient de reprendre les choses
d'un peu plus haut.

SECONDE PARTIE.

COMMENT pourrait-on parvenir à résoudre
le problème proposé ?

Nous avons dit que la *toute puissance* ou *la
toute liberté* était la *félicité parfaite*. Cet
état n'est point donné à l'homme. Il est incompatible avec la faiblesse de la nature de
tout être fini.

Si un homme pouvait exister dans un

état d'isolement et d'indépendance absolue,
certainement il ne serait pas gêné par la volonté de ses semblables ; mais il serait esclave
de toutes les forces de la nature, au point
de ne pouvoir pas leur résister assez pour se
conserver.

Quand donc les hommes se réunissent en
société, ils ne sacrifient pas une portion de
leur liberté, comme on l'a tant dit ; au contraire, chacun d'eux augmente sa puissance.
C'est là ce qui les porte si impérieusement
à se réunir, et ce qui fait qu'ils existent encore moins mal, dans la plus imparfaite des
sociétés, que séparés ; car, s'ils sont opprimés,
de temps en temps, par la société, ils en sont
secourus à tous les momens. Soyez dans les
déserts de la Libye, vous croyez arriver sur
une terre hospitalière, quand vous entrez
dans les états du roi de Maroc. Seulement,
pour que les hommes vivent réunis, il faut
que chacun d'eux s'arrange le mieux possible
avec tous les autres ; et c'est dans la manière
de s'arranger ensemble que consiste ce que
l'on appelle la *constitution* de la société.

Ces arrangemens sociaux se sont toujours
faits, d'abord au hasard et sans principes ;

ensuite ils ont été modifiés de même, et
améliorés, ou souvent détériorés, à beaucoup
d'égards, suivant les circonstances. De là naît
la multiplicité presque infinie d'organisations
sociales qui existent parmi les hommes, et
dont presque pas une ne ressemble en tout
à aucune autre, sans qu'on puisse dire le plus
souvent quelle est la moins mauvaise. Ces
arrangemens doivent subsister sans doute,
tant qu'ils ne sont pas devenus absolument
insupportables à la majeure partie des intéressés ; car, ordinairement, il en coûte bien
cher pour les changer. Mais enfin supposons
qu'une nation nombreuse et éclairée soit dé-
cidément lasse de sa constitution, ou plutôt
lasse de n'en point avoir de bien déterminée, ce qui est le cas le plus ordinaire, et
cherchons ce qu'elle doit faire pour s'en donner une, en suivant les lumières de la simple
raison.

Il me paraît manifeste qu'elle ne saurait
prendre qu'un des trois partis suivans : ou
de charger les autorités qui la gouvernent,
de s'arranger entr'elles, de reconnaître réciproquement leur étendue et leurs limites, et
de déterminer nettement leurs droits et leurs

devoirs, c'est-à-dire, les cas où l'on doit leur obéir ou leur résister; ou de s'adresser à un sage pour lui demander de rédiger le plan complet d'un gouvernement nouveau; ou de confier ce soin à une assemblée de députés librement élus à cet effet, et n'ayant aucune autre fonction.

Le premier de ces partis est, à peu près, celui qu'ont pris les Anglais en 1688, lorsqu'ils ont consenti, au moins tacitement, à ce que leur parlement chassât Jacques II, reçût Guillaume Ier., et fît avec lui une convention qu'ils appellent leur *constitution*, et qu'ils ont ratifiée de fait par leur obéissance et même par leur attachement. Le second est celui auquel se sont déterminées plusieurs nations anciennes; et le troisième est celui que les Américains et les Français ont préféré dans ces derniers temps, quand ils ont secoué le joug de leurs anciens monarques. Mais les uns l'ont suivi exactement, excepté dans les premiers instans, au lieu que les autres s'en sont écartés à deux fois différentes, en laissant dans les mêmes mains le pouvoir de *gouverner* et celui de *constituer*. Chacun de ces trois partis a ses avantages et ses inconvéniens.

12

Le premier est le plus simple, le plus prompt, et le plus facile dans la pratique; mais on doit s'attendre qu'il ne produira qu'une espèce de transaction entre les différentes autorités; que les limites de leurs pouvoirs, pris en masse, ne seront pas circonscrites avec exactitude; que les moyens de les réformer et de les changer toutes ne seront pas prévus, et que les droits de la nation, à leur égard, ne seront ni bien établis, ni bien reconnus.

Le second promet une rénovation plus entière et une législation plus complète. Il donne même lieu d'espérer que le nouveau système de gouvernement étant fondu d'un seul jet et sortant d'une seule tête, sera plus homogène et mieux combiné. Mais, indépendamment de la difficulté de trouver un sage digne d'une telle confiance, et du danger de l'accorder à un ambitieux qui la fera servir à ses vues, il est à craindre qu'un plan, qui n'est que la conception d'un seul homme, et qui n'a été soumis à aucune discussion, ne soit pas assez adapté aux idées nationales, et ne se concilie pas solidement la faveur publique. Il est même à peu près

impossible qu'il obtienne l'assentiment génér-
ral, à moins que son auteur, à l'exemple de
la plupart des anciens législateurs, ne fasse
intervenir la Divinité en sa faveur, et ne se
prétende l'interprète de quelque puissance
surnaturelle. Mais ce moyen est inadmissible.
dans nos temps modernes. D'ailleurs la législa-
lation est toujours bien mal établie, quand
elle est fondée sur l'imposture ; et, en pareil
cas, il y a de plus cet inconvénient, qu'une
constitution est toujours essentiellement mauvais., quand elle ne renferme pas un moyen
légal et paisible de la modifier et de la changer, quand elle n'est pas de nature à se prêter aux progrès des temps , et quand elle as-
pire à avoir un caractère de perpétuité et de
fixité qui ne convient à aucune institution
humaine. Or, il est bien difficile que tout
cela ne se trouve pas dans un ouvrage, qu'on
suppose être celui d'un Dieu.

A l'égard de la troisième manière de se
donner une constitution, quand on songe
combien les hommes réunis sont souvent
moins raisonnables que chacun d'eux, pris
séparément, combien les lumières d'une assemblée sont, en général, inférieures à celles

des plus éclairés de ses membres, combien ses résolutions sont exposées à être vacillantes et incohérentes, on doit bien penser que son ouvrage ne sera pas le plus parfait possible ; on peut craindre de plus que cette assemblée ne s'empare de tous les pouvoirs, que, pour ne pas s'en dessaisir, elle ne diffère prodigieusement à remplir l'objet de sa mission, et qu'elle ne prolonge tellement son gouvernement provisoire, qu'il ne dégénère en tyrannie ou en anarchie.

La première de ces deux objections est fondée. Mais aussi il faut considérer : Premièrement, que cette assemblée étant composée de membres accrédités dans les différentes parties du territoire, et qui connaissent l'esprit qui y règne, ce qu'elle décidera sera tout-à-fait propre à devenir pratique, et sera reçu, non-seulement sans effort, mais avec plaisir ; secondement, que les lumières de cette assemblée d'hommes choisis seront toujours supérieures à celles de la masse du peuple, et que, tout étant discuté mûrement et publiquement dans son sein, les motifs de ses déterminations seront connus et pesés, et qu'elle formera l'opinion publique en même temps que la sienne ; en sorte qu'elle contribuera puissamment à la rectification des idées généralement répandues, et aux progrès de la science sociale. Or, ces avantages sont bien supérieurs à un degré de perfection de plus dans la théorie de l'organisation sociale qui sera adoptée.

Le second inconvénient est plus apparent que réel ; car une nation ne doit entreprendre de se donner une nouvelle constitution, qu'après avoir remis tous les pouvoirs de la société entre les mains d'une autorité favorable à ce dessein. C'est là le préalable nécessaire. C'est en quoi consistent proprement la *révolution* et la *destruction ;* tout le reste n'est qu'*organisation* et *reconstruction*. Or, cette autorité provisoire, en convoquant une assemblée chargée de constituer, ne doit lui remettre que cette seule fonction, et se réserver toujours le droit de faire aller la machine jusqu'au moment de sa complète rénovation; car la marche de la société est une chose qui ne souffre aucune interruption : il faut toujours un provisoire, entre l'état ancien et le nouveau.

La trop fameuse convention nationale française, qui a fait tant de mal à l'humanité en rendant la raison odieuse, qui, malgré la haute capacité et les grandes vertus de plusieurs de ses membres, s'est laissé dominer par des fanatiques et des hypocrites, des scélérats et des fourbes, et qui, par cela même, a rendu d'avance inutiles ses plus belles conceptions, n'a éprouvé ces malheurs que parce que la législature précédente lui.a remis à la fois tous les pouvoirs. Celle-ci, après s'être vue obligée de renverser le trône, après avoir proclamé le vœu national pour la république (comme on disait suivant le style de Montesquieu), c'est-à-dire, pour la *destruction du pouvoir exécutif héréditaire*, devait n'appeler une *convention* que pour réaliser ce vœu et organiser en conséquence la société ; elle devait, en attendant, continuer à veiller sur les intérêts du moment et se réserver la conduite des affaires. Alors l'assemblée conventionnelle aurait infailliblement rempli son objet en très-peu de temps et sans inconvéniens.

Par la même raison, notre premier congrès continental et la première assemblée nationale française, ayant arraché le pouvoir aux anciennes autorités, et se trouvant, par les circonstances seules, *autorités gouvernantes*, n'auraient point dû se faire encore *autorités constituantes;* elles auraient dû convoquer une assemblée expresse à cet effet et la faire opérer à l'ombre de leur puissance (1).

Cependant, malgré cette irrégularité, l'expérience a prouvé qu'elles ne cherchaient pas à prolonger indéfiniment leur existence; elles ont cédé la place dès que l'intérêt public l'a exigé ou seulement permis; et même l'assemblée *constituante* française en était si impatiente, qu'elle a fait une très-grande faute en déclarant ses membres inéligibles à l'assemblée *constituée* qui devait la suivre, et les privant ainsi de toute influence sur les événemens ultérieurs.

Je crois donc que, des trois partis que peut

(1) C'est ainsi que s'est tenue notre *convention* de 1787, qui a mis la dernière main à la *constitution fédérative* des États-Unis de l'Amérique, et en a définitivement fixé la forme, onze ans et soixante-quinze jours après la *déclaration d'indépendance*, et neuf ans et soixante-dix jours après la signature du premier acte *de confédération.*

prendre une nation qui se régénère, le dernier est celui qui réunit le plus d'avantages et le moins d'inconvéniens. Mais, quel que soit celui qu'elle préfère, pour le choisir, il faut qu'elle s'assemble ; pour qu'elle s'assemble, il faut qu'elle y soit provoquée par l'autorité actuellement existante. Or, dans quelle forme cette autorité doit-elle la convoquer? Si nous voulons procéder avec méthode, c'est là le premier point qu'il nous faut examiner. Les événemens ne montrent jamais dans la manière dont ils arrivent, une régularité telle que celle que présente une théorie quelconque. Mais, en les observant bien , on trouve toujours dans l'enchaînement des causes qui les amènent et des effets successifs qu'elles produisent, une série d'idées qui n'est autre que celle qui constitue une théorie saine ou erronée. Pour ne pas s'y perdre, il faut donc toujours suivre ce fil.

Il est clair que la nation dont nous parlons doit être consultée sur l'objet dont il s'agit, c'est-à-dire, sur le choix du moyen qu'elle veut employer pour reconstruire l'édifice de la société. Il n'est pas moins évident, qu'elle ne peut pas se réunir toute entière dans un seul endroit pour y délibérer. Il faut donc que l'autorité quelconque qui la régit provisoirement, la convoque sur différens points de son territoire en assemblées partielles, dont elle se charge de recueillir et de dépouiller les votes. Nul doute jusque-là : mais ici se présente une question qui en décide bien d'autres, car elle se retrouvera, sous mille formes, dans tous les détails subséquens. *Tous les citoyens doivent-ils être également appelés dans les assemblées dont il s'agit, et y voter de la même manière ?* Je me déclare, sans hésiter, pour l'affirmative, et voici les motifs qui me déterminent.

On dit ordinairement, et Montesquieu dit lui-même : « Il y a toujours dans un état » des gens distingués par la naissance, les » richesses, ou les honneurs : mais, s'ils » étaient confondus parmi le peuple, et s'ils » n'y avaient qu'une voix comme les autres, » la liberté commune serait leur esclavage, » et ils n'auraient aucun intérêt à la défendre, » parce que la plupart des résolutions se-» raient contre eux. La part qu'ils ont à la » législation doit donc être proportionnée » aux autres avantages qu'ils ont dans l'état :

» ce qui arrivera, s'ils forment un corps qui
» ait droit d'arrêter les entreprises du peu-
» ple, comme le peuple a droit d'arrêter les
» leurs. » J'avoue que ces raisons ne me font
aucune impression, et je trouve qu'il y a là
une grande confusion qu'il est à propos de
faire disparaître.

Je commence par la naissance. Un homme
qui porte un nom célèbre par de grands
talens ou de grands services, ou seulement
un homme honoré par une existence au-
dessus du commun ou par des fonctions distinguées dans la société, a l'avantage qu'il
est connu plus tôt, qu'il a des relations plus
nombreuses et plus utiles, qu'il a et qu'on
lui suppose, en général, une éducation plus
relevée, des idées plus étendues, et des habitudes plus généreuses, qu'il fixe plus l'attention, qu'on lui accorde plus de bienveillance, que son bonheur cause moins d'envie,
et que son malheur inspire plus d'intérêt. Ce
sont là de grands avantages sans doute ; on ne
peut les perdre. Ils sont dans la nature des
hommes et des choses. Nulle loi ne peut les
donner : nulle ne peut les ôter : ils n'ont besoin
d'aucune protection spéciale pour subsister.

Mais suppose-t-on que ces grands avantages donnent de plus à celui qui les possède, un droit positif à des places, à des distinctions, à des faveurs, à des prérogatives dont sont privés ses concitoyens? Ici la thèse est bien différente. De semblables droits, s'ils doivent exister, ne peuvent être accordés que par la société et pour la société. C'est à elle seule à juger s'ils lui sont utiles ou nuisibles; et les individus qui en jouissent ne doivent avoir aucune force particulière pour les défendre contre l'intérêt général.

Il en est de même des richesses. Sans doute la richesse est une très-grande puissance. Elle offre, à peu près, les mêmes avantages que la naissance, et elle en a qui lui sont particuliers. Une grande fortune donne à celui qui en jouit, s'il sait en user, une grande supériorité sur ceux qui en sont privés. C'est précisément à cause de cela qu'il n'est pas nécessaire d'y rien ajouter; car, si cette grande fortune est patrimoniale, elle est garantie par les lois sur la propriété, comme la subsistance du pauvre; et, si elle consiste en bienfaits de l'état, soit à titre de récompenses, soit à titre de salaire, il n'y a pas de raison pour que l'état soit assujetti, dans la distribution de ses dons, par d'autres considérations que celles de la convenance et de la justice.

Il en est de même encore, à plus forte raison, des honneurs. Si l'on entend par ce mot l'éclat, la considération qui suivent la naissance, la fortune, ou la gloire personnelle, aucune loi ne peut en disposer. Si au contraire on entend par *des honneurs*, les distinctions, les faveurs que peut accorder le gouvernement, ils ne doivent jamais être accompagnés d'une force réelle qui puisse les faire conserver contre son gré.

Il est donc toujours inutile ou nuisible que ceux qui possèdent de grands avantages dans la société, y ajoutent encore une supériorité de pouvoir qui, sous prétexte de leur servir à se défendre, ne leur servirait réellement qu'à opprimer. C'est déjà bien assez qu'ils aient cette supériorité qui résulte nécessairement de ces avantages, et qui en est inséparable. En vain dirait-on que, s'ils ne jouissaient par de cet accroissement de pouvoir, ils se croiraient eux-mêmes opprimés, *et regarderaient la liberté commune comme leur propre esclavage* : c'est comme si les hommes doués d'une grande force physique se croyaient opprimés, quoiqu'on les laisse s'en servir librement pour leur utilité particulière, parce qu'on les empêche de l'employer à battre leurs concitoyens ou à les faire travailler, malgré eux, à leur profit.

En général, je regarde, comme erroné et provenant de combinaisons imparfaites, ce système de balance, en vertu duquel on veut que quelques particuliers aient une force propre qui les protége contre la force publique, et que quelques autorités puissent se soutenir par elles-mêmes contre d'autres autorités, sans recourir à l'appui de la volonté générale. Ce n'est pas là assurer la paix, c'est décréter la guerre. On a vu ci-dessus que, dans le dernier cas, malgré les éloges prodigués au gouvernement d'Angleterre, rien n'irait, si, derrière toutes ces balances apparentes, il n'y avait pas une force réelle qui entraîne tout. Il en est de même dans celui dont il s'agit. La société serait entravée ou déchirée, si tous les priviléges particuliers n'étaient pas réellement tolérés, ou détruits par la seule volonté générale.

J'ajoute que cette prétention à une puissance indépendante de la masse commune , et capable de lutter contre elle , est seule la cause de cette éternelle guerre que l'on voit partout entre les pauvres et les riches. Sans elle , il ne serait pas plus difficile de jouir paisiblement de mille onces d'or que d'une ; car les lois ne peuvent pas défendre les petites propriétés, sans protéger également les grandes. On ne porte pas pour celles-ci l'envie jusqu'à la haine , quand elles ne deviennent pas un moyen d'oppression et d'insolence ; et , si enfin elles ne peuvent pas échapper absolument à la jalousie, l'influence qu'elles donnent naturellement et nécessairement est supérieure au danger auquel elles exposent.

On peut même dire que , les fortunes des particuliers formant une progression continue, depuis la plus extrême misère jusqu'à la plus immense richesse , et celles des mêmes individus étant sujettes à varier fréquemment, on ne saurait où placer la ligne de démarcation entre les pauvres et les riches, pour en faire deux partis opposés , s'il n'y avait pas dans la société des groupes d'hommes , formés et signalés par des faveurs, des priviléges, des pouvoirs, que les autres n'ont pas, et qui les mettent en butte à de justes haines; et qu'ainsi ce sont ces classifications maladroites qui seules rendent possible la guerre intestine qui ne naîtrait pas sans elles. Elles sont donc bien peu propres à l'empêcher.

Il y aurait une autre raison pour accorder à ceux qui ont des avantages éminens dans la société, un surcroît de pouvoir; c'est qu'en général, ils ajoutent à tous ces avantages celui des lumières, et que par conséquent en général aussi, il vaut mieux pour tous d'être gouvernés par eux que par d'autres. Cela est vrai. Mais on peut répondre que, si la supériorité des lumières est en effet celle qu'il est réellement désirable de rendre prépondérante, elle n'est liée constamment à aucune autre, qu'elle est celle de toutes qui sait le mieux se défendre elle-même, et prendre son rang dans la société, quand rien ne la gêne; et que c'est précisément pour la laisser plus librement agir, qu'il ne faut accorder aux autres aucune protection spéciale. Elle les fera tout naturellement prévaloir en tout ce qui ne sera pas contraire au bien général. On affaiblit et on égare la *raison* en voulant lui donner pour appuis des fractions de la société, qui ont ou qui croient souvent avoir des intérêts contraires aux siens.

Je conclus que tous les citoyens doivent être également appelés, et voter de la même manière, dans les assemblées où l'on délibère sur le moyen à prendre pour donner une nouvelle organisation à la société; car ils y sont tous également intéressés, puisqu'ils y sont également pour tout ce qu'ils possèdent, pour tous leurs intérêts, pour toute leur existence. Peu importe que l'existence des uns soit plus considérable, ou plus précieuse, ou plus agréable que celle des autres. L'existence de chacun est toujours tout pour lui : et l'idée de tout ne comporte pas celle de plus ou de moins. On ne doit exclure de ces assemblées que les individus qui, à cause de leur âge, ne sont pas censés avoir encore une volonté éclairée par la raison, ceux qui sont déclarés par jugemens être incapables de ces emplois, ou en avoir abusé d'une manière grave, et peut-être ceux qui, à raison des fonctions qu'ils ont acceptées librement, paraissent avoir soumis leur volonté à la volonté d'un autre.

On pourrait demander si les femmes doivent être admises dans ces assemblées. Des hommes, dont l'autorité est très-respectable, ont été de cet avis. Je n'en suis pas. Les femmes, comme êtres sensibles et raisonnables, ont certainement les mêmes droits, et, à peu près, la même capacité que les hommes; mais elles ne sont pas appelées à faire valoir ces droits, et à employer cette capacité de la même manière. L'intérêt des individus dans la société est que tout se fasse bien. Par conséquent, comme nous allons le voir, quand nous entrerons dans les détails, leur intérêt n'est pas de prendre une part directe à tout ce qui se fait; mais, au contraire, de n'être employés qu'à ce à quoi ils sont propres. Or, les femmes sont certainement destinées aux fonctions domestiques, comme les hommes aux fonctions publiques. Elles sont très-propres à nous diriger comme épouses et comme mères, mais non à lutter contre nous dans les affaires. Les hommes sont les représentans et les défenseurs naturels de celles qu'ils aiment; elles doivent les influencer, et non les remplacer ou les combattre. Il y a, entre des êtres si différens

13

et si nécessaires les uns aux autres, disparité
et non pas inégalité. Au reste, cette question
est plus curieuse qu'utile. Elle est et sera
toujours résolue par le fait, conformément
à mon opinion, excepté dans quelques cas,
où une longue suite d'habitudes aura fait
perdre de vue le vœu de la nature.

Tous les hommes doivent donc être égaux
dans les assemblées dont nous parlons, et
les femmes ne doivent pas y être hommes.
Je pense de plus que ces réunions de citoyens
doivent préférer à tout autre moyen de se
donner une constitution, celui de charger
de la rédiger, une assemblée qui n'ait pas
d'autre fonction, et qui soit composée de
députés égaux entre eux et librement élus.
Pour abréger, nous appellerons cette assemblée, *convention*. Il faut donc nommer les
membres de cette convention.

Les premières assemblées peuvent, ou élire
elles-mêmes ces députés, ou nommer des
électeurs chargés de les élire. C'est ici le cas
de se rappeler le principe que nous venons
de poser en parlant des femmes. Les membres de la société ont intérêt à ce que tout
se fasse bien ; mais cet intérêt ne doit pas

les porter à prendre une part directe à tout ce qui se fait ; mais, au contraire, à n'accepter que les fonctions auxquelles ils sont propres. J'en conclus que ces assemblées, qui renferment la totalité des citoyens, et que nous nommerons *primaires*, parce qu'elles sont la base de tout l'édifice, doivent se borner à nommer des électeurs. C'est, me dira-t-on, rendre bien indirecte l'influence de chaque citoyen sur la confection des lois ; j'en conviens. Mais je demande que l'on prenne garde que je parle ici d'une nation nombreuse, répandue sur un vaste territoire, et qui n'a point adopté le système de la fédération, mais celui de l'indivisibilité. Or, le nombre des députés à élire est nécessairement trop petit, pour que chaque assemblée primaire puisse en nommer un. Il faut donc, ou réunir ensemble les votes de toutes les asssemblées, ce qui est sujet à une multitude d'inconvéniens, ou souffrir un degré intermédiaire. D'ailleurs, la masse des citoyens n'est point à même de connaître et de discerner le petit nombre de sages vraiment dignes d'une telle mission, au lieu qu'elle est très-propre à prendre dans son sein des

hommes dignes de sa confiance, et capables
de faire pour elle un pareil choix. Il arrivera nécessairement que ces hommes choisis
seront déjà d'une classe au-dessus de la dernière, d'une éducation plus soignée, auront
des vues plus étendues, des relations plus nombreuses, seront moins asservis aux considérations locales : ils rempliront donc mieux
cette fonction. C'est là la bonne aristocratie.
Ainsi, sans nous être déterminés d'après aucun
exemple, sans nous appuyer sur aucune autorité, sans adopter aucun système, en ne
suivant que les simples lumières de la raison
naturelle, nous voilà arrivés à la formation
du corps chargé de donner une constitution
à la société. Cherchons, de la même manière,
quelle doit être cette constitution, et sur
quels principes elle doit être fondée.

Il ne s'agit point ici d'entrer dans les détails qui varient nécessairement suivant les
localités, mais d'examiner quelques points
principaux qui sont d'un égal intérêt partout. Nous sommes déjà convenus que le
pouvoir exécutif et le pouvoir législatif ne
doivent pas être réunis dans les mêmes mains.
Voyons donc à qui l'un et l'autre doivent

être confiés. Nous verrons ensuite comment doivent être nommés ou évincés ceux qui en seront les dépositaires. Commençons par le pouvoir législatif.

On ne s'est jamais avisé, je crois, dans aucun pays, de charger un seul homme de l'unique soin de faire les lois (1), c'est-à-dire, de vouloir pour la société toute entière, sans avoir aucune autre fonction. La raison en est vraisemblablement que, quand une nation a eu assez de confiance dans un individu pour trouver bon que sa volonté particulière soit regardée comme l'expression de la volonté générale, elle a toujours désiré, en même temps, qu'il eût assez de force pour faire exécuter cette volonté ; et alors il s'est trouvé investi de tous les pouvoirs à la fois. Cependant ce dernier parti est fort dangereux, comme nous l'avons vu ; et bien des peuples ont eu à se repentir de l'avoir pris : au lieu que l'autre, qui paraît si singulier, serait sans aucun inconvénient pour sa liberté. Certainement un homme seul, dont les fonctions

(1) Entendez les lois ordinaires, et non pas les lois constituantes. Nous avons dit qu'il y a plusieurs exemples de ce dernier fait.

se borneraient à dicter les lois , sans disposer d'aucune force , ne serait pas redoutable. On pourrait toujours lui ôter sa place , si on le voulait. Il ne pourrait même espérer de la conserver , qu'autant que ses déterminations produiraient le bonheur général. Il serait donc extrêmement intéressé à ne rendre que des décisions sages , à en surveiller l'exécution , et à provoquer la punition des infractions , pour prouver que les mauvais succès ne viennent pas de la loi , mais au contraire de son inexécution ; car on ne lui obéirait jamais que comme à un ami sage dont on suit les conseils , tant qu'on s'en trouve bien , et non comme à un maître dont on est forcé d'exécuter les ordres les plus funestes. Ainsi la liberté serait à son comble.

On fera deux objections contre cette idée : l'une que ce législateur unique n'aurait pas assez de pouvoir pour faire exécuter les lois , l'autre qu'il ne pourrait pas suffire à ses immenses fonctions. A cela je réponds : Premièrement , qu'un corps législatif, composé de trois ou quatre cents personnes, de mille si l'on veut , n'a pas plus de force physique et réelle qu'un homme seul ; qu'il n'a qu'une puissance d'opinion que cet homme peut avoir de même, quand il est investi de la confiance publique, et quand il est convenu qu'on peut bien le destituer dans certains cas, en suivant certaines formes; mais que, tant qu'il est en fonction, il faut suivre ses décisions et les faire exécuter. Quant à l'étendue et à la multitude de ses devoirs, j'observerai qu'un état bien ordonné n'a pas besoin de nouvelles lois tous les jours, que leur multiplicité est même un très-grand mal, que d'ailleurs ce législateur peut avoir sous lui des coopérateurs et des agens instruits dans différentes parties, qui éclaircissent les matières et facilitent ses travaux, et qu'enfin bien des monarques sont chargés, non-seulement de faire les lois, mais encore de les faire exécuter, et suffisent à cette double fonction.

J'ajouterai même qu'il est plus aisé de trouver un homme supérieur que deux cents, que mille; qu'ainsi, avec un législateur unique, il est vraisemblable que la législation serait plus savante et plus habile qu'avec une assemblée législative, et qu'il est certain qu'elle aurait plus d'ensemble et d'unité; ce qui est un avantage important. En un mot, je crois qu'on ne peut rien dire de solide en faveur de l'opinion contraire, si ce n'est : 1°. qu'un corps législatif composé d'un grand nombre de membres, ayant chacun du crédit dans différentes parties du territoire, obtiendra plus aisément la confiance générale et se fera plus facilement obéir ; 2°. que les membres, en ne sortant pas de place tous à la fois, le corps peut être renouvelé par parties, sans que cela fasse interruption et changement de système ; au lieu que, quand tout roule sur un seul homme, lorsqu'il change, tout change avec lui.

Je conviens de la force de ces deux raisons, surtout de la dernière. D'ailleurs je ne prétends pas m'attacher obstinément à une opinion extraordinaire qui peut sembler paradoxale. Ainsi je consentirai à ce que le pouvoir législatif soit confié à une assemblée, à condition toutefois que ses membres ne seront nommés que pour un temps, et qu'ils auront tous les mêmes droits. On pourra, si l'on veut, pour l'ordre et la maturité des délibérations, partager cette assemblée en deux ou trois sections, et mettre quelques légères différences entre leurs fonctions et la durée

de leur mission; mais il faut qu'au fond ces
sections soient de même nature, et surtout
qu'elles n'aient aucun droit de *veto* absolu
l'une sur l'autre. Le corps législatif doit être
essentiellement un, et délibérer dans son
sein, mais non pas combattre contre lui-même.

Tous ces systèmes d'opposition et de balance ne sont jamais, je le répète, que de
vaines singeries, ou une guerre civile réelle.

Venons maintenant au pouvoir exécutif.
Pour celui-là, j'ose affirmer, quoi que l'on en
ait dit, qu'il est absolument indispensable qu'il
ne soit pas tout entier dans une seule main.
L'unique raison qu'on ait jamais donnée en
faveur de l'opinion contraire, c'est, dit-on,
qu'un homme seul est plus propre à l'action
que plusieurs hommes réunis. Cela est faux.
C'est dans la volonté que l'unité est nécessaire, et non pas dans l'exécution. La preuve
en est que nous n'avons qu'une tête, et plusieurs membres qui lui obéissent. Une autre
preuve plus directe, c'est qu'il n'y a point
de monarque qui n'ait plusieurs ministres,
Or, ce sont eux qui exécutent réellement :
lui ne fait que vouloir, et souvent ne fait
rien du tout. Cela est si vrai que, dans un

pays organisé comme l'Angleterre, le roi
n'est absolument rien que par la portion
qu'il a dans le pouvoir législatif : et, si on lui
ôtait cette part qu'il ne doit point avoir,
il serait complétement inutile. Le corps législatif et le corps des ministres, voilà réellement le gouvernement. Le roi n'est qu'un
être parasite, un rouage superflu au mouvement de la machine, dont il ne fait qu'augmenter les frottemens et les frais. Il ne sert
à rien du tout qu'à remplir, avec à peu près
le moins d'inconvéniens possible, une place
funeste à la tranquillité publique, dont tout
ambitieux voudrait s'emparer, si elle n'était
pas déjà occupée, parce qu'on est accoutumé
à la voir exister. Mais, si l'on n'avait point
cette habitude, ou si l'on pouvait la perdre,
il est évident qu'on n'imaginerait pas de créer
une telle place, puisque, malgré son existence
et son influence vicieuse, dès qu'il est question
d'affaires, on la met absolument à l'écart : les
débats ou les relations, la guerre ou la paix,
s'établissent entre le conseil et le parlement; et
quand l'un ou l'autre change, tout change, quoique le roi vraiment *fainéant* dans la rigueur du
mot, c'est-à-dire, *faisant rien*, reste le même.

Tout cela est si constant et si bien fondé dans la nature humaine, que jamais nation ne s'est donné un monarque dans l'intention que l'exécution fût une, mais bien afin d'être régie par une volonté unique qu'elle croyait très-sage, fatiguée qu'elle était d'être déchirée par des volontés discordantes. Or, le mouvement naturel, en prenant ce parti dans des temps où la science sociale n'est point encore approfondie, est de donner à cette volonté à laquelle on désire se soumettre, la force de subjuguer toutes les autres : et de là les monarques absolus. Ils ont d'abord été tels partout où on en a créé volontairement et inconsidérément. Dans la suite on a vivement senti qu'on était opprimé ou du moins très-mal dirigé par eux. On s'est réuni, non avec le projet de les arrêter de vive force, parce qu'on ne savait comment s'y prendre ; encore moins avec celui de les chasser, parce qu'on n'aurait su comment les remplacer, et que d'ailleurs on s'était accoutumé à un grand respect pour eux ; mais dans l'intention de les éclairer, de leur faire des représentations, de leur montrer les vrais intérêts de leur bon peuple, et de leur per-

suader que leur intérêt personnel était le
même que celui de la nation. On y a réussi,
plus ou moins, suivant les temps, les pays,
et les circonstances. Mais une nation ne peut
pas être réunie long-temps ni souvent pour
faire des remontrances, des supplications,
des doléances, sans s'apercevoir ou se res-
souvenir qu'elle a le droit incontestable et
imprescriptible de donner ses ordres et de
dicter ses volontés. Elle a donc réclamé pour
elle, ou du moins pour ses députés, le pouvoir législatif; et, quand elle l'a voulu déci-
dément, il a bien fallu le lui laisser reprendre,
de peur qu'elle ne redemandât aussi le pouvoir exécutif. Alors elle s'est trouvée avoir
ressaisi et remis en plusieurs mains, précisément celui des deux pouvoirs que, dans
l'origine, elle avait eu le projet de céder et
de remettre dans une seule ; et on lui a facilement persuadé que l'autre pouvoir, celui
de l'exécution, devait, pour être exercé utilement et paisiblement, être laissé à un seul
homme, et même héréditairement dans sa
famille ; bien entendu que l'on comptait toujours l'employer à la subjuguer de nouveau.
C'est ainsi, à peu près, que les choses se sont

passées chez tous les peuples soumis à une
autorité monarchique, qui, par la suite des
temps et des événemens, ont obtenu une représentation nationale un peu régulière, et
qui, par conséquent, vivent sous un gouvernement modéré ; et c'est ce qui fait qu'ils ne
sont libres qu'à moitié, et qu'ils sont, à tout
instant, en danger de ne l'être plus du tout.

Cependant, je le répète, il n'est pas vrai
qu'il soit de la nature du pouvoir exécutif
d'être mieux exercé par un homme seul que
par plusieurs hommes réunis, et que l'exécution ait essentiellement plus besoin que la
législation d'être confiée à une seule personne ; car la majorité d'un conseil peu nombreux produit l'unité d'action, tout comme
un chef unique ; et, quant à la célérité, elle
s'y trouve également et souvent plus grande :
d'ailleurs il s'en faut beaucoup qu'il soit toujours désirable que l'action soit si soudaine
et si rapide. Mais il y a plus. On peut dire
au contraire que les affaires d'un grand état,
bien que dirigées, en général, par le corps
législatif, ont besoin dans l'exécution d'être
toujours conduites d'une manière uniforme
et suivant le même système. Or, c'est ce

que l'on ne peut pas attendre d'un homme
seul ; car, outre qu'il est bien plus sujet à
changer de vues et de principes qu'un conseil, quand il vient à manquer ou à être
remplacé, tout manque avec lui et tout
change à la fois ; au lieu que le conseil ne
se renouvelant que par parties, son esprit est
véritablement immuable et éternel comme le
corps politique. Cette considération est certainement d'un bien plus grand poids que
celle que l'on fait tant valoir ordinairement
en faveur de l'opinion contraire. Cependant
je ne la regarderai pas comme péremptoire.
Dans des matières si compliquées, où il y a
tant de choses à peser et tant de conséquences
à prévoir, un aperçu unique, une raison
isolée ne peuvent jamais être vraiment dé-
cisifs. Entrons donc plus avant dans le fond
du sujet, et voyons, un peu plus en détail ,
quelles sont les suites qu'entraîne nécessairement l'existence d'un chef unique du pouvoir
exécutif. Alors nous pourrons porter un jugement avec connaissance de cause.

Ce chef unique ne peut être qu'héréditaire
ou électif. S'il est électif, il est élu pour
toute sa vie ou pour un certain nombre d'an-

liées. Commençons par cette dernière supposition. Si le même esprit de prudence et de prévoyance, qui a fait borner à un petit nombre d'années déterminé, la mission du dépositaire du pouvoir exécutif, a fait aussi qu'on l'a assujetti à des règles dans l'exercice de ce pouvoir; si on l'a astreint à suivre certaines formes, à s'adjoindre certaines personnes, à ne point agir contre leur avis; et si des mesures réellement efficaces ont été prises pour qu'il ne puisse s'affranchir de ces entraves, alors sans doute ce principal agent de la nation sera sans inconvénient. Il ne sera pas d'une importance assez majeure pour que son élection ne puisse pas se faire sans troubles. Il sera vraisemblablement choisi entre les hommes les plus capables et les plus estimables. Il ne sera en place que dans l'âge où l'homme jouit du plus grand développement de toutes ses facultés. Il ne sera pas assez séparé des autres citoyens pour avoir des intérêts fort distincts de ceux de l'état. Il pourra être déplacé et remplacé sans secousses, et sans que tout change avec lui. Mais aussi ce ne sera pas proprement un chef unique. Il n'aura pas pleinement l'entière disposition de toute

la force nationale. Il ne remplira pas l'idée
que nous avons d'un *monarque ;* il sera seulement le premier magistrat d'un peuple libre
et qui peut continuer à l'être. Plus nous nous
écarterons de cette supposition, plus nous
allons voir diminuer les avantages et croître
les inconvéniens.

Imaginons maintenant ce même chef unique, élu de même pour un temps limité,
mais sans précautions prises, et disposant
librement des troupes et de l'argent, quoique
toujours sous la direction du corps législatif.
Dès ce moment, cette place est trop considérable pour qu'elle puisse être donnée sans
qu'il naisse de vraies factions. Elle éveillera
et fera naître de grandes ambitions. Le moment des élections les exaspérera jusqu'à la
violence ; et la force sera employée. Des
particuliers songeront d'avance à se rendre
redoutables ; et tout sera perdu. Quand ils se
borneraient à l'intrigue, lorsqu'ils verront
qu'ils ne peuvent réussir pour eux-mêmes,
ils feront tomber le choix sur un vieillard,
sur un enfant, sur un homme inepte, pour
en disposer, parce que ce fonds vaut la peine
d'être exploité. Dès lors plus d'hommes ca-

pables à la tête des affaires. S'il en paraît un,
c'est un ambitieux plus habile que les autres.
Il tient seul dans sa main toute la force
réelle : elle sera employée uniquement pour
lui. Il est trop au-dessus de ses concitoyens
pour n'avoir pas d'autres intérêts que les
leurs : il n'en a qu'un, celui de se perpétuer
dans son pouvoir. Ils ont besoin de repos et
de bonheur. Il a besoin d'affaires, de discordes, de querelles, de guerres, pour se
rendre nécessaire ; ces moyens ne lui man-
queront pas. Il procurera peut-être à son
pays des succès militaires et des avantages
extérieurs, mais jamais au dedans une félicité tranquille. Il deviendra impossible de le
déplacer et de le remplacer. Cet effet est si
aisé à produire, que jamais homme revêtu
d'un pouvoir illimité n'a manqué de garder
son pouvoir toute sa vie, ou ne l'a perdu
que par de grands malheurs publics.

Nous voici arrivés à la seconde hypothèse,
celle où ce chef unique est en place pour
toute sa vie. Je n'ai pas besoin de m'y arrêter
beaucoup. On sent assez que tout ce que j'ai
dit de la première hypothèse est encore plus
vrai de celle-ci, et qu'une fois la chose venue

à ce point , il faut se résoudre à vivre dans
les convulsions du desordre , et à voir même
arriver la dissolution de la société, comme en
Pologne , ou laisser le chef, élu à vie , devenir héréditaire, comme en Hollande et dans
beaucoup d'autres pays; trop heureux encore
si, par l'effet du hasard et le jeu des intérêts
contraires , cette hérédité finit par être déterminée d'une manière nette , constante ,
qui ne soit point trop déraisonnable , et qui
ne conduise pas le corps politique à être dé-
chiré , ou à être la ·proie d'une puissance
étrangère , comme cela n'est que trop souvent arrivé. S'il est impossible qu'un grand
pouvoir soit confié pour un temps limité à
un seul homme , sans que bientôt il arrive
à le garder toute sa vie , il est encore plus
impossible que plusieurs hommes successivement exercent ce pouvoir pendant toute leur
vie , sans qu'il ne se trouve un d'entr'eux qui
le perpétue dans sa famille. Nous voilà donc
amenés à examiner les effets de la monarchie héréditaire.

Pour les hommes qui ne réfléchissent pas,
et c'est le grand nombre, il n'y a d'étonnant
que ce qui est rare. Rien de ce qui se voit

fréquemment n'a le droit de les surprendre,
quoique, dans l'ordre physique comme dans
l'ordre moral, ce soient les phénomènes les
plus communs qui sont les plus merveilleux.
Ainsi tel qui se croirait en démence, s'il dé-
clarait héréditaires les fonctions de son co-
cher ou de son cuisinier, ou s'il s'avisait de
substituer à perpétuité la confiance qu'il a
dans son avocat et dans son médecin, en
s'obligeant, lui et les siens, de n'employer jamais en ces qualités que ceux que lui dési-
gnerait l'ordre de primogéniture, encore
qu'ils fussent enfans ou décrépits, fous ou
imbéciles, maniaques ou déshonorés, trouve
tout simple d'obéir à un souverain choisi de
cette manière. Mais, pour l'être qui pense,
il est si rare de trouver un homme capable
de gouverner et qui, à la longue, n'en devienne pas indigne; il est si vraisemblable
que les enfans de celui qui est revêtu d'un
grand pouvoir, seront mal élevés et devien-
dront les pires de leur espèce; il est si im-
probable que, si un d'eux échappe à cette
maligne influence, il soit précisément l'aîné;
et, quand cela serait, son enfance, son inex-
périence, ses passions, ses maladies, sa vieil-

lesse, remplissent un si grand espace dans
sa vie, pendant lequel il est dangereux de lui
être soumis ; tout cela forme un si prodigieux
ensemble de chances défavorables, que l'on
a peine à concevoir que l'idée de courir tous
ces risques ait pu naître ; qu'elle ait été si
généralement adoptée, et qu'elle n'ait pas
toujours été complétement désastreuse. Il faut
avoir suivi, comme nous venons de le faire,
toutes les conséquences d'un pouvoir unique, pour découvrir comment on a pu
être amené, et même être forcé à jouer un
jeu de hasard si dangereux et si désavantageux : et il faut être bien fortement persuadé de la nécessité de l'unité du pouvoir,
pour dire ensuite comme un très-grand géo-
mètre, homme de beaucoup d'esprit, que j'ai
connu : *Tout calculé, je préfère le pouvoir
héréditaire, parce que c'est la manière la plus
simple de résoudre le problème.* Cependant
ce mot, qui n'a l'air que naïf, est très-profond ;
car il renferme et la cause de l'institution,
et tout ce qu'on peut dire en sa faveur.

Aussi, malgré tout ce que j'ai dit, j'adop-
terais encore cette conclusion, si le pouvoir
héréditaire n'avait pas d'autres inconvéniens

que ceux dont j'ai parlé. Mais il en a un absolument insupportable suivant moi : c'est
d'être de sa nature illimité et illimitable ,
c'est-à-dire, de ne pouvoir pas être contenu
dans de justes bornes constamment et paisiblement : et il a cet inconvénient , non pas
comme pouvoir héréditaire , mais comme
pouvoir *un et non partagé ;* car l'autorité d'un
seul est essentiellement progressive. Nous
l'avons vu bornée à un petit nombre d'années , devenir nécessairement viagère, et, de
viagère, héréditaire. Ce dernier état n'est que
l'entier développement de sa nature toujours
agissante , et ce ne sera pas, quand elle aura
acquis plus de force, qu'il sera plus aisé de
l'arrêter dans sa marche : d'autant qu'alors,
avec plus de moyens, elle aura encore plus
besoin de renverser tous les obstacles qui lui
resteraient opposés. En effet, nul pouvoir héréditaire ne peut être assuré , si l'on reconnaît la suprématie de la volonté générale :
car il est de l'essence de l'hérédité d'être perpétuelle , et de celle de la volonté d'être
temporaire et révocable. Il faut donc , de
toute nécessité , que la monarchie héréditaire , pour être affermie , étouffe le principe

de la souveraineté nationale. Ce n'est pas seulement dans les passions des hommes, c'est dans la nature des choses que se trouve cette obligation. On voit d'un coup d'œil ce qui en doit résulter, et qu'il ne s'agit de rien moins que d'une guerre éternelle, ou vive ou lente, ou sourde ou déclarée. Elle peut être amortie par la modération d'un monarque, ajournée par sa prudence, déguisée par son habileté, masquée par les événemens, suspendue par les circonstances; mais elle ne peut finir que par l'esclavage du peuple, ou la chute du trône. Espérer liberté et monarchie, c'est espérer deux choses dont l'une exclut l'autre. Bien des monarques et même des citoyens peuvent l'avoir ignoré. Mais cela n'en est pas moins vrai : et c'est actuellement une chose bien connue, surtout des souverains.

On ne doit donc plus être étonné de ce que nous avons dit, et de ce que Montesquieu a observé lui-même de l'immoralité et de la corruption du gouvernement monarchique, de sa pente vers le luxe, le déréglement, la vanité, la guerre, la conquête, le désordre des finances, la dépravation des

courtisans, l'avilissement des classes inférieures, et de sa tendance à étouffer les
lumières, au moins en fait de philosophie
morale, et à répandre dans la nation l'esprit
de légèreté, d'irréflexion, d'insouciance et d'é-
goïsme. Tout cela doit être, puisque le pouvoir héréditaire, ayant des intérêts distincts
de l'intérêt général, est obligé de se conduire
comme une faction dans l'état, de diviser et
souvent d'affaiblir la puissance nationale pour
la combattre, de partager la nation en diverses classes pour dominer les unes par le
moyen des autres, de les séduire toutes par
des illusions; et, par conséquent, de porter
également le trouble et l'erreur dans la théorie
et dans la pratique.

On voit aussi pourquoi les partisans de la
monarchie, quand ils se sont occupés d'organisation sociale, n'ont jamais pu imaginer
qu'un système de balance, qui, opposant sans
cesse les pouvoirs les uns aux autres, en fait
réellement des armées en présence, toujours
prêtes à se nuire et à se détruire, au lieu de
les arranger comme des parties d'un même
tout, concourant au même but. C'est qu'ils
commençaient par admettre dans la société

deux élémens inconciliables, entre lesquels ils ne pouvaient que moyenner des arrangemens, et jamais les amener à une union intime.

Vraisemblablement ils ne s'en sont pas aperçus eux-mêmes. Mais, quand on voit de bons esprits, occupés à résoudre une difficulté, ne jamais aller au-delà d'une solution incomplète qui ne satisfait pas pleinement la raison, on peut être sûr qu'il y a une erreur antérieure qui les empêche d'arriver jusqu'à la vérité. On croit trop que ce sont les passions ou les habitudes des hommes qui forment leurs opinions, quand elles ne sont pas lucides ; ce n'est le plus souvent que le manque d'un degré de réflexion de plus, d'un degré de plus d'opiniâtreté dans leurs recherches. En creusant encore un peu, ils auraient trouvé la vraie source.

Quoi qu'il en soit, tant d'erreurs et tant de maux provenant nécessairement d'une seule faute, *la disposition de la force nationale laissée à un seul homme*, je conclus, comme je l'avais annoncé, que le *pouvoir exécutif* doit être confié à un conseil composé d'un petit nombre de personnes élues

pour un temps, et se renouvelant successivement ; comme aussi *le pouvoir législatif*
doit être remis à une assemblée plus nombreuse, formée aussi de membres nommés
pour un temps limité, et se renouvelant par-
tiellement chaque année.

Voilà donc deux corps établis, l'un pour
vouloir, l'autre pour agir au nom de tout
un peuple. Il ne faut point prétendre les
mettre en parallèle et, pour ainsi dire, en
pendant. L'un est incontestablement le premier, et l'autre le second, par la seule raison
qu'il faut vouloir avant d'agir. Il ne faut pas
les considérer comme rivaux et les placer
en opposition l'un vis-à-vis de l'autre. Le second dépend nécessairement du premier, en
ce sens que l'action doit suivre la volonté.
Il ne faut point s'occuper de stipuler leurs
intérêts respectifs, et même ceux de leur
vanité ; car ils n'ont aucuns droits qui leur
appartiennent en propre ; ils n'ont que des
fonctions à exercer, et ce sont celles qui leur
ont été confiées : il né faut donc songer qu'à
faire en sorte qu'ils les remplissent bien et
à la satisfaction de ceux qui les en ont
chargés. Ce langage incompatible avec l'es-

prit des cours, n'est que celui du simple
bon sens. Or, ce petit nombre de vérités
palpables résout tout de suite bien des difficultés dont on a fait trop de cas, et va
nous faire voir bientôt comment les membres
de ces corps doivent être nommés, comment ils doivent être destitués, quand il y a
lieu, et comment leurs différens doivent être
terminés, s'il s'en élève quelques-uns.

Pour les membres du corps législatif, leur
élection n'a rien d'embarrassant. Ils sont
nombreux, ils doivent être tirés de toutes
les parties du territoire : ils peuvent être
très-bien choisis par des corps électoraux,
assemblés dans différentes communes, lesquels sont très-propres à choisir les deux
ou trois sujets les plus capables, les mieux
famés, et les plus accrédités dans une certaine étendue de pays. La punition de leurs
fautes n'offre pas plus de difficultés. Leurs
fonctions se bornent à parler et à écrire,
à émettre, à motiver et à soutenir leurs
opinions par toutes les raisons dont ils peuvent s'aviser. Ils doivent avoir pleine et entière liberté de le faire, sauf l'observation
des convenances ; ce qui ne peut donner

lieu qu'à quelques légères corrections de simple police intérieure. Ils ne sont donc pas même susceptibles de culpabilité pour raison de leurs fonctions. Ils ne peuvent donc se trouver dans le cas d'être punis que pour des fautes ou des crimes étrangers à leur mission, comme tous les autres citoyens; et, comme tous les autres citoyens, ils doivent être poursuivis pour ces délits par les voies ordinaires, en prenant toutefois quelques précautions, pour que ces acccusations individuelles et privées ne deviennent pas un moyen d'écarter des magistrats utiles et de paralyser le service public ; mais surtout ils ne doivent jamais avoir le droit de s'exclure réciproquement, et de s'interdire les uns aux autres l'exercice de leurs fonctions.

Il n'en doit pas être tout-à-fait de même des membres du corps exécutif. Ils sont peu nombreux. Chacun des corps électoraux n'en peut pas nommer un. D'ailleurs, ces electeurs dispersés, et bons pour désigner des hommes dignes de coopérer à la législation, pourraient bien, livrés à leurs seules lumières, n'être pas des juges très-compétens du mérite des huit ou dix hommes d'état capables de gérer les affaires d'une grande nation. D'un autre côté, ces membres du corps exécutif sont dans le cas d'agir, de donner des ordres, d'employer la force, de faire mouvoir les troupes, de disposer de l'argent, de créer et de supprimer des places. Ils doivent faire toutes ces choses conformément aux lois et suivant leur esprit. Ils peuvent, dans chacune de ces mesures, être coupables et punissables. Cependant ce n'est pas au corps législatif à les nommer, ni à les destituer, ni à les juger. Car, comme nous l'avons dit, ils doivent dépendre de lui en ce sens que l'action doit suivre la volonté; mais ils ne doivent pourtant pas en dépendre passivement, puisqu'ils ne doivent exécuter ses volontés qu'autant qu'elles sont légitimes. L'un de ces corps peut bien reprocher à l'autre de mal agir, c'est-à-dire, de ne pas suivre les lois; mais comme celui-ci, à son tour, peut reprocher à celui-là de mal vouloir, c'est-à-dire, de faire des lois contraires à la constitution, que tous les corps constitués doivent également respecter, il suit de là que ces corps peuvent et doivent avoir ensemble des discussions sur lesquelles aucun des deux n'a le droit de prononcer, et qui pourtant doivent se terminer paisiblement et légalement; sans quoi, dans notre constitution comme dans beaucoup d'autres, personne ne saurait précisément son devoir, et tout serait réellement sous l'empire de la force et de la violence.

Cette dernière observation, jointe à celles qui précèdent, nous montre qu'il faut encore une pièce à la machine politique, pour qu'elle puisse se mouvoir régulièrement. En effet, elle a un corps pour vouloir, un autre pour agir : il lui en faut un pour conserver, c'est-à-dire, pour faciliter et régler l'action des deux autres. Dans ce corps conservateur nous allons trouver tout ce qui nous manque pour compléter l'organisation de la société.

Ses fonctions seront :

1°. De vérifier les élections des membres du corps législatif avant qu'ils entrent en fonction, et de juger de leur validité ;

2°. D'intervenir dans les élections des membres du corps exécutif, soit en recevant des corps électoraux une liste de candidats parmi

lesquels il choisirait, soit au contraire en leur
envoyant une liste de ceux entre lesquels ils
devraient élire (1) ;

3°. D'intervenir, à peu près de même et
suivant les mêmes formes, dans la nomination des juges suprêmes, soit grands juges
comme en Amérique, soit membres d'un
tribunal de cassation comme en France ;

4°. De prononcer la destitution des membres du corps exécutif, s'il y a lieu, sur la
demande du corps législatif;

5°. De décider, d'après la même provocation, s'il y a lieu à accusation contre eux, et,
dans ce cas, de donner quelques-uns de ses
membres, suivant une forme déterminée,
pour composer le grand jury devant les juges
suprêmes ;

6°. De prononcer l'inconstitutionnalité, et,
par conséquent, la nullité des actes du corps
législatif ou du corps exécutif, sur la récla-

(1) Si l'on préférait le second mode, la constitution pourrait statuer que, lorsque les corps électoraux ne trouveraient pas dans la liste des éligibles
un nom qu'il voudraient y voir, ils pourraient demander qu'il y fût ajouté : et le corps conservateur
serait obligé de l'y admettre, si la majorité le voulait.

mation de l'un des deux, ou sur d'autres pro-
vocations reconnues valables par la constitution ;

7°. De déclarer, d'après la même récla-
mation, ou d'après celle de la masse des
citoyens, dans des formes et avec des délais
déterminés, quand il y a lieu à la révision
de la constitution, et, en conséquence, de
convoquer une convention *ad hoc*, tout
demeurant provisoirement dans le même
état (1).

Au moyen de ces fonctions du corps conservateur, je ne vois plus aucun obstacle qui
puisse arrêter la marche de la société, aucune
difficulté qui ne puisse être résolue paisiblement. Je ne vois aucun cas où chaque citoyen
ne sache pas à qui il doit obéir, et aucune
circonstance où il n'ait pas des moyens légaux de faire prévaloir sa volonté et d'arrêter
celle d'un autre, quel qu'il soit, autant qu'il

(1) Ces deux derniers actes du corps conservateur
pourraient et même devraient, avant d'être exécu-
toires, être soumis à l'approbation de la nation,
qui en déciderait par *oui* ou par *non*, dans les assemblées primaires, ou dans les corps électoraux, ou dans
des corps nommés à cet effet.

le doit et autant qu'il le faut pour le bien général; et, en même temps, ces fonctions me paraissent si nécessaires, que tout état *un et indivisible*, dans la constitution duquel on n'a pas placé un pareil corps, me semble manifestement abandonné au hasard et à la violence.

Ce corps serait composé d'hommes qui devraient y rester toute leur vie, qui ne pourraient plus remplir aucune autre place dans la société, et qui n'auraient d'autre intérêt que de maintenir la paix et de jouir tranquillement d'une existence honorable. Il deviendrait la retraite et la récompense de ceux qui auraient rempli de grandes places; et c'est un avantage qui n'est pas à dédaigner. Car si la carrière politique ne doit pas être arrangée de manière à faire naître de grandes ambitions, elle ne doit pas non plus être si ingrate qu'elle soit négligée, ou qu'on ne puisse y entrer qu'avec l'intention de changer les lois ou de les éluder.

Les membres du corps conservateur devraient, pour la première fois, être nommés par la convention qui aurait fait la constitution dont le dépôt lui serait confié ; et ensuite les remplacemens seraient faits à mesure des vacances par les corps électoraux, sur des listes d'éligibles formées par le corps législatif et le corps exécutif.

Je me suis un peu étendu sur ce qui regarde ce corps conservateur, parce que cette institution a été imaginée depuis peu, et parce qu'elle me paraît de la plus extrême importance. C'est, suivant moi, la clef de la voûte sans laquelle l'édifice n'a aucune solidité et ne peut subsister. Je m'attends cependant qu'on me fera deux objections opposées. Les uns diront que ce corps, décidant les différens, et jugeant les hommes les plus importans de l'état, acquerra, par cela même, une puissance prodigieuse, et deviendra très-dangereux pour la liberté. A cela je réponds qu'il sera composé d'hommes contens de leur sort, ayant tout à perdre et rien à gagner dans les troubles, ayant passé l'âge des passions et celui des grands projets, ne disposant d'aucune force réelle, et ne faisant guère dans leurs décisions, qu'en appeler à la nation, et lui donner le temps et le moyen de manifester sa volonté.

D'autres personnes, au contraire, préten-
dront que ce corps ne sera qu'un fantôme
inutile dont tout ambitieux se jouera, et que
la preuve en est, qu'en France il n'a pu
défendre un moment le dépôt qui lui était
confié. A cela je répondrai que cet exemple
ne prouve rien, parce que la liberté est
toujours impossible à défendre dans une
nation tellement fatiguée de ses efforts et de
ses malheurs, qu'elle préfère même l'esclavage à la plus légère agitation qui pourrait
résulter de la moindre résistance : et telle
était la disposition des Français lors de l'établissement de leur sénat; aussi ils se sont
vu enlever, sans le moindre murmure et
presque avec plaisir, jusqu'à la liberté de la
presse et la liberté individuelle : d'ailleurs,
ainsi que je l'ai souvent dit, il n'y a aucune
mesure qui puisse empêcher les usurpations,
quand une fois toute la force active est remise
dans une seule main, comme elle l'était par
la constitution française de 1799 (an 8)
(car les deux seconds consuls n'étaient rien) :
et j'ajoute que, si les Français se fussent avisés
de placer ce même corps conservateur dans
leur constitution de 1795 (fructidor an 3),

dans laquelle le pouvoir exécutif était réellement partagé, il se serait maintenu avec succès
entre le directoire et le corps législatif, il
aurait empêché la lutte violente qui a eu lieu
entre eux en 1797 (18 fructidor an 5), et
cette nation jouirait actuellement de la liberté
qui lui a toujours échappé au moment de
l'atteindre (1).

Voilà, je pense, quel serait le chemin à
suivre pour résoudre le problème que nous
nous sommes proposé. Ne voulant point tra-
cer le plan complet d'une constitution, mais
seulement en poser les principales bases, je
me bornerai à ces points capitaux, et je n'en-
trerai pas dans des détails qui peuvent varier
sans inconvéniens, suivant les localités et les
circonstances. Je ne dis pas que les idées que je
viens d'exposer soient praticables partout et

(1) Il faut ajouter à tout cela que la manière de
nommer et de remplacer les sénateurs français était
fort différente de celle que je propose. Elle a été vicieuse, dès le principe, dans leur constitution de
l'an 8 (1799), et rendue ensuite plus vicieuse encore,
ainsi que les attributions de ces mêmes sénateurs, par
les dispositions illégales et illégitimes qu'ils appellent
les *Constitutions de l'Empire.*

en tout temps. Il se peut faire qu'il y ait des pays où l'autorité d'un seul, même la plus illimitée, soit encore nécessaire, comme l'établissement des moines a pu être utile dans certaines circonstances, bien que très-mauvais et très-absurde en lui-même. Mais je crois que, lorsqu'on voudra suivre les plus saines notions de la raison et de la justice, ce sera à peu près ainsi que la société devra être organisée, et qu'il ne se trouvera jamais de véritable paix ailleurs. Je livre ce système, si c'en est un, aux méditations des penseurs. Ils verront facilement quelles doivent être ses heureuses conséquences, et combien il est appuyé par tout ce que nous avons dit précédemment de l'esprit et des principes des différens gouvernemens, et de leurs effets sur la richesse, la puissance, les mœurs, les sentimens et les lumières des peuples. Je n'ajouterai plus qu'un mot : *Le plus grand avantage des autorités modérées et limitées, étant de laisser à la volonté générale la possibilité de se former et de se faire connaître : et la manifestation de cette volonté étant le meilleur moyen de résistance à l'oppression, la liberté individuelle et la liberté de la presse*

*sont les deux choses les plus indispensables
pour le bonheur et le bon ordre de la société, et sans lesquelles toutes les combinaisons qu'on peut faire pour établir la meilleure distribution des pouvoirs, ne sont que
de vaines spéculations.* Mais ceci rentre dans
le sujet que nous devons traiter dans le livre
suivant (1).

(1) Nous croyons devoir placer ici une remarque
que les critiques et les commentateurs sont priés
de nous pardonner. C'est ce que le chapitre que l'on
vient de lire, comparé avec quelques-uns des précédens, montre avec évidence combien il est plus aisé
de rejeter ce qui est mauvais, que de trouver ce qui
est bon, de critiquer que de produire, de détruire
que de construire. En effet, l'auteur ici change de
rôle. Il cesse de combattre les idées de Montesquieu
pour proposer les siennes, et, quoique le chapitre
dont il s'agit renferme, suivant nous, de très-bonnes
choses, il nous semble qu'il laisse beaucoup à désirer.
Les jugemens de l'auteur nous paraissent, en général,
très-fondés et ses raisonnemens très-plausibles; mais
nous croyons qu'il en presse trop les conséquences, et
que ses conclusions sont trop absolues et trop tran-
chantes. Cependant il faut convenir qu'il n'expose ici
qu'une théorie abstraite, sans aucune considération de
lieu ni de temps, et que lui-même indique que, dans

l'application, elle pourrait et devrait recevoir beaucoup
de modifications suivant les circonstances. Au reste, il
n'est plus en notre pouvoir de rien changer aux idées
de l'auteur. Nous devons nous borner à notre rôle
d'éditeur, et donner ici l'ouvrage tel qu'il a été imprimé à Philadelphie en 1811. (*Note de l'éditeur.*)

CHAPITRE XII.

*Sur le Livre XII. — Des lois qui forment la
liberté politique dans son rapport avec le
citoyen.*

LE livre précédent est intitulé par Montesquieu : *Des lois qui forment la liberté politique dans son rapport avec la constitution.*
Nous avons vu que, sous ce titre, il traite des effets que produisent sur la liberté des homr·es les lois qui forment la constitution de l'état, c'est-à-dire, qui règlent la distribution des pouvoirs politiques. Ces lois sont, en effet, les principales de celles qui régissent les intérêts généraux de la société, et, en y joignant celles qui règlent l'administration et l'économie publique, c'est-à-dire, celles qui dirigent la formation et la distribution des richesses, on aurait le code complet qui gouverne les intérêts du corps politique, pris en masse, et qui influe sur le bonheur et la liberté de chacun par les effets qu'il produit sur le bonheur et la liberté de tous.

Ici il s'agit des lois qui atteignent directement chaque citoyen dans ses intérêts privés.
Ce n'est plus la liberté publique et politique
qu'elles attaquent ou qu'elles protégent immédiatement, c'est la liberté individuelle et
particulière. On sent que cette seconde espèce de liberté est bien nécessaire à la première et lui est intimement liée. Car il faut
que chaque citoyen soit en sûreté contre
l'oppression dans sa personne et dans ses
biens, pour pouvoir défendre la liberté publique; et il est bien clair que si, par exemple, une autorité quelconque était en droit
ou en possession d'ordonner arbitrairement
des emprisonnemens, des bannissemens ou
des amendes, il serait impossible de la contenir dans les bornes qui pourraient lui être
prescrites par la constitution, l'état en eût-il
une très-précise et très-formelle. Aussi Montesquieu dit que, sous le rapport dont il
s'agit, la *liberté* consiste dans la *sûreté*,
et que la constitution peut être libre (c'est-
à-dire, contenir des dispositions favorables à
la liberté) et le citoyen ne l'être pas; et il
ajoute, avec beaucoup de raison, que, dans la
plupart des états (il pourrait dire dans tous),

la liberté individuelle est *plus gênée, choquée, et abattue que leur constitution ne le demande.* La raison en est que les autorités, voulant toujours aller au-delà des droits qui leur sont concédés, ont besoin de peser sur cette espèce de liberté pour opprimer l'autre.

De même que ce sont les lois constitutionnelles principalement, et ensuite les lois administratives qui influent sur la liberté générale, ainsi ce sont les lois criminelles et subsidiairement les lois civiles qui disposent de la liberté individuelle. Le sujet que nous avons à traiter rentre presque entièrement dans celui du livre sixième, où Montesquieu s'est proposé d'examiner *les conséquences des principes des différens gouvernemens par rapport à la simplicité des lois civiles et criminelles, la forme des jugemens et l'établissement des peines.* Un meilleur ordre dans la distribution et l'enchaînement de ses idées, aurait réuni ce livre avec celui-ci, et même avec le vingt-neuvième qui traite *de la manière de composer les lois,* et, en même temps, de la manière d'apprécier leurs effets. Mais nous nous sommes assujettis à suivre l'ordre adopté par notre auteur. Chacun, pour

son compte fera bien de le réformer et de
refondre son ouvrage et le nôtre, pour se
composer un système de principes suivi et
complet.

Nous sommes convenus au commencement
de ce livre sixième que, malgré les grandes
et belles vues qu'il renferme, nous n'y trou-
vions pas toute l'instruction que nous aurions
dû en attendre. Nous sommes obligés de faire
le même aveu au sujet de celui-ci. Il devrait
naturellement renfermer l'exposition et l'appréciation des principales institutions les plus
favorables ou les plus contraires à la sûreté
de chaque citoyen, et au libre exercice de
ses droits naturels, civils et politiques. Or,
c'est ce qu'on n'y trouve pas. Montesquieu,
à son ordinaire, dans une multitude de petits
chapitres décousus, parcourt tous les temps
et tous les pays, et surtout les temps anciens
et les contrées mal connues. Certainement
il tire de tous ces faits des conséquences qui,
le plus souvent, sont très-justes. Mais il ne
fallait pas tant de recherches et tant d'esprit
pour nous apprendre que l'accusation de
magie est absurde; que les fautes purement
religieuses doivent être réprimées par des

punitions purement religieuses; aussi, que dans les monarchies, on a souvent abusé du crime de lèse-majesté jusqu'à la barbarie et jusqu'au ridicule; qu'il est tyrannique de punir les écrits satiriques, les paroles indiscrètes et jusqu'aux pensées; que les jugemens par commissaires, l'espionnage, et les délations anonymes sont des choses atroces et odieuses, etc. S'il a été obligé d'user d'adresse pour oser dire de telles vérités, et s'il lui a été impossible d'aller plus loin, il faut le plaindre, mais il ne faut pas nous y arrêter.

Je ne trouve au milieu de tout cela qu'une seule réflexion profonde, c'est celle-ci : *Qu'il est du plus grand danger pour les républiques de multiplier les punitions pour cause du crime de lèse-majesté ou de lèse-nation. Sous pretexte de la vengeance de la république*, dit Montesquieu, *on établirait la tyrannie des vengeurs. Il n'est pas question de détruire celui qui domine, mais la domination. Il faut rentrer, le plus tôt qu'on peut, dans ce train ordinaire du gouvernement où les lois protègent tout, et ne s'arment contre personne.* Ces paroles sont admirables.

La preuve tirée des faits est sans réplique. Chez les Grecs, pour n'avoir pas agi ainsi, *l'exil ou le retour des exilés furent toujours les époques qui marquèrent le changement de la constitution.* Que d'événemens modernes viendraient à l'appui, s'il en était besoin !

Mais à côté de ces décisions si sages, j'en trouve une bien dangereuse, contraire à l'avis formel de Cicéron; c'est qu'il y a des occasions où l'on peut faire une loi expresse contre un seul homme; et *qu'il y a des cas où il faut mettre, pour un moment, un voile sur la liberté, comme l'on cache les statues des dieux.* Voilà jusqu'où l'anglomanie a conduit ce grand homme.

Quoi qu'il en soit, puisque notre auteur n'a pas jugé à propos de pénétrer plus avant dans son sujet, nous nous bornerons à répéter ici que la liberté politique ne saurait subsister sans la liberté individuelle et la liberté de la presse, et que, pour le maintien de celles-ci, il faut absolument la proscription de toute détention arbitraire, et l'usage de la procédure par jurés, au moins au criminel. Nous renverrons donc le lecteur à ce que nous avons dit sur ces objets dans les chapitres

précédens, et nommément dans le quatrième,
le sixième et le onzième, où nous avons fait
voir comment et pourquoi ces principes sont
favorisés ou contrariés par la nature et l'esprit
de chaque espèce de gouvernement.

CHAPITRE XIII.

Résumé des douze premiers livres de l'Esprit des Lois.

Nous avons une longue carrière à parcourir : je ne puis me dispenser de m'arrêter un moment au point où nous voici parvenus. Bien que *l'Esprit des Lois* de Montesquieu soit composé de trente et un livres, les douze premiers que nous venons de commenter renferment tout ce qui concerne directement et immédiatement l'organisation de la société et la distribution de ses pouvoirs. Nous ne trouverons plus dans les autres que des considérations économiques, philosophiques ou historiques sur les causes, les effets, les circonstances et l'enchaînement des différens états de la société dans certains temps et dans certains pays, et sur le rapport de toutes ces choses avec la nature de l'organisation sociale. Les opinions qui y seront émises, les vues qui y seront présentées, seront plus ou moins justes, plus ou moins nettes, plus ou moins profondes, suivant que les idées adoptées précédemment sur l'organisation de la société auront été plus ou moins saines. Mais, en définitif, cette organisation n'est faite que pour amener de bons résultats; elle n'est préférable à l'anarchie (entendez, si vous voulez, l'indépendance naturelle), que par les maux qu'elle évite et les biens qu'elle procure; on ne doit juger de son degré de perfection que par les effets qu'elle produit. Il est donc à propos, avant d'aller plus loin, de nous rappeler sommairement les principes que nous avons extraits des discussions précédentes : nous verrons mieux ensuite comment ils s'allient avec les diverses circonstances, et si c'est pour les avoir négligés ou suivis, que sont nés, dans tous les temps, les biens et les maux de l'humanité.

Voulant parler de l'*Esprit des Lois*, c'est-à-dire, de l'*esprit* dans lequel les lois sont ou doivent être faites, nous avons commencé par nous rendre un compte exact du sens du mot *loi*. Nous avons reconnu qu'il signifie, essentiellement et primitivement, *une règle prescrite à nos actions par une autorité en qui nous reconnaissons le droit de la faire.*

Ce mot est donc nécessairement relatif à l'organisation sociale, et n'a pu être inventé que dans l'état de société commencée. Cependant, par extension, nous avons ensuite appelé *lois de la nature*, les règles que paraissent suivre constamment tous les phénomènes qui se passent sous nos yeux, considérant qu'ils s'opèrent toujours, comme si une autorité invincible et immuable avait ordonné à tous les êtres de suivre certains modes dans leur action les uns sur les autres. Ces *lois* ou *règles* de la nature ne sont rien autre que l'expression de la manière dont les choses arrivent inévitablement. Nous ne pouvons rien sur cet ordre universel des choses. Il faut donc nous y soumettre et y conformer nos actions et nos institutions. Ainsi, dès le début, nous trouvons que *nos lois positives doivent être conséquentes aux lois de notre nature.*

Nos diverses organisations sociales ne sont pas toutes également conformes à ce principe. Elles n'ont pas toutes une égale tendance à s'y soumettre et à s'en rapprocher. Elles paraissent avoir des formes très-variées. Il est donc essentiel de les étudier séparément.

Après les avoir bien examinés, nous trouvons, dès le second chapitre, que *les gouvernemens viennent tous se ranger dans deux classes, savoir : ceux qui sont fondés sur les droits généraux des hommes, et ceux qui se prétendent fondés sur des droits particuliers.*

Montesquieu n'a pas adopté cette division. Il classe les gouvernemens d'après la circonstance accidentelle du nombre des hommes qui sont les dépositaires de l'autorité ; et il cherche, dans le livre troisième, quels sont les principes moteurs, ou plutôt conservateurs, de chaque espèce de gouvernement. Il établit que, pour le despotisme, c'est la *crainte*, pour la monarchie, *l'honneur*, et pour la république, la *vertu*. Ces assertions peuvent être plus ou moins sujettes à explication et à contestation. Mais, sans prétendre les nier absolument, nous croyons pouvoir affirmer qu'il résulte de la discussion à laquelle elles nous ont engagés, que *le principe des gouvernemens fondés sur les droits des hommes, est la* RAISON. Nous nous bornons à cette conclusion que tout confirmera par la suite.

Dans le livre quatrième, il est question de l'éducation. Montesquieu établit qu'elle doit être relative au principe du gouvernement, pour qu'il puisse subsister. Je pense qu'il a raison, et j'en tire cette conséquence : que les gouvernemens qui s'appuient sur des idées fausses et mal démêlées, ne doivent pas risquer de donner à leurs sujets une éducation bien solide; que ceux qui ont besoin de tenir certaines classes dans l'avilissement et l'oppression, ne doivent pas les laisser s'éclairer; et qu'ainsi *il n'y a que les gouvernemens fondés sur la raison, qui puissent désirer que l'instruction soit saine, forte, et généralement répandue.*

Si les préceptes de l'éducation doivent être relatifs au principe du gouvernement, il n'est pas douteux qu'il n'en doive être de même, à plus forte raison, des lois proprement dites; car les lois sont l'éducation des hommes faits. C'est aussi ce que dit Montesquieu dans le livre cinquième; et, en conséquence, il n'y a aucun des gouvernemens dont il parle, auquel il ne conseille quelques mesures évidemment contraires à la justice distributive et aux sentimens naturels à l'homme. Je ne

nie point que ces tristes expédiens ne leur
soient nécessaires pour se soutenir; mais je
montre qu'au contraire *les gouvernemens,
fondés sur la raison, n'ont qu'à laisser agir
la nature, et à la suivre sans la contrarier.*

Montesquieu ne destine le sixième livre
qu'à examiner les conséquences des principes
des divers gouvernemens, par rapport à la
simplicité des lois civiles et criminelles, la
forme des jugemens, et l'établissement des
peines. En traitant ce sujet avec lui, et profitant de ce qui a été dit précédemment,
j'arrive à des résultats plus généraux et plus
étendus. Je trouve que la marche de l'esprit
humain est progressive dans la science sociale
comme dans toutes les autres; que *la démocratie ou le despotisme* sont les premiers
gouvernemens imaginés par les hommes, et
marquent *le premier degré de civilisation;*
que *l'aristocratie sous un ou plusieurs chefs,*
quelque nom qu'on lui donne, a partout
remplacé ces gouvernemens informes, et
constitue *un second degré de civilisation;* et
que *la représentation, sous un ou plusieurs
chefs,* est une invention nouvelle qui forme
et constate *un troisième degré de civilisation.*

J'ajoute que, *dans le premier état, c'est l'igno-rance qui règne et la force qui domine ; que, dans le second, il s'établit des opinions, c'est la religion qui a le plus d'empire; et que, dans le troisième, la raison commence à prévaloir et la philosophie a plus d'influence.* J'observe de plus, *que le motif principal des punitions, dans le premier degré de civilisation, est la vengeance humaine; dans le second, c'est la vengeance divine; et dans le troisième, c'est le désir d'empêcher le mal à venir.* Ici je n'étendrai pas davantage ces réflexions, qui font place, tout d'un coup, à des objets d'un autre genre.

Dans le septième livre, il s'agit des consé-quences des différens principes des trois gou-vernemens de Montesquieu, par rapport aux lois somptuaires, au luxe, et à la condition des femmes. Le mérite des lois somptuaires a été jugé par ce que nous avons dit des lois civiles en général dans le cinquième cha-pitre. Ce qui regarde les femmes se trouvera plus à propos et mieux développé, lorsqu'il sera question des mœurs et des climats. Il ne reste donc ici que le luxe qui mérite d'être examiné à fond ; et le résultat de la discussion est, qu'*en convenant de la nécessité où sont certains gouvernemens d'encourager le luxe pour se soutenir, l'effet du luxe est toujours néanmoins d'employer le travail d'une manière inutile et nuisible.* Or, le travail, l'emploi de nos facultés, étant tout pour nous, et notre seul moyen d'action, je me trompe beaucoup si cette vérité n'est pas la base de toute la science sociale, et n'en décide pas toutes les questions de tout genre. Car ce qui étouffe le développement de nos forces, ou le rend inutile et même nuisible, ne saurait nous être propice.

Le livre huitième nous reporte vers d'autres objets; il y est question de la corruption des principes des trois gouvernemens distingués par Montesquieu. Après avoir expliqué, plus ou moins bien, en quoi consiste la corruption de ces prétendus principes, il établit que chacun d'eux est relatif à une certaine étendue de territoire, et se perd si elle change. Cette décision m'amène à considérer la question sous des rapports tout différens, à faire voir les prodigieuses conséquences qui résultent pour un état, d'avoir certaines limites plutôt que d'autres, et à conclure généralement, que *l'étendue convenable à tout état, est d'avoir une force suffisante avec les meilleures limites possibles*, et que *la mer est la meilleure de toutes, par beaucoup de raisons de différens genres.*

Montesquieu, ayant avancé que tel gouvernement ne peut exister que dans un petit état, et tel autre que dans un grand, est obligé de leur assigner à chacun une manière particulière et exclusive de se défendre contre les agressions étrangères : et il prétend, dans le livre neuvième, que les républiques n'ont d'autre moyen de salut que de former des confédérations. J'en prends occasion de discuter les principes et les effets du gouvernement fédératif, et j'en conclus que *la fédération produit toujours plus de force, à la vérité, que la séparation absolue, mais moins que l'union intime et la fusion complète.*

Enfin, dans le livre dixième, notre auteur examine ces mêmes gouvernemens sous le rapport de la force offensive; cela l'engage dans la discussion des bases du droit des gens, et des principes et des conséquences du droit de guerre et du droit de conquête :

j'avoue que sa doctrine ne me paraît pas lumineuse ; et je trouve, en définitif, que *la perfection du droit des gens serait la fédération des nations, et que, jusque-là, le droit de guerre dérive du droit de défense naturelle, et celui de conquête de celui de guerre.*

Après avoir ainsi, dans ses dix premiers livres, considéré les divers genres de gouvernement sous tous les aspects, Montesquieu consacre le livre onzième, intitulé *Des lois qui forment la liberté politique dans son rapport avec la constitution*, à prouver que la constitution anglaise est la perfection et le dernier terme de la science sociale, et que c'est une folie de chercher encore le moyen d'assurer la liberté politique, puisque ce moyen est complétement trouvé.

N'étant pas de cet avis, j'ai partagé ce livre en deux parties. Dans la première, je fais voir que *le problème n'est pas résolu, et qu'il ne saurait l'être tant qu'on donne trop de pouvoir à un seul homme ;* et, dans la seconde, je tâche de montrer *comment on peut résoudre le problème, en ne donnant jamais à un seul homme assez de pou-*

voir pour qu'on ne puisse pas le lui ôter sans violence, et pour que, quand il change, tout change nécessairement avec lui.

Pour terminer, Montesquieu, dans son douzième livre, traite des *lois qui forment la liberté politique dans son rapport avec le citoyen;* ce livre offrant peu de choses nouvelles à en tirer, je me borne à ce résultat, que *la liberté politique ne saurait subsister sans la liberté individuelle et la liberté de la presse, et celles-ci sans la procédure par jurés.*

Cet aperçu de nos douze premiers chapitres est nécessairement trop rapide. Il n'en donnerait pas une idée suffisante à ceux qui ne les auraient pas lus; et il ne représente qu'imparfaitement, à ceux qui les ont lus, ce qu'ils peuvent y avoir remarqué. Cependant il rappelle, au moins en masse, la série d'un petit nombre d'idées qui forment un ensemble important.

L'homme est un atome dans l'immensité des êtres. Il est doué de *sensibilité* et par suite de *volonté;* son bonheur consiste dans l'accomplissement de cette volonté, et il a bien peu de puissance pour l'exécuter. C'est cette puissance qu'il appelle *liberté.* Il a donc bien peu de liberté. Il n'a surtout pas celle d'être *autrement*, et de faire que tout soit *autrement*. Il est soumis à toutes les lois de la nature, et spécialement à celles de sa propre nature. Il ne peut les changer, il ne peut qu'en tirer parti *en s'y conformant.*

Heureusement ou malheureusement, il est dans sa nature qu'il combine les perceptions de sa sensibilité, et les analyse assez pour les revêtir de signes très-détaillés, et qu'il se serve de ces signes pour multiplier ces perceptions et pour les exprimer. Il profite de cette possibilité pour communiquer avec ses semblables, et se réunir à eux pour augmenter sa *puissance* ou *sa liberté*, comme on voudra l'appeler.

Dans cet état de société, les hommes ont besoin de lois pour régler leur conduite les uns envers les autres. Ces lois ont besoin d'être conformes aux lois immuables de la nature humaine, et de n'en être que des conséquences ; sans quoi elles sont impuissantes, passagères, et n'engendrent que désordres. Mais les hommes ne savent pas cela d'abord. Ils n'ont pas encore assez observé leur nature intime pour connaître ces lois nécessaires. Ils n'imaginent que de se soumettre, sans réflexion comme sans réserve, à la fantaisie de tous ou à la fantaisie d'un seul qui s'est attiré leur aveugle confiance. C'est le temps de l'ignorance ou du règne de la force; c'est celui de la démocratie ou du despotisme. Dans ce temps, les hommes punissent pour se venger du tort qu'ils croient qu'on leur a fait. C'est la base de leur code criminel; il n'est que la suite de la défense naturelle. Pour le droit des gens, ou le droit de nation à nation, il est absolument nul.

Ensuite, les connaissances, les relations, les événemens se multiplient et se compliquent. On n'en voit ni la théorie ni l'enchaînement; mais on cherche, on fait des spéculations, des suppositions, on crée des systèmes hasardés, même des systèmes religieux. Des opinions s'accréditent. Il s'établit jusqu'à des puissances d'opinion. On tire parti de tout cela. On s'arrange, suivant les circonstances, sans jamais remonter aux principes. On procède par expédiens; et de là naissent différens ordres de choses, différens modes de sociétés, qui sont toujours des aristocraties d'un genre ou d'un autre, sous un ou sous plusieurs chefs, et dans lesquelles les opinions religieuses jouent toujours un grand rôle. C'est l'époque du demi-savoir ou de la puissance de l'opinion. Dans ce temps, à la vengeance humaine se joint l'idée de la vengeance divine ; et c'est là le fond du système des lois pénales. Dans ce temps aussi, il s'établit, entre les nations, quelques usages que l'on honore du nom de droit des gens, mais bien improprement.

Cette période dure long-temps. Elle existe encore pour presque toute la terre. Cependant, de loin en loin, la nature, c'est-à-dire, l'ordre éternel des choses dans ses rapports avec nous, a été observée. Quelques-unes de ses lois ont été reconnues. Les erreurs contraires ont été discutées. Si on ne sait pas encore toujours ce qui est, on sait déjà bien souvent ce qui n'est pas. Quelques peuples plus éclairés ou plus entreprenans que d'autres, ou excités par les circonstances, ont tenté de se conduire d'après ces découvertes, ont essayé, avec plus ou moins de succès, de se donner une manière d'être plus conforme à la nature, à la vérité, à la raison. Voilà l'aurore du règne de cette dernière. C'est le

.mal et non pas le méchant que l'on combat.
Si l'on punit, c'est uniquement pour empêcher le mal à venir. Tel est l'unique principe
des lois criminelles à cette troisième époque
qui ne fait que de commencer.

Les gouvernemens nés et à naître, sous
cette influence, peuvent être regardés comme
ayant pour principe moteur et conservateur
la raison.

Leur première loi est qu'ils sont faits pour
les gouvernés, et non pas les gouvernés pour
eux; que, par conséquent, ils ne peuvent exister qu'en vertu de la volonté de la majorité
de ces gouvernés; qu'ils doivent changer dès
que cette volonté change, et que néanmoins,
dans aucun temps, ils ne doivent retenir dans
leur territoire ceux qui veulent s'en éloigner.

Il suit de là qu'il ne peut s'y établir aucune hérédité de pouvoir, ni y exister aucune
classe d'hommes, qui soit favorisée ou opprimée aux dépens ou au profit d'une autre.

Leur seconde loi est qu'il ne doit jamais
y avoir dans la société une puissance telle
qu'on ne puisse pas la changer sans violence,
ni telle que, lorsqu'elle change, toute la
marche de la société change avec elle.

Cette loi défend de laisser la disposition de toutes les forces de la nation à un seul homme; elle empêche aussi de confier au même corps le soin de faire la constitution, et celui d'agir en conséquence. Elle conduit aussi à conserver soigneusement la séparation des pouvoirs exécutif, législatif, et conservateur ou juge des différens politiques.

La troisième loi d'un gouvernement raisonnable est d'avoir toujours pour but la conservation de l'indépendance de la nation et de la liberté de ses membres, et celle de la paix intérieure et extérieure.

Pour arriver à ce dernier but, il doit chercher à se donner une étendue de territoire suffisante, mais telle que la nation ne soit pas composée d'élémens trop divers, et telle qu'elle ait les limites qui peuvent le moins faire naître des contestations, et dont la défense exige le moins l'emploi des troupes de terre. Par les mêmes motifs, après avoir atteint ce but, on peut se lier avec des nations voisines par des liens fédératifs; et on doit toujours tendre à rapprocher, le plus possible, les relations des nations indépendantes entre elles, de l'état d'une fédération régulière. Car c'est là le point de perfection du droit des gens; ou, si l'on veut, celui où la violence cède tout-à-fait à la justice, et où ce qu'on appelle communément le droit des gens, commence seulement à mériter de s'appeler *droit*.

Il suit encore de cette loi que le gouvernement ne doit porter aucune atteinte à la sûreté des citoyens, ni à leur droit de manifester leurs sentimens sur toutes sortes de sujets, ni à celui de suivre leurs opinions en matière de religion.

Telles sont, à peu près, je pense, les lois fondamentales de tout gouvernement vraiment raisonnable; et celles-là sont les seules réellement fondamentales, en ce sens qu'elles seules sont immuables et doivent toujours subsister. Car toutes les autres peuvent et doivent être changées, quand les membres de la société le veulent, en observant toutefois les formes nécessaires. Aussi les lois dont nous parlons, ne sont pas proprement des lois positives. Ce sont des lois de notre nature, des déclarations de principes, des énoncés de vérités éternelles. Elles devraient se trouver à la tête de toutes nos constitutions, au lieu de ces déclarations de droits que l'on est dans

l'usage d'y mettre depuis quelque temps. Ce
n'est pas que je blâme cet usage. Je sais que
c'est un grand pas de fait dans l'art social. Je
sais qu'il fera époque à jamais dans l'histoire
des sociétés humaines (1). Je sais qu'il est
très-utile, puisqu'on n'ose pas le suivre quand
on donne à une nation une constitution vicieuse par les dispositions qu'elle renferme,
ou par la manière dont on l'établit. Mais
il n'en est pas moins vrai que cette précaution de faire précéder le code politique d'une
nation, de l'exposé des droits des citoyens,
est un effet du long oubli où l'on a laissé
ces droits. C'est une suite de la longue guerre

(1) La première déclaration des droits des hommes que l'on ait jamais proposée en Europe, a été
présentée à l'assemblée constituante française par la
général La Fayette, le 6 juillet 1789. Elle est, je
crois, la meilleure qui ait été faite ; car elle se réduit
à l'énoncé d'un petit nombre de principes qui sont
tous sains.

Il est remarquable que ce soit un homme, qui a
contribué puissamment à faire reconnaître les droits
des hommes dans notre hémisphère, qui les ait ensuite proclamés le premier dans l'ancien monde. A
cette époque, c'était une déclaration de guerre aux
oppresseurs.

qui a eu lieu partout entre les gouvernés et
les gouvernans. C'est une espèce de manifeste et de protestation contre l'oppression,
en cas qu'elle vînt à renaître. Sans ce motif,
il n'y aurait pas de raison pour que des
associés, se réunissant librement pour régler
le mode de leur association, commençassent
par faire l'énumération des droits qu'ils prétendent avoir (1), car ils les ont tous. Ils
peuvent faire tout ce qu'ils veulent. Ils n'ont
à rendre compte à personne, qu'à eux-mêmes, de leurs déterminations. Ce n'est donc
pas une déclaration de droits qui devrait précéder une constitution, mais plutôt une déclaration des principes sur lesquels elle doit
être fondée, et des vérités auxquelles elle
doit être conforme. Alors je pense que l'on
n'y mettrait guère que les deux ou trois lois
de la nature, dont nous venons de parler,
et qui sortent également de l'observation de

_____

(1) C'est ce même esprit de précaution timide qui a
fait ensuite imaginer d'ajouter à une déclaration des
droits, une déclaration des devoirs, comme si ce n'é-
tait pas la même chose de dire *j'ai ce droit* ou *respec-
tez en moi ce droit.* Cette répétition est une vraie
niaiserie.

l'homme et de celle de ses découvertes et de ses erreurs.

Quoi qu'il en soit, voilà le résumé succinct des vérités que nous avons extraites de l'examen des douze premiers livres de Montesquieu. Il renferme assez complétement tout ce qui concerne l'organisation de la société et la distribution de ses pouvoirs, et, par conséquent, toute la première et la plus importante partie de l'*Esprit des lois,* ou, si l'on veut, de l'esprit dans lequel doivent être faites les lois. C'est à ce point que j'ai voulu m'arrêter un moment. Notre auteur va maintenant nous faire parcourir une multitude de sujets divers, les impôts, le climat, la nature du sol, l'état des esprits et des habitudes, le commerce, la monnaie, la population, la religion, les révolutions successives de certaines lois civiles et politiques dans certains pays. Tout cela sera très-curieux à examiner avec lui; mais nous n'en pourrons juger qu'en nous rappelant ce que nous aurons reconnu des intérêts et des dispositions des différens gouvernemens, et du but auquel ils doivent ou devraient tendre tous. Ainsi c'est ce qui précède qui sert de mesure à ce qui suit, et qui nous guidera dans l'appréciation de tous ces rapports. On verra, j'ose le croire, que la manière dont nous avons considéré la société, son organisation et ses progrès, est un foyer de lumière, qui, jeté au milieu de tous ces objets, en fera diparaître un jour toutes les obscurités. Hâtons-nous de réaliser, du moins en partie, cette espérance.

CHAPITRE XIV.

Sur le Livre XIII. — Des rapports que la levée des tributs et la grandeur des revenus publics ont avec la liberté.

Montesquieu a abordé là un grand et magnifique sujet, qui, à lui seul, embrasse toutes les parties de la science sociale; mais j'ose dire qu'il ne l'a point traité. Il a bien vu cependant qu'il y a une énorme absurdité à croire que la grandeur des impôts est une chose bonne en elle-même, et qu'elle excite et favorise l'industrie. Il est singulier qu'il faille lui tenir compte de n'avoir pas professé une erreur si grossière : mais tant d'hommes, éclairés d'ailleurs, ont fait cette faute, tant d'écrivains de la secte des *économistes* ont prétendu que la consommation est une source de richesses, et que les causes de la *fortune publique* sont d'une nature toute différente de celles de la *fortune des particuliers*, que l'on doit savoir gré à notre auteur de ne s'être pas laissé séduire par leurs sophismes, et embarrasser par les subtilités de leur mauvaise métaphysique.

Quoiqu'il ne se soit pas donné la peine de les réfuter, ce qui pourtant aurait été utile, il dit nettement que les revenus de l'état sont une portion que chaque citoyen donne de son bien pour avoir la sûreté de l'autre ; qu'il faut que cette portion soit la plus petite possible ; qu'il ne s'agit pas d'enlever aux hommes tout ce à quoi ils peuvent renoncer, ou tout ce qu'on peut leur arracher, mais seulement ce qui est indispensable aux besoins de l'état ; et qu'enfin, si on use de toute la possibilité que les citoyens ont de faire des sacrifices, on doit au moins n'en pas exiger d'eux de tels qu'ils altèrent la reproduction au point qu'ils ne puissent plus se répéter annuellement. En effet, il faut qu'une société abuse étrangement de ses forces pour seulement demeurer stationnaire ; car il y a dans la nature humaine une prodigieuse capacité d'accroître rapidement ses jouissances et ses moyens, surtout quand elle est déjà arrivée à un certain degré de lumières.

Montesquieu remarque en outre que, plus il y a de liberté dans un pays, plus on peut

le charger d'impôts, et rendre sévères les
peines fiscales, soit parce que la liberté, laissant agir l'activité et l'industrie, augmente
les moyens, soit parce que, plus un gouvernement est aimé, plus il peut, sans risques
être exigeant. Mais il remarque aussi que
les gouvernemens de l'Europe ont énormé-
ment abusé de cet avantage, ainsi que de la
ressource dangereuse du crédit ; que presque
tous se livrent à des expédiens dont rougi-
rait le fils de famille le plus dérangé ; qu'ainsi
tous les gouvernemens modernes courent à
leur ruine prochaine, qu'accélère encore la
manie de tenir constamment sur pied des armées innombrables.

Tout cela est vrai, mais c'est, à peu près,
à quoi se réduit ce livre treizième. Or, ce
petit nombre de vérités sans développement,
entremêlées de quelques assertions douteuses
ou fausses, et de quelques déclamations vagues contre les traitans, ne fait pas assez connaître quel doit être l'esprit des lois relatives
à l'impôt. Cela ne suffit même pas pour remplir le titre du livre ; car il faut bien d'autres
données que celles-là, pour voir réellement
quelle est l'influence de la liberté politique sur

les besoins et les moyens de l'état, ou seulement quelle réaction ont sur cette même liberté la nature des tributs et la grandeur des revenus publics. Je vais donc risquer de présenter quelques idées que je crois utiles, et même nécessaires à la pleine intelligence du sujet.

1°. Je montrerai pourquoi et comment l'impôt est toujours un mal. Cela est d'autant plus à propos, que Montesquieu lui-même paraît avoir ignoré la meilleure partie des raisons qui motivent cette assertion, puisque, dans d'autres endroits de son ouvrage, il parle de l'excès de la consommation comme d'une chose utile et d'une source de richesses. (*Voyez le Livre septième.*)

2°. J'expliquerai quels sont les inconvéniens particuliers à chaque espèce d'impôt.

3°. Je tâcherai de faire voir sur qui tombe réellement et définitivement la perte résultante de chaque impôt.

4°. J'examinerai pourquoi les opinions ont été si divergentes principalement sur ce dernier point, et quels sont les préjugés qui ont masqué la vérité, quoiqu'elle pût se reconnaître à des signes certains.

Toutes les fois que la société, sous une

forme ou sous une autre, demande un sacrifice quelconque à quelques-uns de ses membres, c'est une masse de moyens qui est enlevée à des particuliers, et dont le gouvernement s'attribue la disposition. Pour juger de ce qui en résulte, il s'agit donc uniquement de savoir quel est l'usage que le gouvernement fait de ces moyens dont il s'empare; car, s'il les emploie d'une manière qu'on puisse dire *profitable*, il est manifeste que l'impôt est une cause d'accroissement dans la masse de la richesse nationale; si c'est le contraire, il faudra tirer une conclusion opposée.

Dans le chapitre septième, à propos du luxe, nous avons fait, sur la production et la consommation, des remarques qui vont nous donner la solution de cette question. Nous avons vu que le seul trésor des hommes est l'emploi de leurs forces, *le travail;* que *tout le bien des sociétés humaines est dans la bonne application du travail, tout le mal dans sa déperdition;* que le seul travail qui produise l'accroissement du bien-être, est celui qui produit des richesses supérieures à celles que consomment ceux qui s'y livrent; et qu'au contraire tout travail qui ne produit rien,

est une cause d'appauvrissement, puisque tout
ce que consomment ceux qui l'exécutent, était
le résultat de travaux productifs antérieurs,
et est perdu sans remplacement. D'après
ces données, voyons quelle idée nous devons
nous faire des dépenses des gouvernemens.

D'abord, et c'est la presque totalité des
dépenses publiques, tout ce qui est employé
à payer les soldats, matelots, juges, admi-
nistrateurs, prêtres et ministres, et surtout
à alimenter le luxe des possesseurs et des
favoris du pouvoir, est absolument perdu ;
car aucun de ces gens-là ne produit rien qui
remplace ce qu'il consomme.

Ensuite il y a, à la vérité, dans tous les
états, quelques sommes consacrées à provoquer et à récompenser les succès dans les
arts, dans les sciences et dans différens
genres d'industrie ; et celles-là on peut les
considérer comme servant indirectement à
augmenter la richesse publique. Mais, en
général, elles sont faibles ; et de plus, il est
douteux si, le plus souvent, elles n'auraient pas
encore mieux produit l'effet désiré, étant
laissées à la disposition des consommateurs
et des amateurs, qui ont un intérêt plus

direct au succès, et en sont, en général, les meilleurs juges.

Enfin, il n'y a point de gouvernement qui n'emploie des fonds, plus ou moins considérables, à faire construire des ponts, des chaussées, des canaux et autres ouvrages qui augmentent le produit des terres, facilitent la circulation des denrées et accélèrent le développement de l'industrie. Il est certain que les dépenses de ce genre accroissent directement la richesse nationale, et sont réellement productives. Néanmoins, on peut dire encore que, si, comme il arrive fréquemment, le gouvernement qui a payé ces constructions, en profite pour établir des péages ou autres impositions qui, outre les frais de l'entretien, lui produisent l'intérêt de ses avances, il n'a rien fait que ce que des particuliers auraient pu faire aux mêmes conditions, avec les mêmes fonds, si on les leur avait laissés ; et il faut même ajouter que ces particuliers auraient, presque toujours, atteint le même but à moins de frais.

De tout cela il résulte que la presque totalité des dépenses publiques, doit être rangée dans la classe des dépenses justement nom-

mées *stériles et improductives*, et que, par
conséquent, tout ce qu'on paie à l'état, soit
à titre d'impôts, soit à titre d'emprunts, est
un résultat de travaux productifs antérieurement faits, qui doit être regardé comme
presque entièrement consumé et anéanti, le
jour où il entre dans le trésor national. Cela
ne veut pas dire au reste que ce sacrifice ne
soit pas nécessaire et même indispensable.
Sans doute on doit le faire, puisqu'il faut
bien être défendu, gouverné, jugé, admi-
nistré; sans doute il faut que chaque citoyen,
sur le produit de son travail actuel ou sur
les revenus de ses capitaux, qui sont le produit d'un travail plus ancien, prélève ce qui
est nécessaire à l'état, comme il faut qu'il
entretienne sa maison pour y loger en sûreté :
mais il faut qu'il sache que c'est un sacrifice,
que ce qu'il donne est incessamment perdu
pour la richesse publique comme pour la
sienne propre, qu'en un mot c'est une dépense et non pas un placement : enfin il
faut que personne ne soit assez aveuglé pour
croire que des frais quelconques sont une
cause directe d'augmentation de fortune, et
que chacun sache bien que, pour les sociétés

politiques comme pour toutes les autres, une régie dispendieuse est ruineuse, et que la plus économique est la meilleure.

Je crois qu'on ne peut nier cette conclusion, et qu'il demeure bien constant que les sommes absorbées par les dépenses de l'état, sont une cause continuelle d'appauvrissement; et que, par conséquent, la grandeur des revenus nécessaires pour faire face à ces dépenses, est un mal sous le rapport économique. Mais, s'il est visible que la grandeur de ces revenus est nuisible à la richesse nationale, il n'est pas moins manifeste qu'elle est encore plus funeste à la liberté politique, parce qu'elle met dans les mains des gouvernans de grands moyens de corruption et d'oppression. Ce n'est donc pas, on ne saurait trop le redire, parce que les Anglais paient de grands subsides, qu'ils sont libres et riches; mais c'est parce qu'ils sont libres, jusqu'à un certain point, qu'ils sont riches, et c'est parce qu'ils sont riches qu'ils peuvent payer de grands subsides; c'est parce qu'ils ne sont pas assez libres qu'ils en paient d'énormes; et c'est parce qu'ils en paient d'énormes, qu'ils ne seront bientôt plus ni libres ni riches.

Après avoir ainsi reconnu l'effet général des impôts, si nous voulons nous rendre compte des effets particuliers de chacun d'eux, il faut entrer dans quelques détails que notre auteur a négligés. Tous les impôts imaginables, et je crois qu'il n'en est plus que les très-gracieux souverains de l'Europe n'aient imaginés, peuvent se partager en six espèces principales (1), savoir : 1°. l'impôt sur les terres, tel que la taille réelle, les vingtièmes, la contribution foncière en France, et le *land-tax* en Angleterre ; 2°. celui sur les loyers des maisons ; 3°. celui sur les rentes dues par l'état ; 4°. celui sur les personnes comme capitation, contribution somptuaire et mobiliaire, droit de patente, jurandes, maîtrises, etc. ; 5°. celui sur les actes civils et sur certaines transactions sociales, comme droits de timbre et d'enregistrement, de lods et ventes, de centième denier, d'amortissement et autres, auxquels il faut joindre l'impôt annuel qu'on voudrait mettre sur les rentes constituées à un particulier par un autre,

_____

(1) C'est, suivant moi, la meilleure manière de les classer pour se bien rendre compte de leurs effets.

car on n'a d'autre moyen de connaître ces rentes que les dépôts publics qui conservent les actes qui les établissent ; 6°. et enfin celui sur les marchandises, soit par monopole et vente exclusive ou même forcée, comme autrefois le sel et le tabac en France, soit au moment de la production comme des droits sur les marais salans et sur les mines, comme une partie de ceux sur les vins en France, et de ceux sur les brasseries en Angleterre, soit au moment de la consommation, soit dans le trajet depuis le producteur jusqu'au consommateur, comme les douanes, tant intérieures qu'extérieures, les taxes sur les routes, les ports, les canaux et aux portes des villes, etc. Chacun de ces impôts a une ou plusieurs manières, qui lui sont propres, de blesser la justice distributive et par conséquent la liberté, ou de nuire à la prospérité publique.

Au premier coup d'œil, on voit que l'impôt sur les terres a l'inconvénient d'être très-difficile à répartir avec justice, et de faire mépriser la possession de toutes les terres dont la location ne surpasse pas la taxe, ou la surpasse de trop peu pour déterminer à courir les risques inévitables, et à faire les avances nécessaires.

L'impôt sur le revenu des maisons louées a le défaut de diminuer le produit des spéculations, de bâtisse, et par là de dégoûter de bâtir pour louer, en sorte que chaque citoyen est obligé de se contenter d'habitations moins saines et moins commodes que celles qu'il aurait eues pour le même loyer (1).

(1) Je ne fais pas valoir contre cet impôt l'opinion avancée par quelques économistes français, que le revenu des maisons ne doit pas être imposé, ou du moins ne doit l'être qu'à raison du produit net que donnerait par la culture le terrain que ces maisons occupent, tout le reste n'étant que l'intérêt du capital employé à bâtir, lequel, suivant eux, n'est pas imposable.

Cette opinion est une conséquence de celle que le travail de la culture est le seul travail productif, et que le revenu des terres est le seul imposable, parce qu'il y a dans le produit de la terre une portion qui est purement gratuite et entièrement due à la nature, laquelle portion, suivant ces auteurs, est le seul fonds légitime et raisonnable de l'impôt.

J'espère faire voir bientôt que tout cela est faux; ainsi, je ne saurais m'en prévaloir ni contre cet impôt, ni contre tous ceux qui suivent, et qui sont tous également réprouvés dans ce système.

L'impôt sur les rentes dues par l'état est une vraie banqueroute, si on l'établit sur des rentes déjà créées, puisque c'est une diminution de l'intérêt promis pour un capital reçu ; et il est illusoire, si on le place sur des rentes au moment de leur création : car il eût été plus simple d'offrir un intérêt moins fort de toute la quotité de l'impôt, au lieu de promettre plus et d'en retenir une partie, ce qui aurait produit le même résultat.

L'impôt sur les personnes donne lieu à des perquisitions très-désagréables pour parvenir à le graduer suivant la fortune de chacun, et ne peut jamais reposer que sur des bases très-arbitraires et des connaissances très-imparfaites, tant lorsqu'on prétend l'asseoir sur des richesses acquises, que lorsqu'on veut le faire porter sur les moyens d'en acquérir. Dans ce dernier cas, c'est-à-dire, lorsqu'il est motivé sur la suppression d'une industrie quelconque, il décourage cette industrie, et oblige à la renchérir ou à l'abandonner.

L'impôt sur les actes, et, en général, sur les transactions sociales, gêne la circulation des biens fonds, et diminue leur valeur vénale en rendant leur translation très-coûteuse, augmente les frais de justice, au point que le pauvre n'ose plus défendre ses droits, fait que toutes les affaires deviennent épineuses et difficiles, occasione des recherches in-quisitoriales et des vexations de la part des agens du fisc, et oblige à faire dans les actes des réticences, ou même à y mettre des clauses et des évaluations illusoires qui ou-vrent la porte à beaucoup d'iniquités, et de-viennent la source d'une foule de contesta-tions et de malheurs.

A l'égard des impôts sur les marchandises, leurs inconvéniens sont encore plus nombreux et plus compliqués, mais ne sont pas moins fâcheux ni moins certains.

Le monopole, ou la vente exclusivement faite par l'état, est odieux, tyrannique, con-traire au droit naturel qu'a chacun d'acheter et de vendre comme il lui plaît, et nécessite une multitude de mesures violentes. C'est encore bien pis quand cette vente est forcée, c'est-à-dire, quand on oblige le particulier, comme cela est arrivé quelquefois, à acheter ce dont il n'a pas besoin, sous prétexte qu'il ne peut s'en passer, et que, s'il n'achète pas, c'est qu'il est approvisionné en contrebande.

L'impôt prélevé au moment de la production nécessite évidemment, de la part du producteur, une avance de fonds qui, étant long-temps sans lui rentrer, diminue beaucoup ses moyens de produire.

Il n'est pas moins clair que les impôts exigés, soit au moment de la consommation, soit pendant le transport, gênent ou détruisent toujours quelque branche d'industrie ou de commerce, rendent rares et coûteuses des denrées nécessaires ou utiles, troublent toutes les jouissances, dérangent le cours naturel des choses, et établissent, entre les différens besoins et les moyens d'y pourvoir, des proportions et des rapports qui n'existeraient pas sans ces perturbations, qui sont nécessairement variables, et qui rendent incessamment précaires les spéculations et les ressources des citoyens.

Enfin, tous ces impôts sur les marchandises, quels qu'il soient, nécessitent une infinité de précautions et de formalités gênantes. Ils donnent lieu à une multitude de difficultés ruineuses. Ils sont nécessairement très-sujets à l'arbitraire. Ils obligent à ériger en crimes des actions indifférentes en elles-mêmes, et à sévir par des punitions souvent cruelles. Leur perception est très-dispendieuse, et elle nécessite l'existence d'une armée d'employés et d'une armée de fraudeurs, tous hommes perdus pour la société, qui y entretiennent continuellement une véritable guerre civile, avec toutes les funestes conséquences économiques et morales qu'elle entraîne.

Quand on examine avec attention chacune de ces critiques des différens impôts, on reconnaît que toutes sont fondées. Ainsi, après avoir fait voir que tout impôt est un sacrifice, et que son produit est toujours employé d'une manière improductive et souvent funeste, nous nous trouvons avoir montré que chaque impôt a, en outre, une manière qui lui est propre de nuire à la liberté des citoyens et à la prospérité de la société. C'est déjà beaucoup. Cependant ce ne sont encore là que des aperçus généraux. Ils prouvent bien que l'impôt est funeste et qu'il nuit même de plusieurs manières différentes; mais on ne voit pas encore nettement sur qui tombe précisément la perte qui en résulte, et qui la supporte réellement et définitivement. Cette dernière question est celle qui fait entrer

le plus avant dans le fond du sujet. Elle est
très-curieuse à éclaircir, et très-importante
par les nombreuses conséquences qu'on peut
tirer de sa solution. Examinons-la donc sans
adopter aucun système, et en nous tenant
scrupuleusement à l'observation des faits.

Pour l'impôt sur les terres, il est évident
que c'est celui qui possède la terre au moment
où l'on établit la taxe, qui la paie réellement,
sans pouvoir la rejeter sur personne. Car
elle ne lui donne pas le moyen d'augmenter
ses produits, puisqu'elle n'ajoute rien ni à
la demande de la denrée, ni à la fertilité de
la terre, et elle ne le met pas à même de
diminuer ses frais, puisqu'elle ne change ni
le sort de ceux qu'il emploie et qu'il paie,
ni son habileté dans la manière de les employer. Tout le monde convient de cette
vérité. Mais ce que l'on n'a pas assez remarqué, c'est que ce propriétaire doit être
considéré, moins comme étant privé d'une
portion de son revenu annuel, que comme
ayant perdu la portion de son capital qui
produisait cette portion de revenu au taux
courant de l'intérêt actuel. La preuve en est
que, si une terre de cinq mille francs de

revenu net, vaut cent mille francs, le lendemain du jour où on l'aura chargée d'un impôt perpétuel du cinquième, on n'en trouvera, toutes choses égales d'ailleurs, que quatre-vingt mille francs, si on la met en vente; et elle ne sera de même comptée que pour quatre-vingt mille francs dans l'actif d'une succession qui contiendra d'autres valeurs qui n'auront point changé. En effet, quand l'état a déclaré qu'il prend à perpétuité le cinquième des revenus de la terre, c'est comme s'il s'était déclaré propriétaire du cinquième du fonds, car nulle propriété ne vaut que par l'utilité qu'on en peut retirer. Cela est si vrai que, quand, en conséquence du nouvel impôt, l'état ouvre un emprunt aux intérêts duquel est affecté le revenu dont il s'est emparé, l'opération est consommée; il a réellement touché le capital qu'il s'est approprié, et il l'a mangé tout d'un coup, au lieu d'en dépenser annuellement le revenu. C'est comme quand M. Pitt s'est fait livrer tout d'un coup par les propriétaires le capital de l'impôt territorial dont ils étaient chargés. Ils se sont trouvés libérés, et lui a mangé son fonds.

Il suit de là que, quand toutes les terres ont changé de main depuis l'établissement de l'impôt, il n'est plus réellement payé par personne. Les acquéreurs n'ayant acquis que ce qui restait, ils n'ont rien perdu : les héritiers n'ayant recueilli que ce qu'ils ont trouvé, le surplus est pour eux comme si leur prédécesseur l'avait dépensé ou perdu, comme effectivement il l'a perdu.

Il suit de là encore que, quand l'état renonce, en tout ou en partie, à un impôt territorial anciennement établi à perpétuité, il fait purement et simplement présent aux propriétaires actuels, du capital du revenu qu'il cesse de percevoir. C'est, à leur égard, un don absolument gratuit, auquel ils n'ont pas plus de droit que tout autre citoyen; car aucun d'eux n'avait compté sur ce capital dans les transactions par lesquelles il est devenu propriétaire.

Il n'en serait pas absolument de même, si l'impôt n'avait été établi originairement que pour un nombre d'années déterminé. Alors il n'y aurait eu réellement d'enlevé au propriétaire que la portion du capital correspondant à ce nombre d'annuités. Aussi l'état n'aurait-il pu emprunter que cette valeur aux prêteurs à qui il aurait donné l'impôt en paiement, et les terres n'auraient été considérées dans les transactions que comme détériorées de cette quantité. Dans ce cas, quand l'impôt cesse; comme quand les coupons de l'emprunt qui y correspond sont épuisés, c'est, de part et d'autre, une dette qui s'éteint. Du reste le principe est le même que dans le cas de l'impôt et de la rente perpétuels.

Il est donc toujours vrai que, quand on met un impôt sur les terres, on enlève à l'instant à ceux qui les possèdent actuellement une valeur égale au capital de cet impôt, et que, quand elles ont toutes changé de propriétaires depuis qu'il est établi, il n'est plus réellement payé par personne. Cette observation est singulière et importante.

Il en est absolument de même de l'impôt sur le revenu des maisons. Ceux qui les possèdent au moment où on l'établit, supportent la perte en entier, car ils n'ont aucun moyen de s'en dédommager; mais ceux qui les achètent ensuite ne les paient qu'en conséquence des charges dont elles sont grevées; ceux qui en héritent ne les comptent de même

que pour la valeur qui leur reste ; et, quant à
ceux qui en bâtissent postérieurement, ils
font leur calcul d'après les choses, telles
qu'elles sont établies. S'il ne restait plus assez
de marge pour que la spéculation fût utile,
ils ne la feraient pas, jusqu'à ce que, par
l'effet de la rareté, les loyers fussent aug-
mentés : comme au contraire, si elle était
encore trop avantageuse, on y mettrait bientôt assez de fonds pour que cet emploi ne fût
plus préférable à tout autre. Concluons encore que les propriétaires sur qui tombe
l'impôt, en perdent en entier le capital ; et
que, quand tous sont morts ou expropriés,
l'impôt n'est plus payé que par des gens qui
n'ont plus à s'en plaindre.

On en peut dire tout autant de l'impôt
qu'un gouvernement se permet quelquefois
de mettre sur des rentes qu'il doit pour des
capitaux fournis antérieurement. Certainement le malheureux créancier à qui on fait
cette retenue en souffre tout le dommage,
ne pouvant le rejeter sur personne ; mais de
plus il perd le capital de la retenue ordonnée.
La preuve en est que, s'il vend sa rente, il
en trouve d'autant moins qu'elle est plus

grevée, si d'ailleurs le taux général de l'intérêt de l'argent n'a pas varié. D'où il suit
que les possesseurs subséquens de cette même
rente ne paient plus rien ; car ils l'ont reçue
en cet état et pour la valeur qui lui reste, en
vertu d'acquisitions faites librement ou de
successions acceptées volontairement.

L'effet de l'impôt sur les personnes n'est
déjà plus le même. Il faut distinguer entre
celui qui est censé porter sur les richesses
acquises, et celui qui a pour motif des moyens
d'en acquérir, c'est-à-dire, une industrie
quelconque. Dans le premier cas, c'est bien
toujours la personne imposée qui supporte
la perte qui en résulte ; car elle ne peut la
rejeter sur aucune autre : mais, comme pour
chacun la taxe cesse avec sa vie, et que tout
le monde y est soumis successivement à proportion de sa fortune présumée, le premier
imposé ne perd que les redevances qu'il paie,
et non pas le capital, et ne libère pas ceux
qui viennent après lui. Ainsi, à quelque
époque que l'impôt cesse, ce n'est pas un
pur gain que font ceux qui y sont soumis,
c'est une charge pesant réellement sur eux,
qui cesse de se prolonger.

A l'égard de l'impôt personnel, qui a pour motif une industrie quelconque, il est également vrai que celui qui le paie le premier n'en perd pas le capital, et ne libère pas ceux qui y seront soumis après lui : mais il donne lieu à des considérations d'un autre genre. L'homme qui exerce une industrie au moment où elle vient à être grevée par un nouvel impôt personnel, tel que l'établissement ou l'accroissement des droits de patentes, de maîtrises, de jurandes ou autres semblables; cet homme, dis-je, n'a que deux partis à prendre, ou de renoncer à son état, ou de payer ledit impôt et de supporter la perte qui en résulte, si, malgré cela, il voit qu'il y ait encore des bénéfices à faire dans sa profession. Dans le premier cas, il souffre certainement, mais il ne paie pas l'impôt : ainsi je ne m'en occuperai pas actuellement. Dans le second, c'est lui assurément qui paie l'imposition, puisque, n'augmentant pas la demande et ne diminuant pas les frais, elle ne lui donne aucun moyen immédiat d'accroître sa recette ou d'atténuer ses dépenses. Mais on ne met jamais, tout d'un coup, un impôt assez lourd pour que tous les hommes d'un même

état soient inévitablement obligés de le quitter ; car, toutes les professions industrielles
étant nécessaires à la société, l'extinction absolue d'une seule produirait un désordre général. Ainsi, lors de l'établissement d'un
impôt de l'espèce de ceux dont nous parlons,
il n'y a que les hommes ;qui sont déjà assez
riches pour ne plus se soucier d'un bénéfice
qui est diminué, ou ceux qui exerceraient
leur profession avec assez peu de succès pour
qu'il ne leur reste plus de profit après l'impôt
payé, qui renoncent à leur état; les autres
le continuent, et ceux-là, comme nous l'avons
dit, paient réellement l'impôt ; au moins
jusqu'à ce que, débarrassés de la concurrence
de beaucoup de leurs confrères, ils puissent
se prévaloir de cette circonstance, pour se
faire payer par les consommateurs plus cher
qu'ils ne faisaient auparavant.

Voilà pour ceux qui exerçaient la profession au moment de l'établissement de l'impôt.
Quant à ceux qui l'embrassent après qu'il est
établi, le cas est différent : ils trouvent la loi
faite. On peut dire qu'ils s'engagent à cette
condition. L'impôt est pour eux au nombre
des frais qu'exige la profession, comme l'obli-

gation de louer tel emplacement ou d'acheter
tel outil. Ils ne prennent cette profession que
parce qu'ils calculent que, malgré ces frais,
c'est encore le meilleur emploi qu'ils puissent
faire de la portion des capitaux et de l'industrie qu'ils possèdent. Ainsi ils avancent
bien l'impôt, mais cet impôt ne leur enlève
réellement rien. Ceux à qui il fait un tort
réel, sont les consommateurs qui, sans cette
charge, leur auraient fait, avec moins de dépense, le sort dont ils se contentent, et qui
était le meilleur qu'ils fussent à portée de se
procurer dans l'état actuel de la société. Il
suit de là que, si on ôte l'impôt, ces hommes
font réellement un profit sur lequel ils n'ont
pas compté. Ils se trouvent transportés gra-
tuitement et fortuitement dans une classe de
la société plus favorisée de la fortune que
celle où ils étaient placés, tandis que, pour
ceux qui étaient en exercice antérieurement
à l'impôt, ce n'est qu'un retour à leur premier état. On voit que l'impôt personnel,
basé sur l'industrie, a des effets bien divers;
mais son effet général est de diminuer les
jouissances des consommateurs, puisque leurs
fournisseurs ne leur donnent pas des mar-

chandises pour la partie de leur argent qui
passe au trésor public. Je ne puis entrer dans
plus de détails : mais on ne saurait trop s'habituer à juger ces différens ricochets de l'impôt,
et à les suivre par la pensée dans toutes leurs
modifications. Passons à l'impôt sur les papiers, les actes, les registres et autres mo-
numens des transactions sociales.

Celui-là exige encore une distinction. La
portion de cet impôt qui tourne en accroissement des frais de justice, et qui en fait
partie, est certainement payée par les plai-
deurs sur qui les jugemens font tomber ces
frais, et il est difficile de dire à quelle classe
de la société il est le plus nuisible. Cependant il est aisé de voir qu'il grève particu-
lièrement le genre de propriété qui est le plus
sujet à contestation. Or, comme ce sont les
biens-fonds, l'établissement d'un tel impôt diminue certainement leur valeur vénale. D'où
il suit que ceux qui les ont achetés depuis que
l'impôt existe, en sont un peu dédommagés
d'avance par le moindre prix de leur acquisition, et que ceux qui les possédaient
auparavant supportent la perte toute entière,
s'ils plaident, et supportent même une perte

sans plaider et sans payer l'impôt, puisque
la valeur de leur propriété est diminuée.
Par conséquent, si l'impôt cesse, ce n'est
que restitution pour ces derniers, et il y a
une portion de gain gratuit pour les autres ;
car ils se trouvent dans une meilleure position
que celle sur laquelle ils avaient compté,
et d'après laquelle ils avaient fait leurs
spéculations.

Tout cela est encore plus vrai, et est vrai,
sans restriction, de la portion de l'impôt sur
les transactions qui regardent les achats et
les ventes, comme des lods et ventes, centième denier et autres. Le capital de cette
portion de l'impôt est totalement payé par
celui qui possède le bien au moment où il
est ainsi grevé. Car celui qui le lui achète
postérieurement ne le lui achète qu'en conséquence, et ne paie réellement rien. Tout
ce que l'on peut dire, c'est que, si cet
impôt sur les actes de vente de certains biens
est accompagné d'autres impôts sur d'autres
actes qui grèvent d'autres genres de propriétés, d'autres emplois de capitaux, il
arrive que ces biens ne sont pas les seuls qui
soient détériorés, et que par-là une partie de

leur perte est prévenue par celle des autres.
Ainsi, si toutes ces pertes pouvaient se balancer exactement, la perte totale résultante
de l'impôt serait exactement et très-propor-
tionnellement distribuée. C'est tout ce qu'on
peut demander ; car il faut bien qu'elle existe,
puisque l'impôt est toujours une somme de
moyens arrachée aux gouvernés, pour être
mise à la disposition des gouvernans.

L'impôt sur les marchandises a encore des
effets plus compliqués et plus variés. Pour
les bien démêler, observons d'abord que
toute marchandise, au moment où elle est
livrée à celui qui doit la consommer, a un
prix naturel et nécessaire. Ce prix est composé de la valeur de tout ce qui a été nécessaire à la subsistance de ceux qui ont produit,
fabriqué et voituré cette marchandise, pendant le temps qu'ils y ont employé. Je dis
que ce prix est naturel, parce qu'il est fondé
sur la nature des choses, indépendamment
de toute convention, et qu'il est nécessaire,
parce que, si les gens qui font un travail
quelconque, n'en retirent pas leur subsistance,
ils l'abandonnent ou se livrent à d'autres
occupations, et ce travail n'est plus exécuté.

Mais ce prix naturel et nécessaire n'a presque rien de commun avec le prix vénal ou conventionnel de la marchandise, c'est-à-dire, avec le prix auquel elle est fixée par l'effet d'une vente libre de part et d'autre. Car une chose peut avoir coûté très-peu de peines, ou, si elle a exigé beaucoup de peines et de soins, elle peut avoir été trouvée ou volée par celui qui la met en vente ; ainsi il peut la donner à très-bon marché sans y perdre : mais elle peut en même temps lui être si utile, qu'il ne veuille s'en défaire que pour un très-grand prix ; et, si beaucoup de gens la désirent, il en trouvera ce prix et fera un gain énorme. Au contraire, il se peut qu'une chose ait coûté au vendeur des peines infinies, que non-seulement elle ne lui soit pas nécessaire, mais même qu'il ait un besoin pressant de s'en défaire, et que pourtant personne n'ait envie de l'acheter. Dans ce cas, il sera obligé de la donner presque pour rien, et il fera une très-grande perte. Le prix naturel est donc composé des sacrifices antérieurs faits par le vendeur, et le prix conventionnel est fixé par l'offre des acheteurs. Ces deux choses en elles-mêmes

sont étrangères l'une à l'autre. Seulement,
quand le prix conventionnel d'un travail est
constamment au-dessous de son prix naturel
et nécessaire, on cesse de s'y livrer. Alors
le résultat de ce travail devenant plus rare,
on fait plus de sacrifices pour se le procurer,
s'il est toujours désiré; et ainsi, pour peu
qu'il soit réellement utile, le prix conventionnel ou vénal remonte au niveau du prix
que la nature a attaché à ce travail, et qui
est nécessaire pour qu'il continue à être exécuté. C'est de cette manière que se forment
tous les prix dans l'état de société.

Ansi donc ceux qui ne savent faire qu'un
travail dont le prix conventionnel est inférieur à la valeur naturelle, se ruinent ou
renoncent à leur état : ceux qui exécutent
un travail, ou, en d'autres termes, exercent
une industrie quelconque dont le prix conventionnel est strictement égal à la valeur
naturelle, c'est-à-dire, ceux dont les profits
balancent, à peu près, les besoins urgens,
végétent et subsistent misérablement; ceux
enfin qui possèdent un talent dont le prix
conventionnel est supérieur au nécessaire
absolu, jouissent, prospèrent, et par suite

multiplient : car la fécondité de toute race
vivante, même parmi les végétaux, est telle
qu'il n'y a que le défaut d'alimens pour les
germes éclos, qui arrête l'accroissement du
nombre des individus. C'est là la cause de
l'état rétrograde, stationnaire, ou progressif,
de la population dans la race humaine. Les
fléaux passagers, tels que les famines et les
pestes, y font peu. Travail improductif ou
productif à un degré insuffisant, c'est-à-dire,
luxe (dans lequel il faut comprendre la
guerre); et maladresse (par laquelle il faut
entendre l'ignorance de tout genre) : voilà
le poison qui infecte profondément les sources de la vie; et qui tue constamment la reproduction. Cette vérité confirme celles que
nous avons établies au septième chapitre, ou
plutôt elle leur est identique. La dépopulation
des pays sauvages et la faible population des
pays civilisés, où une énorme inégalité des
fortunes a introduit un grand luxe d'un côté
et, par suite, une grande misère de l'autre,
en sont des preuves continuelles et irrécu-
sables.

Maintenant il est aisé de voir que l'impôt
sur les marchandises affecte très-diversement

les prix, et a différentes limites, suivant la manière dont il est levé, et suivant la nature des denrées sur lesquelles il porte. Par exemple, dans le cas du monopole ou de la vente exclusive faite par l'état, il est clair que l'impôt est payé directement, immédiatement et sans ressource, par le consommateur, et qu'il a la plus grande extension dont il soit susceptible. Mais cette vente, fût-elle forcée, ne peut encore, ni pour le prix ni pour la quantité, surpasser un certain terme qui est celui de la possibilité de la payer. Elle s'arrête alors qu'il serait inutile de l'exiger, ou qu'il en coûterait plus qu'elle ne rapporterait. C'est le point où était la gabelle en France, et c'est le maximum de l'exaction.

Si la vente exclusive n'est pas forcée, elle varie suivant la nature de la marchandise. S'il s'agit d'une denrée qui ne soit pas nécessaire, à mesure que le prix monte, la consommation diminue ; car il n'y a qu'une certaine somme de moyens dans toute la société, qui soit destinée à procurer un certain genre de jouissances. Il peut même arriver qu'en élevant peu le prix, le profit diminue

beaucoup, parce que beaucoup de gens renoncent tout-à-fait à ce genre de jouissance,
ou même parviennent à le remplacer par un
autre. Toutefois, l'impôt est toujours payé
effectivement par ceux qui s'obstinent à consommer.

Si, au contraire, la vente faite exclusivement par l'état, mais de gré à gré, porte sur
une marchandise de première nécessité, elle
équivaut à la vente forcée. Car la consommation diminue bien à mesure que le prix
s'élève ; mais, comme enfin elle est nécessaire,
elle s'élève toujours autant que le moyen de
la payer, et elle est payée par ceux qui consomment.

Si de ces remèdes *héroïques*, employés par
les gouvernemens pour purger les sujets de
leurs richesses surabondantes, nous passons
à des minoratifs plus doux, nous leur trouverons des effets analogues avec un moindre
degré d'énergie. Le plus efficace de ceux-ci
est l'impôt mis sur une marchandise au moment de sa production ; car aucune partie
n'en échappe, pas même celle consommée
par le producteur lui-même, ni même celle
qui pourrait s'avarier ou se perdre en maga-

sin avant d'être employée. Tel est l'impôt sur le sel levé dans le marais salant, celui sur le vin, à l'instant de la récolte ou avant la première vente, et celui sur la bière dans la brasserie. On peut encore ranger dans la même classe l'impôt sur le sucre ou le café, ou telles autres denrées, exigé au moment où elles arrivent du pays qui les produit; car ce n'est que de ce moment qu'elles existent pour le pays qui ne peut pas les produire et qui doit les consommer.

Cet impôt levé au moment de la production, s'il est établi sur une marchandise peu nécessaire, est aussi limité que le goût que l'on a pour elle. Aussi, quand on a voulu tirer grand parti du tabac en faveur du roi de France, on s'est étudié à en donner le besoin au peuple. Car la société est bien instituée pour satisfaire plus aisément les besoins que nous a donnés la nature, et auxquels nous ne pouvons nous soustraire; mais les gouvernemens, constitués dans la vue des intérêts des gouvernans, semblent se destiner à nous créer des besoins, pour nous en refuser une partie, et nous faire payer l'autre. Ce sont des fabriques de privations

au lieu de jouissances. Je ne connais pas
d'industrie qui ait plus besoin d'être sur-
veillée que celle-là, et c'est elle qui prétend
surveiller les autres.

Lorsque ce même impôt, au moment de la
production, est établi sur une denrée plus
nécessaire, il est susceptible d'une plus grande
extension. Cependant ; si la production de
cette denrée coûte beaucoup de peines et de
frais, l'extension de l'impôt est encore arrêtée
assez promptement, non plus par le manque
du désir de se procurer la denrée, mais par
l'impossibilité de la payer; car il faut toujours qu'il arrive aux producteurs une assez
grande portion du prix pour qu'ils puissent
ne pas périr : alors il en reste moins pour
l'état.

Mais où l'impôt déploie toute sa force,
c'est quand la denrée est bien nécessaire et
qu'elle coûte bien peu, comme, par exemple,
le sel. Là, tout est profit jusqu'au dernier écu
des consommateurs. Aussi le sel s'est-il toujours attiré une attention particulière de la
part des grands ministres et des grands princes.
Les mines très-riches font encore le même
effet jusqu'à un certain point. Mais, en général,

les gouvernemens s'en sont emparés (1), ce qui simplifie l'opération et équivaut au procédé de la vente exclusive. L'air et l'eau, si on avait pu s'en rendre maître, auraient encore été l'objet de spéculations très-fructueuses, ou du moins de prélèvemens très-forts; mais la nature les a trop disséminés (2). Je ne doute pas qu'en Arabie un

(1) C'est pour elles que de savans publicistes ont établi la maxime délicate, que, quand un particulier prend possession d'un champ par droit de premier occupant ou par une acquisition légale, il n'acquiert la propriété du terrain que jusqu'à une certaine profondeur. Il résulte de ce lumineux principe que le dessous du sol appartient au prince toutes les fois qu'il vaut mieux que la superficie.

(1) Montesquieu fait l'honneur à l'empereur Anastase de le citer, pour avoir eu l'heureuse idée de mettre un impôt sur l'air qu'on respire, *pro haustu aëris.* Mais il ne faut pas trop flatter cet habile politique. Il paraît qu'il n'a pas réussi, plus qu'un autre, à se rendre effectivement maître de cette marchandise, que l'air figure ici plutôt comme motif, que comme moyen, et qu'il faut prendre *pro haustu aëris* dans un sens métaphorique, *pour le bonheur de respirer et de vivre sous l'empire de ce grand prince.* Cela ne saurait, en effet, se trop payer, et c'est l'objet que remplit la capitation.

gouvernement *régulier* ne tirât un bon parti de l'eau, et tel que personne n'y boirait sans sa permission. Quant à l'air, l'impôt sur les fenêtres, est un moyen assez ingénieux de *l'utiliser*, comme on dit.

Le vin n'est point ainsi un présent gratuit de la nature. Il coûte beaucoup de peines, de soins et de frais; et, malgré le besoin et le vif désir que l'on a de s'en procurer, on serait étonné qu'il pût supporter les énormes charges dont il est grevé en France, au moment de sa production, si l'on ne faisait pas attention qu'une partie de ce fardeau tombe directement sur la terre plantée en vignes, et opère seulement une grande diminution dans le prix du bail qu'on en donnerait. Alors il n'a que l'effet de l'impôt foncier, qui est, comme nous l'avons vu, d'enlever au propriétaire du sol une partie de son capital, sans influer sur le prix de la denrée, ni entamer le salaire du producteur. Ainsi, le capitaliste est appauvri, mais rien n'est dérangé dans l'économie de la société.

Le blé pourrait être, comme le vin, l'objet d'un impôt très-lourd, levé au moment de la production, indépendamment même de la dîme qu'ils supportent l'un et l'autre presque partout. Une partie de l'impôt tomberait de même en diminution de la vente de la terre, sans toucher au salaire de la production, et sans, par conséquent, accroître le prix de la denrée. Si les gouvernemens se sont abstenus de cet impôt, je suis persuadé qu'ils ont été arrêtés, moins par un respect superstitieux pour la nourriture principale du pauvre, qu'ils ont chargée d'ailleurs de bien d'autres manières, que par la difficulté de surveiller l'entrée de toutes les granges, difficulté qui est en effet plus grande encore que celle de pénétrer dans toutes les caves. Du reste, il y a similitude complète.

Observons en finissant qu'un impôt ainsi levé, au moment de la production, sur une denrée d'un usage indispensable pour tout le monde, équivaut à une véritable capitation; mais, de toutes les capitations, c'est la plus cruelle pour le pauvre : car ce sont les pauvres qui consomment en plus grande quantité des denrées de première nécessité, parce que, pour eux, elles ne sont suppléées par rien ; et elles font la presque totalité de leur dépense, car ils ne peuvent guère pourvoir qu'à leurs besoins

les plus pressans. Ainsi une pareille capitation se trouve répartie en proportion de la
misère et non pas de la richesse, en raison
directe des besoins et en raison inverse des
moyens. D'après cela, on peut apprécier les
impôts de ce genre ; mais ils sont très-pro-
ductifs et affectent peu *la bonne compagnie;*
cela détermine en leur faveur.

A l'égard des impôts qu'on lève sur les
diverses marchandises, soit au moment de la
consommation, soit dans leurs différentes sta-
tions, comme sur les chemins, dans les ports,
dans les marchés, aux portes des villes, dans
les boutiques, etc. , leurs effets sont déjà indiqués par ceux que nous avons montrés devoir
résulter de la vente exclusive et de la taxe,
au moment de la production. Ceux-ci sont
du même genre; seulement ils sont ordinairement moins généraux et moins absolus,
parce qu'ils sont plus variés, et qu'il est rare
qu'ils embrassent une aussi grande étendue
de pays. En effet, la plupart de ces taxes
sont des mesures locales. Un péage n'affecte
que les denrées qui passent sur le chemin
ou le canal sur lequel il est établi. Les entrées
des villes n'influent que sur les consommations

qui se font dans leur intérieur. Un impôt levé
dans un marché ou dans une boutique, n'atteint pas ce qui se vend dans la campagne
ou dans les foires extraordinaires. Ainsi ils
dérangent le prix et les industries plus irré-
gulièrement, mais toujours ils les dérangent
dans le point où ils portent; car, dès qu'une
marchandise est chargée, il faut nécessairement que le sort du producteur ou celui du
consommateur soit détérioré.

C'est ici que se retrouvent, relativement
au produit et aux effets de l'impôt, les
conséquences de deux importantes conditions : l'une que la marchandise soit de
première nécessité ou seulement d'agrément
et de luxe ; l'autre que son prix conventionnel et vénal soit supérieur à son prix
naturel et nécessaire, ou lui soit seulement
égal. Nous savons qu'il est impossible qu'il
lui soit inférieur.

Si la marchandise imposée est de première
nécessité, on ne peut s'en passer ; elle sera
toujours achetée, tant qu'on en aura le moyen;
et si son prix conventionnel n'est qu'égal à
son prix naturel, le producteur ne peut rien
céder. Ainsi toute la perte tombera sur le

consommateur; d'où l'on doit conclure que c'est le consommateur qui souffre et s'éteint, si la vente et le produit de l'impôt diminuent. Il faut remarquer que, dans les vieilles sociétés, établies sur un territoire circonscrit dès long-temps, et ne pouvant conquérir que des terrains déjà occupés, c'est le cas de presque toutes les marchandises de première nécessité. Car, par l'effet du long combat des intérêts contraires du producteur et du consomma-teur, chacun est casé dans l'économie de l'ordre social, suivant son degré de capacité. Ceux qui ont quelque talent assez distingué pour qu'ils puissent le faire payer au-delà du nécessaire, se livrent à ces industries préfé-rées. Il n'y a que ceux qui ne peuvent y réussir qui se vouent aux productions indis-pensables, parce que celles-là sont toujours demandées; mais aussi elles ne sont payées qu'autant qu'il est strictement nécessaire, parce qu'il y a toujours des gens inférieurs à d'autres, qui n'ont autre chose à faire qu'à s'y adonner. Il y a plus : il faut que cela soit ainsi. Car ces denrées de première né-cessité sont les besoins urgens de tous, et surtout des plus pauvres dans toutes les classes qui les consomment sans les produire, et qui sont employés à d'autres travaux. Ainsi ces pauvres ne peuvent subsister qu'à proportion de la facilité qu'ils ont de se procurer ces denrées. C'est donc bien en vain qu'on fait des phrases vagues sur la dignité et l'utilité de l'agriculture, ou de telle autre profession indispensable. Plus elle est indispensable, plus il est inévitable que ceux qui y concourent, faute d'autre capacité, soient réduits au strict nécessaire. Il n'y a d'autre manière directe d'améliorer le sort de ces hommes, les derniers en rang dans la société par leur défaut de talent, que de leur laisser toujours la liberté d'aller exercer ce faible talent ailleurs, où il leur serait plus fructueux. C'est pour cela que l'expatriation doit toujours être permise à tout homme. Il est déjà assez malheureux d'être réduit à cette ressource. Beaucoup d'autres mesures politiques peuvent concourir encore indirectement à défendre l'extrême faiblesse contre le joug de fer de la nécessité ; mais ce n'est pas ici le lieu de nous en occuper, nous ne parlons que de l'impôt. Au reste, ces hommes que nous plaignons avec justice, souffrent encore

moins dans l'état de société, même imparfaite, qu'ils ne feraient dans l'état de sauva-
gerie. Sans entrer dans les détails, la preuve
en est que, sur un même terrain, il végéte
plus d'animaux de notre espèce, même serfs
de glèbe, et même tout-à-fait esclaves, que
sauvages. Or, l'homme ne s'éteint que par
l'excès de la souffrance. Il faut sentir les
proportions de tout, et ne rien s'exagérer,
même dans ce qui afflige et dans ce qu'on
blâme. Observons que le voisinage de pays
déserts, mais fertiles, est un prodigieux
moyen de remédier à ces maux. C'est le
cas des États-Unis en Amérique, et de la
Russie en Europe. Les diverses manières de
tirer parti de cette heureuse circonstance,
montrent la différence des deux gouvernemens, ou plutôt celle des deux nations, dont
l'une est incapable de se gouverner comme
l'autre, et le sera encore bien long-temps.

Si la marchandise imposée n'est pas de
première nécessité, et si pourtant son prix
conventionnel n'est qu'égal à son prix nécessaire, c'est une preuve que le consommateur tient bien faiblement à cette jouissance.
Alors, l'impôt survenant, le producteur n'a

autre chose à faire qu'à renoncer à son industrie, et à tâcher de trouver son salaire
dans quelque autre profession où il va accroître la misère par sa concurrence, et où
il a encore du désavantage, parce que cette
profession n'était pas la sienne. Ainsi il perd
ses moyens d'existence, au moins en très-
grande partie. Pour le consommateur, il ne
perd rien qu'une jouissance à laquelle il était
peu attaché, apparemment parce qu'il la
remplace facilement par une autre : mais le
produit de l'impôt devient nul.

Si au contraire la marchandise ou l'industrie peu nécessaire qui vient à être frappée
par un impôt, a un prix conventionnel très-
supérieur à son prix nécessaire, et c'est le
cas de toutes les choses de luxe, il y a de
la marge pour le fisc sans réduire personne
précisément à la misère. La même somme
totale se dépense pour cette jouissance, à
moins que le goût qui la fait rechercher ne
diminue, et c'est le producteur qui est obligé
de céder presque en entier ce que l'impôt
emporte de cette somme totale; mais, comme
il gagnait plus que le nécessaire, il n'est pas
encore au-dessous. Cependant on doit dire

que cela n'est vrai qu'en général. Car, dans
ce métier, supposé communément avantageux, il y a des individus qui, faute d'habileté
ou de réputation, ou victimes de quelques circonstances imprévues, n'y trouvent
qu'un nécessaire exigu. Ceux - là, l'impôt
survenant, sont obligés de renoncer à leur
état, ce qui est toujours une grande souffrance. Car les hommes ne sont pas des
points mathématiques ; et on ne les déplace
pas sans opérer des frottemens qui produisent un déchirement. Toutefois, c'est ainsi
qu'on peut se représenter avec assez de justesse les effets directs des divers impôts par-
tiels et locaux qu'on lève sur les marchandises, dans leur trajet du producteur au
consommateur.

Mais, outre ces effets directs, ces impôts en
ont d'indirects, étrangers aux premiers ou
qui s'y mêlent et les compliquent. Ainsi un
impôt onéreux sur une denrée importante,
lévé à l'entrée d'une ville, d'une part diminue les loyers des maisons de cette ville, et
rend son séjour moins désirable ; et de l'autre,
diminue les loyers des terres qui produisent
la denrée imposée, en en rendant le débit

moins considérable ou moins avantageux.
Voilà donc des capitalistes, quand même ils
seraient absens et ne feraient ni ne consom-
meraient rien, atteints dans leurs capitaux
comme par un impôt foncier, tandis qu'on ne
croit atteindre que le consommateur ou le
producteur. Cela est si vrai, que ces propriétaires, si on le leur proposait, feraient des
sacrifices plus ou moins grands pour rem-
bourser une partie du fonds de l'impôt, ou
fournir directement une partie de son produit annuel. On l'a vu mille fois.

Il y a plus. Dans toutes nos considérations économiques, nous ne devons jamais
regarder comme véritables consommateurs
d'une denrée, que ceux qui effectivement la
consomment pour leur satisfaction personnelle, et l'emploient à leur propre usage.
Ce n'est jamais que de ceux-là que nous
parlons sous le nom de consommateurs. Cependant il s'en faut bien qu'ils soient les seuls
acheteurs de cette denrée. Souvent la plupart
de ceux qui se la procurent, ne la recher-
chent que comme matière première d'autres
productions, et comme moyen dans leur industrie. Alors l'effet de l'impôt qui frappe

cette denrée reflue sur toutes ces productions
et toutes ces industries. C'est ce qui arrive surtout aux denrées d'une utilité très-générale ou
d'une nécessité indispensable. Elles font partie
des frais de beaucoup de producteurs divers.

Enfin, il faut encore observer que les impôts dont nous parlons, ne chargent jamais
uniquement une seule marchandise. On les
met, en même temps, sur beaucoup d'espèces
de denrées, c'est-à-dire, sur beaucoup d'espèces de productions et de consommations :
sur chacune, suivant sa nature, ils font quelqu'un des effets que nous venons d'expliquer,
de manière que tous ces différens effets se
heurtent, se balancent et se résistent réciproquement ; car les frais nouveaux dont est
grevée une industrie, font qu'on est moins
prompt à s'y livrer, de préférence à une autre
qui vient d'éprouver un tort du même genre.
Le fardeau qui pèse sur un genre de consommation, est cause qu'on ne peut pas la
faire servir de remplacement à celle à laquelle on voudrait renoncer. D'où il suit que,
s'il était possible de prévoir assez complètement tous ces ricochets, pour mettre dans un
équilibre tous les poids, en sorte qu'en les

plaçant tous à la fois, ils fissent partout une
pression égale, nulle proportion ne serait
changée par eux. Ils ne feraient tous ensemble que l'effet général, inhérent à tout impôt,
savoir que le producteur aura moins d'argent pour son travail, et le consommateur
moins de jouissances pour son argent. On
doit regarder les impôts comme bons, quand,
à ce mal général et inévitable, il ne se joint pas
de maux particuliers qui soient trop fâcheux.

Telles sont, à peu près, les principales observations que j'aurais voulu trouver dans
cette partie de l'*Esprit des lois* qui traite des
rapports de la levée des tributs et de la grandeur des revenus publics avec la liberté. Car,
on ne saurait trop le redire, la liberté c'est
le bonheur; la science économique est une
partie considérable de la science sociale;
elle en est même le but, puisque l'on ne désire que la société soit bien organisée, qu'afin
que les jouissances (1) y soient plus multipliées, plus complètes, plus paisibles; et, tant
que ce but n'est pas bien connu, on tombe

(1) Entendez aussi les jouissances morales : mais
elles résultent, en très-grande partie, du bon ordre
des choses. La vertu en est un effet comme une cause.

dans une foule d'erreurs dont notre célèbre
auteur ne s'est pas toujours garanti. La question de savoir par qui l'impôt est réellement
payé, est surtout remarquable parce qu'elle
tient à tout le mécanisme de la société, et
que ses vrais ressorts sont méconnus ou dé-
voilés, suivant qu'elle est bien ou mal résolue.
Si l'on trouve que je m'y suis trop arrêté,
l'importance du sujet est mon excuse. Il s'en
faut bien encore que j'aie donné tous les
développemens, que j'aie fait toutes les applications, et que j'aie tiré toutes les conséquences, qui auraient été nécessaires pour
le bien éclaircir. C'est un soin que je laisse
à la sagacité du lecteur, et je suis persuadé
que, plus il prendra cette peine, plus il trouvera solides et féconds les principes que nous
avons posés. Mais s'ils sont vrais, comme je
le pense, et même d'une vérité si frappante,
que je crois pouvoir me borner à les énoncer
et à les livrer à leurs propres forces, sans autre
appui que leur évidence, comment se fait-il
que des opinions contraires aient été si généralement adoptées? C'est un point que je demande encore la permission de traiter, dût-on
trouver que j'abuse du droit des commenta-

teurs de faire naître les discussions les unes des autres avec une persévérance insupportable.

Les anciens économistes français étaient des hommes éclairés, estimables, qui ont rendu de grands services, mais qui étaient de très-mauvais métaphysiciens, comme ont été tous les métaphysiciens, jusqu'à ce que les physiologistes s'en soient mêlés. Dans ce genre,

Les bons *esprits ne sont que de nos jours.*

Encore sont-ils rares. Les philosophes, appelés exclusivement *économistes*, n'avaient donc pas assez observé la nature de l'homme et spécialement sa nature intellectuelle; ils n'avaient pas vu que, dans nos facultés et dans l'emploi qu'en fait notre volonté, consistent tous nos trésors, et que cet emploi, le *travail*, est la seule richesse qui ait, par elle-même, une valeur primitive, naturelle et nécessaire, qu'elle communique à toutes les choses auxquelles elle est appliquée, et qui n'en sauraient avoir d'autre : en conséquence ils ont imaginé qu'il pouvait y avoir des travaux, même utiles, qui pourtant ne produisissent aucune valeur, qui méritassent d'être appelés réellement improductifs. Ensuite, plus frappés de la force végétative de la nature, qui semble faire des

créations en faveur de l'agriculteur qui la
met en jeu, que des autres forces physiques
à l'aide desquelles s'exécutent tous nos autres travaux, ils se sont persuadés qu'il y avait
là un véritable don gratuit de la part de la
terre, et que le travail qui le provoque mérite seul le nom de productif, sans faire attention qu'il y a aussi loin d'une botte de
chanvre à une pièce de toile, que d'un paquet
de chènevis à une botte de chanvre, et que la
différence est tout-à-fait du même genre, c'est
toujours le travail employé à la transmutation.

Cette fausse idée d'une sorte de vertu ma-
gique, attribuée à la terre, a conduit ces
philosophes à plusieurs conséquences encore
plus fausses ; je veux dire à la persuasion, qu'il
n'y a de vrais citoyens dans un état que les
propriétaires du sol, et qu'eux seuls forment
proprement toute la société ; à l'admiration
du système féodal, entièrement fondé sur
les prétendus droits du propriétaire d'une immense étendue de terrain qui en inféode et
sous - inféode les diverses parties, ce qui
établit une hiérarchie depuis le dernier te-
nancier et même le serf de glèbe, jusqu'à ce
premier et suzerain seigneur, qui ne laisse à

personne, vivant dans son territoire, d'autres droits que ceux qu'il a concédés ; et enfin à l'opinion erronée que, tout venant de la terre, la terre seule doit être imposée ; et que, même quand on établit d'autres impôts que l'impôt territorial, il arrive nécessairement, par la force des choses, qu'ils retombent toujours en définitif sur le propriétaire foncier, et même avec surcharge. Comme ces conséquences ne sont pas complètement rigoureuses, plusieurs membres de la secte en ont rejeté quelques-unes, mais tous ont admis celle qui nous occupe, la doctrine relative à l'impôt.

Le préjugé d'une production gratuite de la part de la terre, a si bien tout embrouillé et a jeté de si profondes racines dans les esprits, qu'il est devenu très-difficile de s'en débarrasser entièrement. Le savant et judicieux Écossais, Adam Smith, a bien vu que le travail est notre seul trésor, et que tout ce qui compose la masse des richesses d'un particulier ou d'une société, n'est autre chose que du travail accumulé, parce qu'il n'a pas été consommé aussitôt que produit. Il a reconnu que tout travail qui ajoute à cette masse de richesses plus que n'en consomme celui qui l'exécute, doit être appelé productif, et qu'il n'est improductif que dans le cas contraire; et il a réfuté parfaitement ceux qui ne donnent le nom de productif qu'au travail de la culture. En conséquence, il a rejeté leur opinion que tous les impôts retombent nécessairement sur les propriétaires de terres. Cependant il croit voir encore, dans la *rente de la terre*, autre chose que ce qu'il appelle les *profits d'un capital*. Il la regarde comme un produit de la nature. Il dit expressément, *liv.* 2, *chap.* 5, que *c'est l'œuvre de la nature qui reste après qu'on a fait la déduction ou la balance de tout ce qu'on peut regarder comme l'œuvre de l'homme.* Aussi, dans la portion des richesses accumulées, qu'il appelle *le capital fixe* d'une nation, il comprend les améliorations faites à la terre; mais il ne va pas, comme il le devrait, jusqu'à y comprendre la terre elle-même, pour la valeur qu'elle a dans le commerce. Il dit bien qu'*une ferme améliorée peut être regardée sous le même point de vue que ces machines utiles qui facilitent le travail;* mais il n'ose dire nettement, ce qui est pourtant vrai, qu'un champ est un outil comme un autre, et que son fermage est tout-à-fait la même chose que le loyer d'une machine ou l'intérêt d'une somme prêtée.

M. Say, ancien membre du tribunat français, qui est, sans contredit, l'auteur du meilleur livre d'économie politique qui ait encore été fait (1), et qui a écrit long-temps après Smith, voit bien, comme lui, que l'emploi de nos facultés est la source de toutes nos richesses, et que lui seul est la cause de la *valeur nécessaire* de tout ce qui en a une, parce que cette valeur n'est que la représentation de tout ce qui a été nécessaire à la satisfaction des *besoins* de celui qui a créé une chose, pendant le temps qu'il y a employé ses *moyens*. Il va beaucoup plus loin. Il voit nettement qu'étant incapables de créer un atôme de matière, nous n'opérons jamais que des transmutations et des transformations, et que ce que nous appelons produire,

(1) Observez que notre auteur, ayant écrit il y a déjà plusieurs années, n'a pu citer que la première édition de M. Say, et que la troisième édition de cet excellent ouvrage est encore supérieure à la première. (*Note de l'éditeur.*)

c'est, dans tous les cas imaginables, donner une utilité plus grande, par rapport à nous, aux élémens que nous combinons et manipulons à l'aide des forces de la nature que nous mettons en jeu par l'emploi des nôtres ; comme ce que nous appelons consommer, c'est toujours diminuer ou détruire cette utilité, en nous en servant. Ce lumineux principe est également applicable aux industries agricole, manufacturière et commerçante. Cultiver, c'est, par le moyen d'un outil appelé *un champ*, convertir des graines, de l'air, de la terre, de l'eau et d'autres principes, en une moisson abondante (1). Manufacturer,

(1) L'agriculture est surtout un art chimique. Un laboureur fait du blé dont il a besoin, comme un chimiste fait du gaz inflammable dont il a besoin aussi. Le premier laboure, herse, fume, sème, arrose s'il y a lieu, pour mettre en contact, d'une manière convenable, les élémens qui doivent agir, comme l'autre dispose ses appareils, de la limaille de fer, de l'eau et de l'acide sulfurique, dans la même vue. Puis tous deux laissent agir les affinités ; et tous deux ont atteint leur but, si ce qu'ils produisent a plus de valeur vénale (preuve irrécusable de plus d'utilité) que n'en avait ce qu'ils ont employé et consommé pendant l'opération.

c'est, à l'aide de quelques instrumens, changer du chanvre en toile et en vêtemens. Commercer, c'est avec des machines, telles que des vaisseaux et des chariots, approcher du consommateur des choses utiles qui en sont loin, et y ajouter le prix de tout ce qu'il en coûterait pour les aller chercher, tandis que l'on porte à ceux qui les cèdent d'autres choses qu'ils désirent, et qui ont également le tort pour eux de n'être pas à leur portée. Au contraire, consommer des alimens, c'est les convertir en fumier; consommer un habit, c'est le changer en lambeaux ; consommer de l'eau, c'est la boire, la salir, ou seulement la reporter à la rivière.

Avec un coup-d'œil si juste et si ferme, il est impossible de ne pas voir les choses telles qu'elles sont ; aussi M. Say prononce, sans hésiter, *liv.* 1er., *chap.* 5, qu'*un fonds de terre n'est qu'une machine*. Néanmoins, entraîné par l'autorité de ses prédécesseurs, qu'il a si souvent corrigés et surpassés, ou peut-être dominé seulement par l'empire de l'habitude et de je ne sais quel prestige, M. Say lui-même revient ensuite à se laisser éblouir par l'illusion qu'il a détruite le plus

complétement possible. Il s'obstine à regarder
un fonds de terre comme un bien d'une
nature tout-à-fait particulière ; son service
productif comme autre chose que l'utilité
d'un outil, et son fermage comme différent
du loyer d'un capital prêté. Enfin, *liv.* 4,
chap. 16, il prononce encore plus formellement que Smith, et même en le discutant,
que *c'est de l'action de la terre que naît le
profit qu'elle donne à son propriétaire.* Cette
seule faute est la cause de ce qu'il y a
encore de louche dans tout ce qu'il dit sur
les capitaux, les revenus et les impôts.

En effet, avec cette prévention, il est impossible de se rendre compte des progrès de
la société et de la formation de nos richesses.
On est obligé, comme M. Say, de reconnaître comme parties intégrantes de la valeur
de toutes les choses qui en ont une : 1°. des
profits de travail ou salaires; 2°. des profits
de capitaux qui semblent une chose différente
des premiers; 3°. des profits de fonds de
terre qui paraissent encore un élément d'un
tout autre genre. On ne sait comment déterminer le prix naturel et nécessaire de
chaque chose. Il y en a toujours une por-

tion dont on ne voit pas la cause. Encore
moins peut-on voir l'effet qu'y produit l'impôt, et l'influence de tout cela sur la vie des
hommes, l'étendue de la population, et la
puissance des états. Tout est embrouillé et
sophistiqué dès le principe, et on ne peut
plus se faire sur tous ces objets que des opinions arbitraires et incohérentes.

Au contraire, supprimez ce préjugé : per-
suadez-vous bien que ce que vous appelez
un terrain (c'est-à-dire un cube de terre et
de pierre, ayant une de ses faces à la superficie de notre globe), est une masse de
matière tout comme une autre, à la différence près qu'elle ne saurait changer de place
en totalité. Cette différence, il est vrai, fait
que, comme propriété, c'est la plus difficile
de toutes à conserver et à défendre, parce
qu'on ne peut ni la serrer, ni la cacher, ni
l'emporter avec soi comme tout ce qui est
meuble. Mais enfin, quand la société est assez
éclairée pour la reconnaître et assez forte
pour la protéger, c'est une propriété comme
une autre. Cette propriété peut être telle
que sa possession ne soit bonne à rien ; dans
ce cas elle n'a aucun prix dans aucun pays

du monde; on ne saurait trouver ni à la vendre, ni à la louer. Elle peut au contraire être utile de beaucoup de manières différentes. Elle peut servir à devenir la base de maisons, d'habitations, de magasins ou d'ateliers. On peut en tirer des combustibles utiles, des matériaux nécessaires aux constructions, des engrais bons pour fertiliser d'autres terres. On peut y trouver des sources propres à des irrigations, des métaux précieux, des diamans ou d'autres pierres et minéraux d'un grand prix. Elle peut surtout être susceptible de recevoir des graines qui donneront un grand produit. Dans tous ces cas elle a une grande valeur. Vous me direz qu'alors la valeur de ce terrain n'a aucune proportion avec le travail de celui qui le premier l'a été chercher, l'a examiné, et se l'est approprié. Cela est vrai. Mais il en est de même pour celui qui, tout d'un coup, trouvant un très-gros diamant, fait un gain énorme; tandis que celui qui, après de longues recherches, n'en rencontrant qu'un très-petit, est fort mal récompensé. Cependant cela n'empêche pas que le prix naturel du diamant ne soit le travail de l'homme qui l'a cherché et trouvé, et que son prix vénal ne soit celui qu'en fait offrir le désir de le posséder. Cela prouve seulement que, dans tous les genres, il y a des travaux bien ingrats, et d'autres bien fructueux. Il en est ainsi de la terre. Son prix naturel est peu de chose tant qu'il ne faut pas aller bien loin pour trouver un sol tout prêt à être cultivé, et qui n'appartienne à personne; il est plus grand quand cette culture exige des ouvrages ou des déplacemens coûteux. Quant à son prix vénal, il varie comme celui de toutes choses et par les mêmes causes. Un très-mauvais terrain se vend très-cher, quand beaucoup de personnes ont envie de l'acquérir. Au contraire, nos États-Unis d'Amérique vendent de fort bonnes terres à très-bas prix, dans nos provinces de l'Ouest; et dans certaines parties de la Russie le gouvernement en offre pour rien, et donne même encore quelques provisions et quelques bestiaux à ceux qui les acceptent, à condition de s'y fixer et de les faire fructifier par leur travail. Quoi qu'il en soit, un terrain est un outil comme un autre, sus-

ceptible d'être employé à différens usages,
comme nous venons de le voir. Quand il n'est
propre à rien, il ne vaut rien. Quand il peut
servir, il a une valeur. Quand il n'appartient
à personne, il ne coûte que la peine de se
l'approprier. Quand il appartient à quelqu'un, il faut donner une autre chose utile
pour l'obtenir. Dans tous les cas, il équivaut
exactement et sans aucune différence au
capital (pour m'exprimer comme les auteurs), qu'on peut se procurer en le cédant,
et peut, comme ce capital, être donné ou
prêté, vendu ou loué (1), ou employé immédiatement par son possesseur. Mais il ne
saurait jamais y avoir d'autre parti à tirer de

(1) On s'exprime très-ridiculement en disant, que
quand je cède mon argent pour un temps, moyennant un loyer appelé *intérêt*, je le *prête*. Dans ce cas,
je le *loue*. Je ne le prête réellement que quand j'en
cède l'usage sans rétribution. Il y a, entre ces deux
actions, la même différence qu'entre *donner* ou *vendre*.
Cette inexactitude de langage a fait dire et croire bien
des sottises, ou ces sottises ont été cause de cette
inexactitude de langage. Car tout est action et réaction. Faire une science, c'est en faire la langue; et faire
la langue d'une science, c'est faire la science elle-
même.

ce terrain bon ou mauvais, que d'en faire
un de ces cinq usages.

Quand on est bien pénétré de ces idées,
c'e.t la chose du monde la plus claire que la
formation de toutes nos richesses. Il n'est
plus question de tant de distinctions superflues qui ne font que tout embrouiller. Il n'y
a dans le monde que du travail. Quand l'emploi des forces d'un homme ne produit que
sa subsistance, il ne reste rien. Mais toutes les
choses utiles quelconques qui sont à notre
disposition, jusques et compris les plus intellectuelles, comme nos connaissances, ne
sont que du travail, dont le résultat subsiste
après que ceux qui l'ont exécuté ont vécu.
C'est ce travail et les consommations nécessaires de ceux qui l'ont fait, qui constituent
le prix naturel de toutes ces choses. Pour leur
prix vénal, il consiste dans la somme d'autres
choses utiles qu'on est disposé à donner pour
les acheter. Mais ces autres choses utiles sont
encore du travail accumulé. Ainsi, quiconque
possède du travail accumulé, peut commander
du travail actuel à ses semblables, ou obtenir
d'eux celui qu'ils ont déjà fait, en leur cédant quelque chose de ce qu'il possède ; soit

à toujours, ce qui s'appelle *vendre*, soit pour un temps ce qui s'appelle *louer*. Si ce qu'il reçoit pour un certain temps de loyer fournit à sa subsistance pendant ce temps, on dit qu'il vit de son *revenu*. Dans le cas contraire, il faut qu'il mange son *fonds*, ou qu'il fasse un *travail* qui lui soit profitable. Mais ceux qui font des ouvrages utiles, sont le plus souvent obligés, pour les exécuter, d'acheter ou de louer d'autres choses ; alors ces dépenses font partie du prix nécessaire de ce qu'ils produisent. S'ils ne les retrouvaient pas lors de la vente, ils ne pourraient subsister ; et ce serait une preuve que ce qu'ils auraient détruit était autant ou plus utile que ce qu'ils auraient produit. Au contraire, quiconque produit et trouve dans ce travail une valeur supérieure à celle de tout ce qu'il a consommé, acheté, loué, pour arriver à ce résultat, a évidemment augmenté la masse des valeurs, et par conséquent fait du bien. Car la somme de toutes les choses utiles que nous possédons, ou plutôt la somme de leur utilité, est la même chose que la somme de nos moyens de pourvoir à nos besoins, de multiplier nos jouissances, de diminuer nos

souffrances. A quoi on peut ajouter que, l'existence des hommes en masse n'ayant pas
d'autres limites que la possibilité de l'entretenir, leur nombre s'accroît toujours en proportion de cette possibilité. D'où l'on peut
conclure que le bonheur et la puissance
d'une société s'accroissent en même temps
et par le même moyen, et que ce moyen
est de multiplier le travail productif d'une
utilité quelconque, de le rendre le plus
productif possible, et de diminuer, autant
que cela se peut, les consommations superflues et le nombre des gens qui ne font que
consommer. Ceux-là sont les frelons de la
ruche.

Je me bornerai à ce petit nombre d'idées
principales que je crois de la plus grande
importance, et dont il est aisé de faire bien
des applications et de tirer bien des conséquences. Il eût mieux valu sans doute les
exposer didactiquement et d'une manière élé-
mentaire, que de les présenter, comme j'ai
fait, incidemment et seulement à propos des
erreurs que je voulais réfuter. Mais je n'en
avais pas le choix. D'ailleurs, telles que les
voilà, je me flatte encore qu'elles paraîtront

plus claires que celles que les écrivains économistes y ont substituées si péniblement, et que l'on trouvera qu'elles rendent intelligible et plausible, tout ce que nous avons dit du luxe, du travail, des valeurs, des richesses, de la population, de la production, de la consommation, et des effets de l'impôt sur tout cela. Pourquoi Montesquieu ne s'est-il pas livré à ces recherches? L'esprit des lois est-il donc autre chose que ce que doivent être les lois? Et, pour le connaître, ne faut-il pas voir quels sont les motifs qui doivent déterminer le législateur? Il a fait beaucoup; un seul homme ne peut pas tout faire.

,,

CHAPITRE XV.

Sur les Livres XIV, XV, XVI et XVII. —
Des lois dans le rapport qu'elles ont avec la
nature du climat. — Comment les lois de
l'esclavage civil *ont du rapport avec la*
nature du climat. — Comment les lois de
l'esclavage domestique *ont du rapport avec*
la nature du climat. — Comment les lois
de la servitude politique *ont du rapport*
avec la nature du climat.

Je réunis ces quatre livres parce qu'ils ont
tous rapport au même sujet ; et je m'y arrêterai peu, parce que je ne vois pas beaucoup
d'instruction à en tirer, et qu'ils ne m'offrent
aucune question importante à discuter. Je
me bornerai donc à un petit nombre de
réflexions.

J'observerai d'abord que, pour se faire une
idée juste de l'influence du climat, il faut
entendre, par ce mot, l'ensemble de toutes
les circonstances qui forment la constitution
physique d'un pays. Or, c'est ce que Mon-

tesquieu n'a point fait. Il paraît ne songer jamais qu'au degré de latitude et au degré de chaleur, et ce n'est pas dans cela seul que consiste la différence des climats.

Je remarque ensuite que, s'il n'est pas douteux que le climat influe sur toutes les espèces vivantes, même végétales, et par conséquent sur l'espèce humaine, il est pourtant vrai qu'il influe moins sur l'homme que sur aucun autre animal. La preuve en est que l'homme seul s'accommode de toutes les positions, de toutes les régions, de tous les régimes; et la raison s'en trouve dans l'étendue de ses facultés intellectuelles qui, en lui donnant d'autres besoins, le rend moins dépendant des besoins purement physiques, et dans la multitude d'arts par lesquels il pourvoit à ses divers besoins. A quoi il faut ajouter que, plus ces facultés sont développées, plus ces arts sont multipliés et perfectionnés, c'est-à-dire, que plus l'homme est civilisé, plus l'empire du climat sur lui diminue. Je crois donc que Montesquieu n'a pas vu toutes les causes de cet empire, et que pourtant il s'en est exagéré les effets : j'oserai même dire qu'il a cherché à les

prouver par beaucoup d'anecdotes douteuses et d'historiettes fausses et frivoles, dont
quelques-unes vont jusqu'au ridicule.

Après ces préliminaires, il considère l'influence du climat comme cause de l'usage
des esclaves, ce qu'il appelle l'*esclavage civil;*
de l'esclavage des femmes qu'il nomme
l'*esclavage domestique;* de l'oppression des
citoyens à laquelle il donne le nom de *servitude politique.* Ce sont en effet trois choses
bien importantes dans l'économie sociale.

Mais premièrement, après avoir peint très-
énergiquement l'usage des esclaves comme
une chose abominable, inique, atroce, qui
corrompt encore plus les oppresseurs que les
opprimés, et sur laquelle il est impossible
de faire aucune loi raisonnable, il convient
lui-même qu'aucun climat ne nécessite, ni ne
peut nécessiter absolument cet excès de dépravation. En effet, il a existé dans les marais
glacés de la Germanie, et on peut s'en préserver dans la Zone-Torride. Il ne faut donc
pas l'attribuer au climat, mais à la férocité
et à la stupidité des hommes.

Secondement, quant à la servitude politique, nous voyons des peuples horriblement

asservis dans les mêmes contrées de la Grèce, de l'Italie, de l'Afrique, où il en existait autrefois de très-libres, ou du moins de très-amoureux de la liberté, quoiqu'ils ignorassent en quoi elle consiste, et comment on peut la maintenir. C'est donc plus la constitution de la société que la constitution du climat qui en décide.

A l'égard des femmes, il est trop vrai que le malheur d'être nubiles dès l'enfance, et d'être flétries dès leur jeunesse, doit faire qu'elles ne peuvent être aimées en même temps pour leurs charmes et pour leur mérite, qu'elles doivent, en général, avoir peu des qualités du cœur et de l'esprit, et que, par conséquent, elles doivent être facilement les jouets et les victimes des hommes, et rarement leurs compagnes et leurs amies. C'est là sans doute un grand obstacle à la vraie moralité et à la vraie civilisation : car, si l'homme se corrompt quand il opprime son semblable, il se pervertit encore plus profondément quand il asservit l'objet de ses désirs les plus vifs. Ce développement précoce qui empêche les êtres de venir à leur perfection, et cette fureur pour les plaisirs

des sens qui les éteint prématurément, et qui,
pendant qu'elle dure, égare la raison, sont
donc de très-grands maux : et on ne peut
nier qu'ils existent dans certains pays, quoiqu'il faille bien se garder de croire tout ce
que dit Montesquieu sur ce dernier point.
Mais enfin, toutes choses réduites à leur juste
valeur, qu'en résulte-t-il? qu'il y a des inconvéniens attachés à certains climats. A quoi
il faut ajouter que les conséquences qu'on
en voit souvent résulter, sont loin d'être inévitables, que les institutions et les habitudes
peuvent beaucoup y remédier, et qu'enfin la
raison est toujours la raison, et doit partout
être notre guide. De tout cela je ne vois
d'autre conclusion à tirer que de répéter,
après Montesquieu, que *les mauvais législateurs sont ceux qui favorisent les vices du
climat, et que les bons sont ceux qui s'y
opposent.*

CHAPITRE XVI.

Sur le Livre XVIII. — Des lois dans le rap-
port qu'elles ont avec la nature du terrain.

Il y a loin de la nature du terrain à la
chevelure de Clodion et aux débauches de
Childéric, et il est difficile de voir la série
d'idées qui a pu conduire notre auteur d'un
de ces objets à l'autre, et encore plus difficile
de dire précisément quel est le sujet de ce
livre.

J'y trouve d'abord une grande preuve de
la justesse du reproche que j'ai osé faire à
Montesquieu, à propos du livre onzième,
de ne s'être pas fait une idée précise du sens
du mot *liberté.* Il dit dans celui-ci, *chap. II :*
La liberté, c'est-à-dire, le gouvernement dont
on jouit, etc. Il faut convenir que c'est là
une singulière liberté, si ce gouvernement
est oppresseur, comme il y en a beaucoup.

Ensuite il dit, *chap. IV,* que la stérilité
des terres rend les hommes *courageux et*
propres à la guerre, tandis que leur fertilité

donne *un certain amour pour la conservation de la vie*: et *chap.* I*er*., pour prouver que cette même fertilité dispose à l'esprit de dépendance, il a dit : *La stérilité du terrain de l'Attique y établit le gouvernement populaire, et la fertilité de celui de Lacédémone, le gouvernement aristocratique : car, dans ces temps-là, on ne voulait point dans la Grèce du gouvernement d'un seul.* Il suivrait de ces beaux principes et des raisonnemens dont on les appuie, que les Spartiates n'avaient ni courage ni amour de la liberté. Cela est difficile à croire.

Si donc il est vrai, comme le dit Montesquieu, que *le gouvernement d'un seul se trouve plus souvent dans les pays fertiles, et le gouvernement de plusieurs dans les pays qui ne le sont pas; ce qui est quelquefois un dédommagement* (ce sont ses paroles) : il faut en chercher une meilleure raison : je pense qu'elle n'est pas difficile à trouver.

La fertilité du sol n'ôte aux hommes ni la force, ni le courage, ni l'amour de la liberté ; mais elle leur donne plus de moyens de pourvoir à leurs besoins. Ils se multiplient ; et, étant plus nombreux, ils deviennent plus facilement plus éclairés et plus riches. Jusque-là, il n'y a que des avantages; mais voici l'inconvénient. Ayant plus de moyens d'acquérir des connaissances et des richesses, il est inévitable que les uns y réussissent moins, et les autres beaucoup mieux; et qu'il s'établisse entre ex de plus grandes inégalités de talent et de fortune. Or, l'inégalité, sous quelque forme qu'elle se présente, est le grand malheur des hommes. L'habitude de l'inégalité amène l'esprit de servilité, beaucoup d'autres vices, et un mauvais emploi de la masse des moyens, comme nous l'avons vu, en parlant du luxe, chapitre septième.

Voilà, je pense, la véritable explication de l'asservissement ordinaire, non pas des peuples *riches*, mais des peuples *parmi lesquels il y a de grandes richesses*. Cette distinction est très-essentielle; car il est bien à remarquer que le peuple est, presque toujours, plus riche dans les nations que l'on appelle *pauvres*, que dans celles que l'on appelle *riches* : et, quand nos pédans nous disent qu'une nation est amollie par le luxe et les richesses, il faut toujours entendre que les quatre-vingt-dix-neuf centièmes de cette na-

tion sont languissans et abrutis par la misère.
Ainsi, quand ils vous parlent de mollesse et
de corruption, entendez *inégalité*, et vous
avez la clef de tout ce qui en résulte.

Ces considérations expliquent aussi, non
pas pourquoi les peuples pauvres, ignorans,
agrestes, sont libres; car ils ne le sont
réellement pas (nous avons vu, chapitre
onzième, que, pour établir la vraie liberté
politique et se l'assurer, il faut des moyens
et des lumières que ces peuples n'ont pas,
et que peut-être même il était impossible
de la constituer solidement, avant l'invention
de l'imprimerie qui établit des communications faciles entre les co-associés) : mais cela
explique pourquoi ces peuples aiment cette
liberté, la cherchent, et ont l'esprit d'indépendance. La raison en est que ces peuples,
ayant peu de moyens, ces moyens sont assez
également répartis parmi eux. Ils ne sont
point habitués *à l'inégalité*. Ils restent à peu
près indépendans plutôt que libres, tant
qu'une force majeure étrangère ne les écrase
pas, ce qui arrive dès qu'elle y a intérêt; ou
tant que la superstition, qui est une grande
cause d'inégalité au profit des fripons qui

s'en emparent, ne les subjugue pas, ce qui arrive presque toujours.

Tel est, en général, le cas des montagnards, qui ne sont pas plus braves que d'autres, malgré les récits ridicules que l'on en fait, et que leurs montagnes défendent fort mal, quoi qu'en disent des auteurs très-peu versés dans l'art militaire, mais qui, ordinairement, sont tous assez également pauvres.

Vous trouvez aussi là l'explication des effets que Montesquieu attribue, avec raison, à l'usage de la monnaie, qui, à la vérité, favorise l'inégalité, en facilitant l'accumulation des richesses dans les mêmes mains. Mais il n'y a point de nation un peu developpée qui n'ait une monnaie : ainsi toutes les nations qui n'en ont pas sont dans la classes des nations très-pauvres et très-brutes.

Pour les peuples des îles, nous avons dit suffisamment, dans le chapitre huitième, la principale cause qui favorise leur liberté, et les empêche d'en perdre le goût. Elle est d'un autre genre, et a lieu dans tous les degrés de leur civilisation : cette cause est l'avantage qu'ils ont d'être dispensés du besoin de tenir une armée de terre toujours sur pied.

A l'égard de la simplicité des lois, autre avantage des peuples dont l'industrie est peu avancée, nous en avons déjà fait la remarque dans le chapitre sixième ; je ne m'y arrêterai pas. Je négligerai de même toutes les discussions relatives au droit des gens chez les Tartares, aux lois saliques et ripuaires, aux rois francs, etc. Il y a, ce me semble, peu de lumières à en retirer.

Tels sont, à peu près, tous les sujets divers que Montesquieu a effleurés dans ce livre. Au fait, ce n'était pas précisément de la nature du terrain qu'il voulait parler ; car la fertilité des terres n'est pas la seule cause de la richesse des hommes : l'industrie et le commerce y contribuent au moins autant ; et ce sont les effets de la richesse et de la civilisation, dont notre auteur rend compte sans peut-être le voir nettement. En généralisant ainsi la question, elle est mieux posée. Des observations auxquelles elle donne lieu, voici, suivant moi, ce qu'on peut conclure relativement à l'esprit des lois : c'est que, plus la société se perfectionne, plus les moyens de jouissance et de puissance s'accroissent parmi les hommes, mais aussi plus les chances d'i-

négalité se multiplient entre eux ; et que, dans
tous les degrés de civilisation , les lois doivent tendre à diminuer, autant que possible,
l'*inégalité* , parce qu'elle est l'écueil de la liberté et la source de tous les maux et de tous,
les vices. Tout prouve ce grand principe ,
et tout y ramène.

CHAPITRE XVII.

Sur le Livre XIX. — *Des lois dans le rapport qu'elles ont avec les principes qui forment l'esprit général, les mœurs et les manières d'une nation.*

Il y a bien de l'esprit dans ce livre. Le portrait des Français est une jolie plaisanterie ; celui des Anglais est très-bien fait pour prouver que ce qui est doit être, et quelquefois pour rendre raison de ce qui n'est pas. Mais tout cela n'est-il point plus éblouissant que solide, n'est-il point entremêlé d'assertions insoutenables ?

Il ne faut pas tout corriger, sans doute. Pourquoi ? de peur de faire pis. Mais s'ensuit-il que *la vanité est un bon ressort pour un gouvernement, et qu'à force de se rendre l'esprit frivole, on augmente sans cesse les branches de son commerce ?* Les nations les plus commerçantes ne sont pas les plus légères. Surtout doit-on établir, en thèse générale, que *tous les vices moraux ne sont pas des vices politiques*? J'ose dire que cela est faux, si la politique est la science du bonheur des hommes. Si elle est l'art de les dépraver pour les opprimer, je n'ai rien à objecter ; mais je ne m'occupe pas de cette politique.

Est-il donc *très-singulier*, comme le dit l'auteur, qu'un peuple comme les Chinois, asservi jusque dans ses manières, et toujours occupé de démonstrations cérémonieuses, soit *très-fourbe*? et, pour expliquer un fait si simple, peut-on se permettre d'affirmer qu'*à la Chine il est permis de tromper*? Pour moi j'ose assurer qu'on a trompé partout, et que jamais les lois n'y ont autorisé nulle part, pas même à Lacédémone, malgré les prétendus vols permis.

J'ose encore affirmer que ce n'est pas la détestable manière d'écrire des Chinois qui a pu établir parmi eux *l'émulation, la fuite de l'oisiveté, et l'estime pour le savoir*. Elle a sans doute contribué à leur respect pour les rites, en les rendant incapables d'apprendre rien autre chose, c'est-à-dire, qu'elle a aidé à les asservir en les abrutissant. Mais si c'est en cela *que le gouverne-*

ment chinois triompha, comme le dit notre auteur, ce n'était pas à lui à chanter ce triomphe. Un philosophe doit accorder ses éloges avec plus de discernement.

N'y a-t-il pas aussi un peu d'irréflexion à louer, sans restriction, Rhadamante de ce qu'*il expédiait tous les procès avec célérité, déférant seulement le serment sur chaque chef.* Je crois que nous savons fort peu, malgré le secours de Platon, ce que faisait Rhadamante; mais nous savons très-bien, et nous l'avons vu dans le chapitre sixième, que les lois peuvent plus facilement être simples suivant que la société est moins avancée et que les intérêts sont moins compliqués; et nous sommes assurés de même que, moins on sait écrire, plus on est obligé d'employer la preuve testimoniale et l'affirmation par serment. Il ne faut donc pas toujours prendre l'ignorance pour l'innocence, et la rusticité pour la vertu.

Une autre assertion singulière est celle-ci : *Une nation libre peut avoir un libérateur ; une nation subjuguée ne peut avoir qu'un autre oppresseur :* il s'ensuivrait qu'une nation, une fois opprimée, ne peut jamais cesser

de l'être; et d'ailleurs il est difficile de comprendre ce que c'est que le *libérateur* d'une
nation déjà *libre*.

Ces distractions n'empêchent pas que notre
auteur n'ait grande raison, quand il dit que
c'est une *très-mauvaise politique de changer
par les lois ce qui doit être changé par les
manières.* C'est pour cela que, contre son
avis, j'ai désapprouvé les lois somptuaires.
Voyez le chapitre septième.

A l'égard du fameux mot de Solon dont
les défenseurs de toutes les institutions reconnues mauvaises, ont toujours invoqué l'autorité, j'ai dit, chapitre onzième, à quoi on
doit le réduire, et ce qu'on peut en penser. J'ai
même, à cette occasion, expliqué comment
des institutions *mauvaises en elles-mêmes*,
peuvent avoir une *bonté relative*, et pourquoi, au contraire, de très-bonnes lois peuvent être inadmissibles dans une situation
donnée. Ainsi, je pense complétement comme
notre auteur lorsqu'il dit : *Que, pour les meilleures lois, il est nécessaire que les esprits y
soient préparés.* Je professe sincèrement ce
principe qui me paraît excellent, et le seul
bon qu'on trouve dans ce XIXe. livre. J'en

tire cette conséquence, qu'il est très-essen-
tiel que le pouvoir législatif soit exercé par
des députés librement élus, pour un temps
limité, sur toutes les parties du territoire
d'une nation; car c'est cette manière qui
donne le plus la certitude que les lois seront
bien assorties à l'esprit général qui règne
dans cette nation.

CHAPITRE XVIII.

Sur les Livres XX et XXI.—Des lois dans le rapport qu'elles ont avec le commerce considéré dans sa nature et ses distinctions. —Des lois dans le rapport qu'elles ont avec le commerce considéré dans les révolutions qu'il a eues dans le monde.

De même que j'ai joint ensemble les quatre livres qui traitent de la nature du climat, je réunis actuellement ces deux-ci qui ont rapport au commerce. Mais j'avoue que je ne sais comment aborder les questions qui y sont, non pas traitées, mais tranchées. Je ne puis ni voir la connexion qu'elles ont entre elles, ni trouver dans les unes les élémens de la solution des autres, comme cela devrait être, si elles étaient bien éclaircies et bien liées. Cela me rappelle ces paroles d'un homme qui avait un excellent esprit : *Mon père*, dit-il, *mon frère aîné et moi, nous avions trois manières de travailler tout-à-fait différentes. Mon père cassait tous les fils et*

les renouait facilement ; mon frère les cas-
sait aussi et ne les renouait pas toujours.
Pour moi je tâche de ne les pas rompre, car
je ne serai jamais sûr de les bien renouer.
Je veux croire que Montesquieu est comme
le père, et qu'il ne laisse jamais échapper
le fil de ses idées, quoiqu'on n'en voie pas
toujours l'enchaînement. Mais pour moi qui
ne veux pas être comme le frère aîné, je
n'ai d'autre moyen que de m'efforcer de
faire comme le second. Je vais donc tâcher
de pénétrer assez avant dans le fond du
sujet , pour y trouver un point fixe d'où je
puisse partir, et auquel je puisse tout rat-
tacher.

On se fait, en général, du commerce une
idée très-fausse, parce qu'elle n'est pas assez
étendue. Il est, à peu près, dans le même
cas que ce que l'on appelle les figures de
rhétorique. Nous ne remarquons ordinairement celles-ci que chez les rhéteurs et dans
les discours d'apparat , en sorte qu'elles nous
paraissent une invention très-recherchée et
fort extraordinaire ; et nous ne nous apercevons pas qu'elles nous sont si naturelles ,
que nous en faisons tous une quantité pro-

digieuse dans nos moindres discours, sans
y penser. De même nous ne reconnaissons
communément le commerce que chez les
négocians qui en font une espèce de science
occulte et un métier particulier ; nous n'y
voyons que le mouvement d'argent qu'il produit et qui n'en est pas le but ; et nous ne
faisons pas attention que nous commerçons
tous incessamment et continuellement, et que
la totalité du commerce pourrait s'effectuer
sans argent et sans négocians ; car les négocians de profession sont les agens de certains commerces ; l'argent en est le véhicule
et l'instrument : mais ce n'est pas là proprement le commerce. Le commerce consiste
essentiellement dans l'*échange*. Tout échange
est un acte de commerce, et notre vie toute
entière est une suite perpétuelle d'échanges
et de services réciproques. Nous serions tous
très-malheureux qu'il n'en fût pas ainsi ; car
nous serions réduits chacun à nos propres
forces, sans pouvoir nous aider jamais de
celles des autres. En considérant le commerce sous ce point de vue, qui est le vrai ;
on y voit ce qu'on n'y avait jamais remarqué. On trouve qu'il n'est pas seulement le

fondement et la base de la société ; mais qu'il en est pour ainsi dire l'essence , qu'il est la société elle - même ; car la société n'est autre chose qu'un échange continuel de secours mutuels, et cet échange produit le concours des forces de tous pour la plus grande satisfaction des besoins de chacun.

Il est donc ridicule de mettre en doute que le commerce soit un bien, et plus ridicule encore de croire qu'il puisse jamais être un mal absolu, ou seulement n'être utile qu'à une des parties contractantes. Il est toujours utile à un homme de pouvoir se procurer ce dont il a besoin , au moyen de ce dont il n'a que faire. Cette faculté ne peut jamais être un mal en elle-même ; et quand deux hommes se donnent réciproquement et librement une chose qu'ils estiment moins , pour recevoir une chose qu'ils estiment plus , puisqu'ils la désirent , il est impossible qu'ils n'y trouvent pas tous deux leur avantage. Or, c'est là tout le commerce. Il est bien vrai que l'un des deux peut faire ce que nous appelons un mauvais marché, et l'autre en faire un bon ; c'est-à-dire, que l'un, pour ce qu'il sacrifie, ne reçoit pas autant de

la chose qu'il désire, qu'il aurait pu s'en procurer, et que l'autre en reçoit plus qu'il n'aurait dû l'espérer. Il se peut encore que l'un
des deux, ou même tous deux, aient tort de
désirer la chose qu'ils se procurent. Mais ces
cas sont rares ; ils ne font pas l'essence du
commerce, ils en sont des accidens, causés par
certaines circonstances que nous examine-
rons par la suite, et dont nous verrons les
effets. Il n'en est pas moins vrai que, dans tout
acte de commerce, dans tout échange libre,
les deux contractans se sont satisfaits, sans
quoi ils n'auraient pas contracté ; et, par conséquent, cet échange est en soi un bien pour
tous deux.

Smith, si je ne me trompe, a remarqué
le premier que *l'homme seul fait des échanges
proprement dits* (1). On voit bien certains

---

(1) Voyez l'admirable chapitre II du premier livre
de son *Traité des Richesses*. Je regrette qu'en remar-
quant ce fait, il n'en ait pas recherché plus curieuse-
ment la cause ; ce n'était pas à l'auteur de la *Théorie
des sentimens moraux* à regarder comme inutile de
scruter les opérations de l'intelligence. Ses succès et
ses fautes devaient également contribuer à lui faire
penser le contraire.

animaux exécuter des travaux qui concourent
à un but commun, et qui paraissent con-
certés jusqu'à un certain point, ou se battre
pour la possession de ce qu'ils désirent, ou
supplier pour l'obtenir ; mais rien n'annonce
qu'ils fassent réellement des échanges. La
raison en est, je pense, qu'ils n'ont ni une
idée assez nette de la propriété, pour croire
qu'ils puissent avoir un droit sur ce qu'ils
ne tiennent pas actuellement, ni un langage
assez développé pour pouvoir faire des conventions expresses : et ces deux inconvéniens
viennent, je crois, de ce qu'ils ne peuvent
assez abstraire leurs idées, ni pour les géné-
raliser, ni pour les exprimer séparément, en
détail, et sous la forme d'une proposition.
D'où il arrive que les idées dont ils sont susceptibles, sont toutes particulières, confuses
avec leurs attributs, et se manifestent en
masse par des espèces d'interjections qui
ne peuvent rien expliquer explicitement.
L'homme, au contraire, qui a tous les
moyens qui leur manquent, est naturellement porté à s'en servir pour faire des conventions avec ses semblables. Quoi qu'il en
soit, il est certain qu'il fait des échanges et

que les animaux n'en font pas. Aussi n'ont-ils pas de véritable société : *car le commerce est toute la société*, comme *le travail est toute la richesse*.

C'est encore Smith qui a aperçu cette seconde vérité, que nos forces étant notre seule propriété originaire, *l'emploi de nos forces est notre seule richesse primitive*. Elle l'a conduit à en voir une troisième bien importante ; c'est que cette richesse s'accroît d'une manière incalculable par l'effet de la *division du travail ;* c'est-à-dire, qu'à mesure que chacun de nous s'applique plus exclusivement à un seul genre de travail, ce travail devient incomparablement plus rapide, plus parfait, plus productif ; en un mot, il augmente infiniment plus la masse de nos jouissances.

Comme on fait beaucoup de chemin quand on est dans une bonne route, Smith a encore été plus loin : il a observé que cette distribution du travail, si importante et si désirable, *ne devenait possible que par les échanges et à proportion de leur nombre et de leur facilité ;* car, tant que chacun ne peut profiter en rien du travail d'un autre, il faut qu'il pourvoie lui-même à tous ses besoins, et par conséquent qu'il fasse tous les métiers. Quand ensuite les échanges commencent, un seul métier ne suffirait pas pour faire vivre un homme, il faut encore qu'il en fasse plusieurs. C'est le cas de bien des ouvriers dans les campagnes. Mais, quand enfin le commerce s'anime et se perfectionne, non-seulement un seul métier, mais souvent la moindre partie d'un métier suffit pour occuper un homme tout entier, parce qu'il trouve toujours à placer le produit de son travail, quoique très-considérable et d'une seule espèce. Il me semble que l'on n'a jamais tenu assez de compte à Smith de cette dernière vue. Cependant elle est très-belle, et c'est là qu'il a trouvé la principale utilité du commerce, celle qu'il ne faut jamais perdre de vue, celle que l'on doit toujours et dans tous les cas regarder comme la plus essentielle de ses propriétés et le premier de ses avantages. Arrêtons-nous-y un moment : et, puisque c'est le commerce qui nous occupe actuellement, remarquons bien qu'à l'instant où les échanges commencent, commence aussi la société, et avec elle, la possibilité que chacun a de se livrer exclusivement au genre d'occupation dans lequel il peut le mieux réussir, tant par ses dispositions naturelles, que par les circonstances dans lesquelles il se trouve.

Lors de ce commencement, le commerce se fait directement et sans intermédiaire. Tout homme qui a quelque chose à vendre, est obligé de chercher un acheteur, et tout homme qui a quelque chose à acheter, est obligé de chercher un vendeur : en un mot, quiconque veut faire un échange, doit prendre lui-même la peine de chercher avec qui le faire. Bientôt, par l'effet même de cette *division du travail* que le commerce provoque si puissamment, il se forme une classe d'hommes dont l'unique profession est d'éviter cette peine aux échangistes, et par-là de faciliter beaucoup les échanges. Ces hommes sont connus sous le nom général de commerçans. Ensuite ils se subdivisent encore, et on distingue parmi eux des négocians, des marchands, des détaillans, des courtiers, des commissionnaires et autres agens de commerce, qui tous se rendent utiles en remplissant chacun une fonction différente. Considérons-les tous en masse : cela suffit pour notre objet.

Les commerçans sont là toujours prêts à acheter quand quelqu'un veut vendre, et à vendre quand quelqu'un veut acheter. Ils font venir dans un endroit les denrées d'un autre, et réciproquement. Ainsi, par leurs soins, chacun trouve tout de suite, à portée de soi, tout ce qu'il désire et tout ce qu'il ne pourrait souvent se procurer qu'avec beaucoup de peine et de temps. Leur travail est donc utile. Puisqu'il est utile, il doit leur procurer un salaire. Aussi se le procurent-ils facilement. On aime mieux vendre à meilleur marché chez soi que d'aller loin porter ses denrées. On aime mieux acheter plus cher à sa porte, que de se déplacer pour chercher ce qu'on désire. Les négocians achètent donc à bon marché et revendent cher. Voilà leur récompense. Ils peuvent la restreindre d'autant plus que les communications sont plus sûres et plus faciles, leurs frais et leurs risques étant moins grands. Quand les négocians sont rares, ils font des profits énormes; quand ils sont nombreux, ils se contentent de moins, afin d'avoir la préférence. En cela ils sont comme les autres travailleurs. Quel que soit leur salaire, il est

certain qu'il est pris sur les échangistes ; mais
il est pour ces échangistes d'une moindre valeur que les peines qu'il leur épargne. Ainsi
ils gagnent, au moins en général, à faire ce
sacrifice. La preuve en est qu'ils préfèrent
presque toujours se servir de cet intermédiaire. L'existence de ces entremetteurs
est donc utile.

L'explication de l'utilité des commerçans
m'amène à montrer l'utilité de l'argent ; car
il sert le commerce comme instrument, précisément de la même manière qu'ils le servent
comme agens. On peut faire le commerce
sans cet instrument et sans ces agens, mais
ils le rendent plus facile. L'argent est une
marchandise comme une autre, propre à différens usages, ayant, comme toutes les autres,
sa valeur naturelle, qui est la valeur du travail
nécessaire pour l'extraire de la terre et le façonner, et sa valeur vénale qui est celle des choses
que l'on offre pour se le procurer, ainsi que
nous l'avons expliqué dans nos observations
sur le livre treizième. Mais cette marchandise
a cela de particulier qu'elle est inaltérable,
en sorte qu'on peut la garder sans craindre ni
déchet ni avaries ; qu'elle est toute de même

qualité, quand elle est pure, en sorte qu'on peut toujours la comparer à elle-même sans incertitude de valeur; qu'elle est susceptible de divisions très-multipliées, très-justes, très-constantes, de manière qu'elle se prête très-commodément aux divisions de toutes les autres, depuis les plus précieuses jusqu'aux plus communes, depuis les plus petites masses jusqu'aux plus grandes. Voilà bien des avantages pour devenir le terme commun de comparaison de toutes les valeurs. C'est aussi ce qui arrive; et une fois que cela est ainsi, l'argent ne peut plus changer de valeur fréquemment et démesurément comme une autre marchandise, pour être trop recherchée dans un temps et pas assez dans un autre. Il ne peut varier de prix que faiblement et à la longue, suivant qu'il est un peu plus ou un peu moins rare. C'est là encore un autre avantage très-important pour être gardé. Ainsi, quiconque possède une chose dont il n'a pas besoin, n'est plus obligé d'attendre, pour s'en défaire, qu'il trouve à la troquer précisément contre celle qui lui est nécessaire. Pourvu qu'il en trouve de l'argent, il le prend, parce qu'il est sûr avec cet argent de se procurer tout ce qu'il voudra, quand il le jugera à propos, surtout lorsqu'il existe des commerçans toujours prêts à vendre de tout. Du reste, l'argent n'est pas plus la totalité de nos richesses, que les commerçans ne sont la totalité des échangistes. L'un est un outil, les autres sont des ouvriers qui servent au commerce, mais qui ne constituent pas le commerce. Il faut de cet outil et de ces ouvriers autant et pas plus qu'il n'est nécessaire, pour que le commerce se fasse. Quand il y a plus d'argent dans un pays, qu'il n'en faut pour la circulation, il faut l'envoyer au dehors ou en faire des meubles de différentes espèces; quand il y a trop de négocians pour la quantité des affaires qu'on peut y faire, il faut qu'ils s'expatrient, ou qu'ils prennent un autre état.

Les propriétés du commerce étant ainsi bien senties, et les fonctions des commerçans bien entendues, il est aisé de voir que, si les commerçans ne sont pas indispensables, puisque le commerce peut avoir lieu jusqu'à un certain point sans eux, ils sont très-utiles, puisqu'ils le facilitent prodigieusement. Mais il ne paraît pas aussi aisé d'abord de décider, si leur travail est réellement *productif*, et s'ils méritent d'être rangés dans la classe productrice. Aussi des écrivains, qui n'ont voulu voir de *production* réelle que dans le travail qui nous procure les matières premières, et qui, en conséquence, ont refusé le nom de *producteurs* à ceux qui emploient ces matières (les artisans), ont, par suite, refusé le même titre à ceux qui les transportent (les négocians). Cependant c'est là une erreur où l'on tombe uniquement, parce que l'on ne sait pas soi-même ce que l'on veut dire par le mot de *production*.

M. Say, nous l'avons déjà dit, a fait disparaître toute cette logomachie par une seule observation bien juste : c'est que nous ne créons jamais un seul atome de matière, que nous n'opérons jamais que des transformations, et que ce que nous appelons produire, n'est jamais que donner un degré d'utilité de plus, par rapport à nous, à ce qui existait déjà. On pourrait dire de même, et avec autant de justesse, de nos productions intellectuelles, qu'elles ne sont jamais que des transformations des impressions que nous recevons de tout ce qui existe ; impressions que

nous élaborons, dont nous formons toutes
nos idées, dont nous tirons toutes les vérités
que nous apercevons, toutes les combinaisons
que nous imaginons.

En effet, pour ne point sortir de l'ordre
physique, les hommes qui tirent du sein de
la terre et des eaux, par les travaux de la culture, de la pêche, de la chasse, des mines et
des carrières, toutes les matières premières
dont nous nous servons, ne font, par
leurs peines, que commencer à disposer ces
végétaux, ces animaux, ces minéraux, à
nous être utiles. Le métal vaut mieux pour
nous que le minerai, une riche moisson mieux
que la semence et le fumier dont elle pro-
vient. Un animal pris ou tué est plus près de
nous servir, qu'un animal qui s'enfuit, et un
animal apprivoisé plus qu'un animal farouche.
Ces premiers travailleurs ont donc été utiles,
ils ont été producteurs d'utilité, et c'est la
seule manière d'être producteur.

Viennent ensuite d'autres travailleurs ; ce
sont les artisans, qui façonnent encore ces
matières. Si le métal vaut mieux que le minerai, une pioche, une bêche ou un autre
ustensile valent mieux qu'un bloc de fonte.

Si le chanvre vaut mieux que le chènevis qui l'a produit, la toile vaut mieux que le chanvre, le drap mieux que la toison, la farine mieux que le blé, et le pain mieux que la farine, etc., etc. Ces nouveaux travailleurs sont donc encore des producteurs tout comme les autres, et de la même manière. Cela est si vrai, que souvent on ne peut les distinguer les uns des autres. Je demande que l'on me dise si celui qui, avec de l'eau salée fait du sel, est un agriculteur ou un artisan; pourquoi celui qui tue un daim appartiendrait plus à l'industrie agricole, que celui qui l'écorche pour me faire des gants, et quel est le producteur du laboureur, du semeur, du moissonneur, ou même de celui qui a fait les fossés nécessaires pour rendre le champ productif.

Mais il ne suffit pas que les matières aient reçu leurs dernières façons pour que je puisse m'en servir; il faut encore qu'elles soient près de moi. Peu m'importe qu'il y ait du sucre aux Indes, de la porcelaine à la Chine, du café en Arabie; il faut qu'on me l'apporte. C'est ce que font les négocians; ils sont donc aussi producteurs d'utilité. Cette utilité est si

grande, que, sans celle là, les autres s'évanouissent. Elle est si palpable, que, dans les endroits
où une chose surabonde, elle n'a aucune
valeur, et qu'elle en prend une très-grande
quand elle est transportée dans ceux où elle
manque : il faut donc, ou renoncer à savoir
ce qu'on veut dire, ou confesser que les
négocians sont des producteurs comme tous
les autres, et convenir que *tout travail est
productif*, *lorsqu'il produit des richesses supérieures à celles que consomment ceux qui
s'y livrent*. C'est là la seule manière raisonnable d'entendre le mot *production*. Voyez le
chapitre XIII.

Il est vrai que, par l'effet de l'industrie,
que l'on nomme assez mal *agricole*, les matières changent le plus souvent de *nature*;
que l'industrie *manufacturière* n'en change
ordinairement que la *forme* (encore cela
n'est pas vrai des arts chimiques, et ils le
sont presque tous plus ou moins); et que
l'industrie *commerçante* ne fait que les changer de *lieu*. Mais qu'est-ce que cela fait,
si ce dernier changement est utile comme les
autres? si c'est une dernière façon nécessaire
pour faire valoir toutes les autres? et si cette

dernière façon est si fructueuse, qu'elle produit un accroissement de valeur très-supérieur aux frais qu'elle coûte?

On dira que cet accroissement de valeur souvent n'a pas lieu, et que souvent la marchandise est perdue, ou détériorée, ou arrive à contre-temps, et que le travail du commerçant se trouve infructueux. Mais il en est de même du travail de l'agriculteur et du manufacturier, quand ils sont mal entendus ou contrariés par des accidens. On dira encore que souvent le commerçant ne fait que nous apporter des objets de consommations inutiles, que nous aurions été heureux d'ignorer; que nous y prenons goût, que nous nous ruinons pour nous les procurer, et qu'ainsi il nous appauvrit au lieu de nous enrichir. Mais il en est de même souvent de l'agriculture et des arts. Si je fais d'une vaste campagne un champ de roses, si j'emploie beaucoup de monde à les cultiver et à les recueillir, beaucoup de monde encore à les distiller, et qu'il ne résulte de tout cela que la satisfaction très-passagère de quelques belles dames qui se parfument en dépensant des sommes considérables, au

moyen desquelles on aurait pu exécuter des
ouvrages très-durables et très-utiles, certainement il y a perte de richesse; mais la perte
n'est pas dans la production, elle est dans
la consommation. Si on avait exporté cette
essence de roses, on aurait pu avoir en retour beaucoup de choses de première nécessité. Dans tous les cas, il y a similitude
complète entre le travail du commerçant et
celui de l'agriculteur ou du manufacturier.
L'un n'est ni plus ni moins *essentiellement
productif* que l'autre. Tous, en ne réussissant
pas, sont en pure perte; tous, en réussissant,
produisent accroissement de jouissances. Si
on consomme, c'est accroissement de richesse; si on ne consomme pas, c'est ruine
entière. Au reste, peu importe le nom que l'on
donne à l'industrie des commerçans, pourvu
que ce nom ne conduise pas à de fausses
conséquences, et que l'on voie bien ce que
c'est que le commerce, dont les commerçans
ne sont que les agens. Il me semble que nous
nous en sommes rendu compte assez nettement, pour pouvoir poser quelques principes
certains, et nous décider sur les différentes
questions qui peuvent naître, d'après des

vues générales et constantes. Revenons donc
à notre auteur, et essayons d'examiner quelques-unes de ses opinions.

Montesquieu, qui s'est épargné la peine que
nous venons de prendre, semble ne voir
dans le commerce que les relations des nations entre elles, et leur manière d'influer les
unes sur les autres. Il ne dit pas un mot du
commerce qui se fait dans l'intérieur d'un
pays; et il paraît supposer qu'il serait nul
et d'aucun effet, et qu'il ne mériterait aucune
considération, s'il ne devait pas donner le
moyen de faire des profits sur les étrangers.
Il pense, en cela, comme bien des écrivains
et bien des hommes d'état trop admirés.
Cependant, même dans cette supposition,
le commerce intérieur demanderait encore
toute notre attention; et, dans tous les cas, il
est toujours de beaucoup le plus important,
surtout pour une grande nation. En effet,
de même que, tant qu'il n'y a pas du tout
d'échanges entre les hommes d'un même
canton, ils sont tous étrangers les uns aux
autres et tous misérables, au lieu qu'en
s'entr'aidant, ils augmentent prodigieusement
leur puissance et leurs jouissances; de même

dans un grand pays, si chacune de ses parties
demeure isolée et sans communication, elles
sont toutes dans le dénûment et dans une inaction forcée ; au lieu qu'en formant des liaisons
entre elles, chacune profite de l'industrie de
toutes, et y trouve l'emploi et le développement de ses propres ressources. Prenons
pour exemple la France, parce que c'est
une contrée très-vaste et très-connue. Supposons la nation française seule dans le monde,
ou environnée de déserts impossibles à tra-
verser. Elle a des portions de son territoire
très-fertiles en grains, d'autres plus humides
qui ne sont bonnes qu'aux pâturages, d'autres
formées de coteaux arides qui ne sont bons
qu'à la culture des vignes, d'autres enfin plus
montagneuses qui ne peuvent guère produire
que des bois. Si chacun de ces pays est
réduit à lui-même, qu'arrive-t-il ? il est clair
que, dans le pays à blé, il peut encore
subsister un peuple assez nombreux, parce
que du moins il a le moyen de satisfaire
largement au premier de tous les besoins,
la nourriture. Cependant ce besoin n'est pas
le seul ; il faut le vêtement, le couvert, etc.
Ce peuple sera donc obligé de sacrifier en

bois, en pâturages, en mauvaises vignes, beaucoup de ces bonnes terres, dont une bien moindre quantité aurait suffi pour lui procurer, par voie d'échange, ce qui lui manque, et dont le reste aurait encore nourri beaucoup d'autres hommes. Ainsi, ce peuple ne sera déjà pas si nombreux que s'il avait eu du commerce, et cependant il manquera de bien des choses. Cela est encore bien plus vrai de celui qui habite les coteaux propres aux vignes. Celui-là, si même il en a l'industrie, ne fera du vin que pour son usage, parce qu'il ne pourra pas le vendre. Il s'épuisera dans des travaux ingrats, pour faire produire à ses côtes arides quelques mauvais grains, ne sachant où en acheter. Il manquera de tout le reste. Sa population, quoique encore agricole, sera misérable et rare. Dans le pays des marais et de prairies, trop humide pour le blé, trop froid pour le riz, ce sera bien pis. Il faudra nécessairement renoncer à cultiver, se réduire à être pasteur, et même ne nourrir d'animaux qu'autant qu'on en peut manger. Pour le pays de bois, il n'y a de moyen d'y vivre que la chasse, à mesure et autant qu'on y trouve des animaux sauvages, sans songer seulement à conserver leurs peaux. Car qu'en ferait-on? Voilà pourtant l'état de la France, si vous supprimez toute correspondance entre ses parties. Une moitié est sauvage, et l'autre mal pourvue.

Supposez au contraire cette correspondance active et facile, quoique toujours sans relation extérieure. Alors la production propre à chaque canton ne sera plus arrêtée par le défaut de débouchés, et par la nécessité de se livrer, en dépit des localités, à des travaux très-ingrats, mais nécessaires faute d'échanges, pour pourvoir par soi-même, tant bien que mal, à tous ses besoins ou du moins aux plus pressans. Le pays de bonne terre produira du blé autant que possible, et en enverra au pays de vignobles, qui produira des vins tout autant qu'il trouvera à en vendre. Tous deux approvisionneront le pays de pâturages, où les animaux se multiplieront à proportion du débit, et les hommes à proportion des subsistances que leur procurera ce débit; et ces trois pays réunis alimenteront, jusque dans les montagnes les plus âpres, des habitans industrieux qui leur four-

niront des bois et des métaux. On multipliera
les lins et les chanvres dans le nord, pour
envoyer des toiles dans le midi, qui multipliera ses soiries et ses huiles pour les payer.
Les moindres coins de terre seront mis à
profit. Une commune toute en cailloux four-
nira des pierres à fusil à toutes les autres
qui n'en ont pas et qui en ont besoin ; et ses
habitans vivront des produits de ces échanges. Une autre toute en rochers enverra des
meules de moulins dans plusieurs provinces.
Un petit pays de sable va produire de la
garance pour toutes les teintures. Quelques
champs d'une certaine argile donneront de la
terre pour toutes les poteries. Les habitans
des côtes, pouvant envoyer dans l'intérieur
leurs poissons salés, s'occuperont sans cesse
de la pêche. Il en sera de même du sel marin,
des alcalis, des plantes marines, des gom-
mes, des arbres résineux. On verra naître partout de nouvelles industries, non-seulement
par l'échange des marchandises, mais encore
par la communication des lumières ; car, si
nul pays ne produit tout, nul n'invente tout.
Quand des communications sont établies, ce
qui est connu dans un endroit l'est partout ;

et on à bien plus tôt fait d'apprendre ou même de perfectionner que d'inventer. D'ailleurs, c'est le commerce lui-même qui inspire l'envie d'inventer ; c'est même sa grande étendue qui seule rend possibles bien des industries. Cependant ces nouveaux arts occupent une foule d'hommes qui ne vivent de leur travail que parce que celui de leurs voisins, étant devenu plus fructueux, peut suffire à les payer. Voilà donc cette même France, tout à l'heure si indigente, remplie d'une population nombreuse et bien approvisionnée, et par conséquent devenue heureuse et riche, sans qu'elle ait fait le moindre profit sur aucun étranger. Tout cela est dû au meilleur emploi des avantages de chaque localité, et des facultés de chaque individu ; et remarquez que, pour cela, il est indifférent que ce pays soit riche ou pauvre en or et en argent ; car, si ces métaux précieux y sont rares, il en faudra une très-petite quantité pour payer une grande quantité de marchandises ; s'il y en a beaucoup, il en faudra davantage. Voilà toute la différence. Dans les deux cas, la circulation se fera de même. Tels sont les miracles du commerce intérieur.

Je conviens que j'ai pris pour exemple un pays très-vaste et très-favorisé de la nature. Mais les mêmes causes produiraient les mêmes effets dans tous, proportion gardée de leur étendue et de leurs avantages, excepté toutefois dans ceux qui seraient absolument incapables de fournir les denrées de première nécessité en quantité suffisante. Pour ceux-là, il est certain que le commerce étranger est indispensable pour qu'ils soient habités, puisque lui seul peut les approvisionner de ces denrées nécessaires à la vie. Ils sont dans le cas des parties montagneuses ou marécageuses de la France dont nous venons de parler, qui ne doivent leur population qu'à leurs communications avec les parties fertiles. Pour tous les autres pays, le commerce étranger est de surérogation ou n'est qu'accessoire.

Je ne prétends pas pourtant nier l'utilité du commerce extérieur. Ce que nous venons de dire nous montre même quel est son plus grand avantage. En effet, puisque le commerce intérieur produit tant de biens par cela seul qu'il anime l'industrie, et puisqu'il n'anime si puissamment l'industrie que parce qu'il accroît la possibilité du débit, ou, comme l'on dit, parce qu'il augmente *l'étendue du marché* pour les productions de chaque partie du pays, il est manifeste que le commerce extérieur, en agrandissant encore prodigieusement le marché, augmente de même l'industrie et les produits. La France elle-même, quoique plus en état peut-être qu'aucun pays de se passer de tous les autres, serait cependant privée de beaucoup ue jouissances, si elle ne tirait pas des denrées des quatre parties du monde : et plusieurs de ses fabriques actuelles, même des plus nécessaires, ont un besoin indispensable de matières premières qui viennent des extrémités de la terre. On peut même ajouter que certaines provinces, quoique faisant partie du même corps politique, ont souvent moins de facilité à communiquer entre elles qu'avec certains pays étrangers. Ainsi il est plus aisé de faire arriver les vins de Bordeaux en Angleterre, les draps de Languedoc en Turquie, ceux de Sedan en Allemagne, que dans beaucoup de parties de la France; et réciproquement, beaucoup de choses peuvent souvent être tirées plus commodément

de l'étranger que du pays même qui les
produit ; et alors c'est une grande maladresse
de s'en priver. Le commerce étranger sert
donc aussi l'industrie ; et ce que nous venons
de voir des effets du commerce intérieur
nous prouve combien est précieuse cette
propriété de développer l'industrie. Que penser donc de ceux qui ne tiennent aucun
compte de cet avantage, qui ne font aucune
attention au commerce intérieur , et qui ne
voient dans le commerce extérieur qu'un
moyen d'attraper quelques écus aux nations
étrangères ? On peut dire , sans hésiter , qu'ils
n'ont pas les premières notions de la manière dont se forment et se distribuent les
richesses des nations. Il faut convenir que
c'est le cas où se trouve notre auteur , malgré toutes ses lumières.

Aussi , après quelques phrases vagues sur
les effets moraux du commerce (et nous en
parlerons plus loin), il établit tout de suite
qu'il y a deux espèces de commerce : le
commerce de luxe, et celui d'économie ;
et , fidèle à son système de faire tout dériver
de trois ou quatre formes de gouvernement
qu'il a jugé à propos de distinguer , il ne

manque pas d'ajouter que l'un de ces deux commerces est plus convenable à la monarchie et l'autre à la république ; et il trouve beaucoup de raisons pour que cela soit ainsi. Le vrai est qu'il n'y a jamais eu et qu'il n'y aura jamais de commerce de luxe. Qui dit *luxe*, dit consommation et même consommation excessive. Le commerce, l'industrie commerciale, fait partie de la production. Ces deux choses n'ont rien de commun. Si l'on entend par commerce de luxe, que les uns dépensent ce que les autres gagnent ; gagner est une chose, et manger en est une autre toute différente (1). Si commerce de luxe veut dire le commerce des choses servant au luxe, rien n'empêche que les républicains hollandais n'apportent de la porcelaine de la Chine, des schalls de Cachemire, des diamans de Golconde, quoique ce soient des courtisans français ou allemands qui aient la sottise de les acheter. Dans tous les cas, M. Say a bien raison de

(1) Nous l'avons déjà dit chapitre VII. Un joaillier n'a point de luxe, quoiqu'il dépense beaucoup en pierreries. Ce sont ceux qui se parent de ces bijoux qui ont du luxe.

24

dire : *Tout cela ne signifie absolument rien.*
Il en faut dire autant des raisonnemens, par
lesquels Montesquieu croit prouver *qu'un commerce toujours désavantageux peut être utile,*
ou que *la faculté accordée aux négocians
de faire ce qu'ils veulent, serait la servitude
du commerce;* ou que *l'acquisition que l'on
peut faire de la noblesse, à prix d'argent,
encourage beaucoup les négocians;* ou que
*les mines d'Allemagne et de Hongrie font
valoir la culture des terres, tandis que le
travail de celles du Mexique et du Pérou
la détruit,* et autres maximes de la même
force. De tout cela on est obligé de conclure encore avec M. Say, que, *quand un auteur parlant de ces choses, se forme une
vue si peu nette de leur vraie nature, si,
par hasard, il vient à rencontrer une vérité
utile, et s'il lui arrive de donner un bon
conseil, c'est fort heureux.* Achevons donc
d'expliquer nettement, s'il se peut, les
effets du commerce extérieur. Jusqu'à présent cela n'a jamais été fait suffisamment ;
et si nous y réussissons, ce ne sera point
par hasard, mais bien par les déductions
les plus rigoureuses, que cette connaissance

nous conduira à beaucoup de vérités utiles trop méconnues.

Nous avons vu que, de même que le commerce d'homme à homme constitue seul la société, et est la cause première de toute industrie et de toute aisance ; de même le commerce de canton à canton, et de province à province dans l'intérieur du même corps politique, donne un nouvel essor à cette industrie et produit un nouvel accroissement de bien-être, de population et de moyens ; et que le commerce extérieur augmente encore tous ces biens, que le commerce intérieur a fait naître, et contribue à mettre en valeur tous les dons de la nature, en rendant le travail des hommes plus fructueux et plus productif (1). Cette propriété est le

(1) N'oublions jamais que le *travail productif* est celui dont il résulte des valeurs supérieures à celles que consomment ceux qui s'y livrent. Le travail des soldats, des gouvernans, des avocats, des médecins, peut être utile; mais il n'est pas productif, puisqu'il n'en reste rien. Celui d'un agriculteur ou d'un manufacturier, qui dépenserait dix mille francs pour en produire cinq, n'est point productif non plus, et ne saurait être utile à moins qu'il ne le soit comme expérience.

plus grand de tous les avantages du commerce extérieur; et, quoique vraiment incalculable, cet avantage peut pourtant être
représenté par des nombres qui en donneront une idée approximative. Imaginons vingt
hommes travaillant séparément et sans s'aider : ils feront de l'ouvrage comme *vingt;*
et, si nous les supposons tous égaux en capacité, ils auront des jouissances chacun
comme *un.* S'ils se réunissent et s'entr'aident,
par cela seul, ils feront de l'ouvrage comme
quarante et peut-être comme *quatre-vingts;*
et par conséquent ils jouiront chacun comme
deux ou comme *quatre.* S'ils profitent de cet
avantage, du loisir qu'il leur procure, de l'esprit qu'il leur donne, pour découvrir de nouvelles ressources, pour inventer de nouveaux
moyens, pour se procurer de nouvelles
matières premières, ils pourront produire
comme *cent soixante,* comme *trois cent vingt,*
et jouir comme *huit* ou comme *seize* : enfin
leur industrie se perfectionnant indéfiniment,
car il est impossible d'en assigner le terme,
ils arriveront peut-être, s'ils sont très-intelli-
gens ou très-favorisés de la nature, jusqu'à
produire comme *mille* et même comme

deux mille; et par suite à jouir chacun comme *cinquante* ou comme *cent*, si l'égalité subsiste entre eux, ou à vivre cent ou deux cents sur le même terrain où ils n'étaient que vingt, et à avoir encore des jouissances comme *dix* au lieu d'*un*, le tout sans avoir gagné la moindre chose sur aucun étranger.

Ces évaluations ne sont pas forcées, elles sont même au-dessous de la vérité. Il y a plus que cette différence entre l'isolement sauvage et la société créée et perfectionnée par l'invention des échanges, surtout si cette société était assez bien ordonnée pour que l'égalité s'y maintînt, ou que du moins l'inégalité s'y introduisît le moins possible, et que par suite beaucoup de moyens ne devinssent pas inutiles ou nuisibles. (Voyez l'article du luxe, *chap. septième*). Le plus grand avantage du commerce extérieur, on ne saurait trop le répéter, est donc certainement de contribuer à cet heureux phénomène; et c'est celui auquel on n'a presque jamais pensé, et que l'on a toujours été prêt à sacrifier à l'appât d'un gain sordide, et à l'apparence du moindre profit à faire sur l'étranger. Je dis à l'apparence; je ne prétends

pas insinuer par là que ce profit soit toujours
illusoire; c'est ce que nous verrons : je soutiens seulement que c'est à tort qu'il a été
l'objet unique de la plupart des politiques, et
qu'il n'est rien, en comparaison de l'avantage
qu'a le commerce de créer la société et de
développer l'industrie, avantage qui appartient éminemment au commerce intérieur,
auquel contribue subsidiairement le commerce extérieur, ce qui constitue à mes yeux
son plus grand mérite. Au reste, puisqu'on
a attaché une importance très-exagérée au
profit direct qu'une nation peut faire sur les
nations étrangères par le moyen de son commerce avec elles, il convient d'examiner
plus en détail ce profit, pour voir nettement
en quoi il consiste, et jusqu'à quel point on
peut le connaître.

Le commerce extérieur peut être profitable, ou plutôt les négocians qui le font,
peuvent augmenter directement la masse des
richesses nationales par les gains qu'ils font
sur les étrangers avec lesquels ils trafiquent;
et cet effet ils peuvent le produire de plusieurs manières différentes.

Premièrement, ils peuvent n'être que les

voituriers et les commissionnaires des étrangers. Dans cette supposition, ils sont plutôt artisans que commerçans. En cette qualité, ils reçoivent des salaires. Ils vivent de ces salaires, quand même leur pays ne produirait rien. C'est une somme de richesses qu'ils y importent. S'ils la consument toute entière à leur subsistance annuelle, elle se borne à entretenir dans le pays une portion de population qui n'y existerait pas sans elle. S'ils ne l'emploient pas en totalité, et s'ils font quelques économies, ces économies sont autant d'ajouté à la masse permanente des richesses nationales.

Secondement, ils peuvent aller acheter dans un pays étranger des denrées qui y sont à bon marché, et les revendre dans un autre où elles sont chères. La différence suffit pour payer la subsistance de ceux qu'ils emploient et la leur, en un mot, tous leurs frais, et leur donner un bénéfice. Ce bénéfice, soit en argent, soit en denrées, et même toute la partie de leurs frais gagnée par les nationaux, est une masse de moyens qu'ils ont ajoutés à ceux de leur patrie, puisque tout cela est payé par des étrangers.

Si cette masse de moyens n'est pas totalement consommée annuellement, ce qui en reste économisé est autant d'ajouté au fonds de la richesse nationale. Ce second cas est celui du commerce de transport.

Troisièmement, les commerçans prennent chez eux des denrées, qui n'ont qu'un vil prix dans le grand marché de l'Europe et de toutes les nations civilisées; ils les portent au loin, et ils rapportent dans leur pays d'autres denrées qui ont une grande valeur chez toutes ces nations. La différence dans ce cas couvre les frais et bien au-delà. Ces frais, fussent-ils payés à des étrangers, il y a bénéfice. C'est cette opération que l'on fait, quand on va chez des sauvages troquer des grains de verre et autres bagatelles, contre de la poudre d'or, de l'ivoire, des fourrures et autres choses précieuses. Certainement alors on a augmenté la masse des richesses de la société dont on fait partie. Il n'est pas nécessaire, pour en être sûr, de savoir si ces richesses importées sont consommées dans le sein de cette société ou réexportées, gaspillées ou mises à profit. C'est là une autre question. C'est celle de la consommation;

elle est étrangère à celle de la production.
Ces richesses peuvent être perdues de nouveau, mais elles sont acquises ; c'est tout ce
qu'il nous faut pour le moment.

Quatrièmement, les négocians peuvent aller
chez des étrangers acheter des matières premières, les faire fabriquer chez eux, et les
reporter avec profit à ces mêmes étrangers
ou à d'autres. C'est ce que font des marchands français qui tirent d'Espagne des cuirs
bruts qu'ils y renvoient tannés, et des laines
qu'ils y renvoient en draps. Leur bénéfice, et
même le salaire de tous leurs agens, est un
profit pour leur patrie ; car l'objet unique
de ce commerce étant de fournir les étrangers, toute l'industrie qu'il met en œuvre est
exclusivement payée par eux. Les artisans
qu'il emploie sont à la solde de ces étrangers, comme les voituriers et les matelots
qui leur conduisent la marchandise. Aussi ce
commerce est-il, de beaucoup, celui de tous
qui fait entrer le plus de richesses dans le
pays : mais il est à remarquer que cet effet,
il le produit bien moins par les bénéfices du
négociant, qui peuvent être très-peu de chose,
que par la grande masse d'industrie qu'il dé-

veloppe et qu'il met en mouvement. Car le
développement de l'industrie est toujours,
dans toutes les suppositions et sous tous les
rapports, ce qu'il y a de plus utile à une
société d'hommes.

Enfin, le cinquième genre de commerce
extérieur, est celui qui consiste à exporter
toutes les denrées et marchandises dont on
n'a pas besoin, que, sans ce commerce, on
n'aurait aucun intérêt à produire, et qu'assurément on ne produirait pas, et à importer
toutes celles dont on manque absolument
ou qu'on ne pourrait se procurer chez soi
que beaucoup plus chèrement. C'est ce commerce qui a lieu le plus ordinairement entre
les nations. Les autres dont nous venons de
parler ne sont, pour ainsi dire, que des cas
particuliers et d'exception. C'est celui-ci qui
compose la presque totalité du commerce
extérieur de la plupart des peuples. C'est
lui qui secourt puissamment le commerce
intérieur en agrandissant le marché, et qui
l'aide à atteindre ce but si important, d'augmenter les facultés des citoyens en dévelop-
pant leur industrie, et de les approvisionner
de tous les moyens de jouissance que cette

industrie les met en état d'acquérir. Cet objet est si capital, cet intérêt est si majeur, qu'il absorbe tous les autres, et qu'il faut ne compter pour rien, parmi les avantages de ce commerce, le bénéfice que peuvent y faire les négocians qui en sont les agens.

Il faut pourtant que ce bénéfice ait lieu pour que les négocians prennent la peine de faire le service ; et s'il n'avait pas lieu, ce serait une preuve que leur service n'est ni utile ni agréable ; et que leurs opérations sont sans objet. Elles cesseraient. Ce bénéfice a donc lieu. Mais premièrement, il est nécessairement pris en partie sur les nationaux, et il est impossible de déterminer la part qu'ils ont dans les sacrifices que les agens de l'échange exigent des échangistes. Secondement, il est nécessairement partagé par les négocians étrangers avec lesquels ceux du pays correspondent, et il est bien vraisemblable qu'en général les uns et les autres respectivement gagnent, à peu près, ce que les vendeurs et les acheteurs de leurs pays *sacrifient*. Ainsi ce n'est point une conquête sur l'étranger. Troisièmement enfin, et il faut encore le répéter, ce bénéfice est une misère, en comparaison des autres avantages de ces transactions et de l'immense masse de richesses qu'elles mettent en mouvement et qu'elles font naître ; et j'ose affirmer, contre l'opinion vulgaire, qu'il ne mérite aucune attention de la part du politique philosophe. Ainsi, on ne doit point compter ce commerce, de beaucoup le plus utile et le plus considérable de tous, au nombre de ceux qui augmentent *directement* la masse des richesses nationales, précisément parce qu'il est celui qui les augmente le plus *indirectement*.

Voilà, je pense, les principales espèces de commerce qu'une nation peut faire à l'étranger. Cette classification n'est pas très-rigoureuse, il ne faut pas y attacher trop d'importance. Elle a son inconvénient, comme toutes les classifications ; c'est que les êtres réels se plient difficilement à ces manières générales et abstraites de les considérer. Il n'y a peut-être pas une seule opération commerciale effective et réellement existante, qui puisse être rangée exclusivement et uniquement dans une de ces cinq classes, et qui n'appartienne pas aux autres par quelques-unes de ses parties. Néanmoins, cette analyse des effets les plus marquans du commerce extérieur commence à répandre sur cette matière quelques lumières, et nous met à même d'examiner ce que nous devons penser de ce que l'on appelle communément la *balance du commerce.*

Il faut convenir que ces deux mots n'offrent pas toujours une idée bien nette ; et peut-être même que si ceux qui les ont le plus employés, avaient creusé davantage dans le fond du sujet, ils auraient trouvé qu'ils n'ont aucun sens. Cependant, sans trop se rendre compte ni de la cause du fait, ni de la manière dont il arrive, ni de la possibilité qu'il arrive, quand on croit qu'une nation envoie plus de *valeurs* à l'étranger qu'elle n'en reçoit, on dit généralement que la balance lui est défavorable ; et, dans le cas contraire, on dit qu'elle est en sa faveur. Voilà ce qu'on entend, à peu près, par cette balance du commerce que l'on a tant d'envie de faire pencher de son côté.

Mais premièrement, il est manifeste que, pour que cette idée de balance ne soit pas tout-à-fait chimérique, il ne faut pas borner le mot *valeurs* à ne représenter que les

espèces monnaies ou même les métaux précieux ; car l'or et l'argent sont bien loin
d'être notre seule richesse ou même la principale partie de nos richesses, et il est très-clair
que, quand je donne pour cinq cents francs
d'argent et que je reçois pour six cents francs
de marchandises, je gagne cent francs, et
que, par conséquent, une nation pourrait
faire beaucoup de profits sur une autre à
laquelle pourtant elle enverrait plus d'argent
qu'elle n'en recevrait d'elle. Cette seule raison, quand il n'y en aurait pas beaucoup
d'autres, suffirait pour prouver que le cours
du change dont on tire tant de conséquences
téméraires, est un indice très-insignifiant de
l'état de la balance, car il ne peut, tout au
plus, qu'indiquer que l'on verse plus d'argent
d'un côté que de l'autre; et encore il ne le
fait que d'une manière très-peu sûre. Or, se
décider sur ce seul symptôme , c'est juger
du tout par une partie, et par une [partie
très-mal connue.

Secondement , il n'est pas moins évident
que, même en admettant la double supposition qu'une nation civilisée peut recevoir
d'une autre nation civilisée aussi , plus ou

moins de valeurs qu'elle ne lui en livre, et qu'on peut le savoir, pour juger de la balance du commerce pour ou contre cette première nation, il faut au moins bien réunir toutes les branches de son commerce extérieur, et ne pas se décider d'après l'examen d'une partie séparée et isolée. Car il se pourrait que cette nation ne perdît avec une autre que pour gagner davantage avec une troisième, ou n'achetât très-cher une denrée dans un endroit que pour en vendre une autre encore plus cher en retour, ou pour s'en procurer d'autres à très-grand marché. C'est donc uniquement de l'ensemble que l'on peut juger, si toutefois on peut le faire.

Mais pour en juger, il faut le connaître. Or, est-il bien certain qu'on puisse le connaître, même à *peu* près ou plutôt à *beaucoup* près ? Prenons d'abord la *quantité* des marchandises, qui est la circonstance la plus facile à constater. Quelque rigoureux que soit devenu le régime des douanes dans beaucoup de pays, il n'y a aucun gouvernement qui puisse se flatter de connaître exactement par ses employés la quantité de toutes les mar-

chandises qui passent les frontières, soit pour
entrer, soit pour sortir. Les produits de la
contrebande sont toujours considérables et
impossibles à savoir au juste. Les déclarations
des marchandises qui passent sans fraude,
sont toujours infidèles. Celles qui ne paient
rien, soit en entrant, soit en sortant (et il
y en a toujours beaucoup), sont déclarées
très-négligemment, ou même ne le sont point
du tout. Ainsi, on est déjà bien loin de son
compte, même pour la quantité, qui est pourtant ce qu'il y a de moins difficile à vérifier.

C'est bien pis pour la *qualité*. Cependant,
elle influe bien davantage sur les valeurs.
Nos richesses sont si multipliées et si diver-
sifiées, nous avons porté tant de recherche
et de variété dans la préparation et la confection des produits de la nature et des arts ;
qu'il y a souvent la différence d'un à cent,
d'un à mille, entre les valeurs de deux choses
à peu près du même genre, ou qui passent
aux barrières sous les mêmes dénominations
générales ; et ajoutez que ce sont toujours
les plus précieuses qui sont dissimulées ou
même totalement cachées, parce qu'en général elles sont peu volumineuses. Il est donc

vraiment impossible d'avoir une connaissance,
même approximative, de la valeur des marchandises exportées ou importées par le commerce ; et c'est s'abuser absolument que d'accorder quelque confiance, à cet égard, à des
déclarations grossières et à des relevés de
registres nécessairement imparfaits et incom-
plets.

Ce n'est pas tout. Quand on connaîtrait
exactement la quantité et la qualité, et par
suite la valeur de toutes les marchandises
importées et exportées dans le cours d'une
année, il faudrait encore savoir combien il
en a coûté, pendant cette même année, à tous
les négocians du pays pour opérer ces trans-
ports, c'est-à-dire, tout ce qu'ils ont dépensé
en commis, en agens, en vaisseaux, en agrès,
en nourriture et en payement d'équipages et
de rouliers, jusqu'à ce que chaque chose soit
arrivée à sa dernière destination. En un mot,
il faudrait connaître la masse de tous leurs
frais ; car ces frais sont des sommes avec
lesquelles ils paient du travail, et avec lesquelles ils pourraient le payer pour produire
des choses utiles, qui augmenteraient le total
de la richesse nationale. Ces sommes doivent

25

donc être déduites de la valeur des richesses importées. Or, ce dernier article est encore plus impossible à connaître que les autres. On n'a nul moyen, nul élément pour s'en faire une idée, même approximative. Les intéressés même ne le savent pas, ou du moins ne sauraient pas dire quelles de ces dépenses doivent être attribuées au seul commerce extérieur, ou imputées au commerce intérieur, et quelles sont gagnées par l'étranger ou par le compatriote. Elles se perdent, elles se fondent dans la circulation générale. Voilà donc encore un inconnu important.

Enfin, on pourrait bien aussi critiquer avec raison la fixation des valeurs des marchandises, faite à l'endroit où est la douane. Ce n'est pas là où elles ont été achetées, ce n'est pas là qu'elles seront employées. Or, c'est dans ces deux endroits que leur valeur réelle est constatée et réalisée. Plusieurs de ces denrées ont été ou seront avariées, avant ou après le moment où vous les mettez à prix à votre bureau de douane. D'autres gagneront beaucoup à être rendues à leur destination, ou seulement par le seul effet du temps qui les bonifie. Quelle nouvelle source d'incertitudes !

Si avec tant de *desiderata*, quelqu'un peut
se persuader de savoir quelque chose de la
balance dont il s'agit, c'est un intrépide
faiseur de chiffres. Mais il y a bien plus.
Quand on le saurait, quand on supposerait,
ce qui est impossible, que l'on sait réellement
de science certaine que, dans le cours d'une
ou de plusieurs années, il est entré effectivement dans un pays une somme de valeur
plus grande que celle qui en est sortie, à
quoi cela mènerait-il? Premièrement, cette
différence ne saurait être considérable, car
elle ne peut consister que dans le gain définitif de tous les négocians de ce pays
employés au commerce étranger. Or, c'est
bien peu de chose presque partout, en comparaison de la masse totale. Cela ne peut
faire un objet important que dans quelques
petits états, où une forte portion de la population subsiste du commerce de transport
par mer. Secondement, on n'en peut rien
inférer pour l'accroissement ou la diminution
de la richesse nationale; car, si cette nation
qu'on suppose avoir plus importé qu'exporté
pendant un temps, a, pendant ce même temps,
consommé tout ce qu'elle a importé, elle

est réellement appauvrie de la valeur de tout ce qu'elle a exporté, et dont il ne lui reste rien, quoiqu'elle ait gagné dans les changes ; si, au contraire, elle a beaucoup emmagasiné, ou, ce qui revient au même, si elle a fait chez elle de grands ouvrages utiles et durables, elle peut avoir accru la somme de ses moyens, c'est-à-dire, avoir augmenté son fonds, s'être enrichie, quoique, dans le même temps, elle ait fait quelques pertes à l'extérieur.

Concluons donc, avec Smith, qu'il n'y a de véritable balance que celle entre la production et la consommation de tout genre. C'est celle-là qui est la vraie mesure de l'appauvrissement ou de l'amélioration. C'est elle qui, par des progrès lents, trop souvent contrariés, a amené graduellement les peuplades humaines de leur misère primitive à un état plus heureux. C'est elle qui, grâces à l'activité, à l'intelligence des hommes et à l'énergie de leurs facultés, serait partout et toujours en faveur de l'humanité, si ceux qui gouvernent les sociétés, ne les égaraient et ne les désolaient pas incessamment. L'état de cette balance n'est pas aisé à constater immédiatement par un calcul direct. Il faudrait faire, pour ainsi dire, le bilan d'une nation à deux époques données, et pouvoir faire entrer dans son actif et dans son passif, non-seulement ses richesses matérielles et ses dettes positives ; mais les vérités et les erreurs dont elle est imbue, les bons et les mauvais sentimens dont elle est animée, les habitudes utiles ou nuisibles auxquelles elle est livrée, et les institutions funestes ou bienfaisantes qu'elle s'est données. On sent qu'un tel état de compte est impossible à dresser. Mais les effets de cette balance, qui est la seule réelle, sont très-sensibles à l'œil de l'observateur philosophe. Pour celle du commerce, proprement dite, c'est une pure illusion ou une misérable vétille, bonne uniquement à faire briller quelques subalternes trompeurs ou trompés, aux yeux de quelques supérieurs ignorans ou prévenus.

Il y a pourtant un résultat précieux et certain à recueillir des états, même très-imparfaits, des importations et des exportations. D'abord, il faut bien se mettre dans l'esprit que les unes sont toujours, à peu près, égales aux autres, et que la légère différence qui peut exister accidentellement entre elles, en supposant même qu'on puisse l'apercevoir, est peu importante. Mais ensuite, lorsque l'on voit que les unes et les autres sont très-considérables, par rapport au nombre d'hommes dont la nation est composée, on peut être assuré que cette nation a beaucoup de capacité, beaucoup de richesses, et que, par conséquent, chacun de ses membres a beaucoup de jouissances, si toutefois ces richesses sont bien réparties entre eux; car tout ce qu'ils ont exporté, ils avaient trouvé le moyen de se le procurer, et tout ce qu'ils ont importé en retour, est autant de moyens de jouissances dont ils peuvent user sans s'appauvrir, pourvu qu'ils n'altèrent pas leurs fonds. Ainsi, quand on voit la valeur de ces exportations et importations, augmenter graduellement et constamment dans un pays, pendant un certain nombre d'années, on peut conclure avec assurance, ou que le nombre de ses habitans est augmenté, ou que chacun d'eux a plus d'aisance, si une inégalité trop choquante ne s'y est pas établie, ou même que ces deux marches progressives existent; car elles ont presque toujours lieu en même temps. Dans le cas opposé, on peut se tenir pour certain des résultats contraires. On sent bien qu'il ne faut pas comprendre dans la masse des richesses circulantes dont je parle, celles qui ne feraient que passer par la voie du commerce de simple transport : elles n'indiqueraient que la grandeur de ce commerce, et non pas celle de sa production. Mais avec cette précaution, notre conclusion est très-sûre, ainsi que toutes les conséquences qu'on en peut tirer. C'est à peu près là tout ce que peuvent nous apprendre les registres des douanes; mais ce fait est important, et ils nous l'apprennent avec certitude, sans qu'il soit besoin pour cela de les compulser bien minutieusement.

Telles sont les principales réflexions qui m'ont été suggérées par les deux livres de l'*Esprit des Lois*, qui nous occupent actuellement. Il serait peut-être à propos de placer encore ici quelques remarques sur les effets moraux du commerce. Mais c'est un trop vaste sujet, si on veut entrer dans les détails ; et, si on n'en prend que les sommités, il est aisé de voir que le commerce, je veux dire l'échange, étant la société elle-même, il est l'unique lien entre les hommes, la source de tous leurs sentimens moraux, et la première et la plus puissante cause du développement de leur sensibilité mutuelle et de leur bienveillance réciproque. Nous lui devons tout ce que nous avons de bon et d'aimant. Il commence par réunir tous les hommes d'une même peuplade ; il lie ensuite ces sociétés entre elles, et il finit par unir toutes les parties de l'univers. Il n'étend, ne provoque et ne propage pas moins les lumières que les relations. Il est l'auteur de tous les biens. Sans doute il cause des guerres comme il occasione des procès, et c'est surtout grâces aux fausses vues des prétendus adeptes qui lui sont si nuisibles. Mais il n'en est pas moins vrai que, plus l'esprit de commerce s'accroît, plus celui de ravage diminue, et que les hommes les moins querelleurs sont toujours ceux qui ont des moyens paisibles de faire des gains légitimes, et qui possèdent des richesses vulnérables. Quant à la prétendue avidité que le commerce, proprement dit, inspire à ceux qui en font leur état spécial, c'est un reproche vague qu'il faut rejeter parmi les dé-

clamations les plus insipides et les plus insignifiantes. L'avidité consiste à ravir le bien
d'autrui par violence ou par souplesse, comme
dans les deux nobles métiers de conquérant
et de courtisan. Mais le négociant, comme
tous les autres hommes industrieux, ne cherche son bénéfice que dans son talent, en vertu
de conventions libres, et en réclamant la foi
et les lois. Application, probité, modération, leur sont nécessaires pour réussir, et,
par conséquent, ils contractent les meilleures
de toutes les habitudes morales. Si l'occupation continuelle de se procurer un gain, les
rend quelquefois un peu âpres pour leurs intérêts, on peut dire que l'on désirerait dans
son ami quelque chose de plus libéral et de
plus tendre ; mais on ne peut pas exiger la
perfection des hommes pris en masse : et un
peuple qui serait, en général, modelé sur
ceux que nous venons de peindre, serait le
plus vertueux de tous les peuples. C'est le
désordre qui est le plus grand ennemi de
l'homme : partout où il y a ordre, il y a
bonheur. J'aime et j'admire ceux qui font du
bien : mais que seulement personne ne fasse
du mal, et vous verrez comme tout ira.

Ajoutez que l'homme laborieux fait plus de bien à l'humanité, même en n'en faisant pas à dessein, que n'en peut jamais faire l'oisif le plus philanthrope avec tout son zèle. Je crois devoir me borner à ce peu de mots sur ce sujet.

Qu'il me soit seulement permis d'ajouter encore que, si le commerce intérieur est toujours un bien, le commerce extérieur en lui-même et livré à lui-même, ne peut jamais être un mal. Sans doute, si, dans l'intention de fournir plus abondamment un article de commerce à des négocians étrangers qui le demandent, un gouvernement gêne ou prohibe la production d'une autre denrée utile ou nécessaire au bien-être des habitans, comme cela est arrivé quelquefois en Russie et ailleurs; sans doute, dis-je, dans ce cas il vaudrait mieux n'avoir point de relations à l'extérieur. Mais ce n'est pas là la faute du commerce, c'est celle de l'autorité. De même en Pologne, où un petit nombre d'hommes est propriétaire, non-seulement de tout le sol, mais encore de toutes les personnes qui le cultivent, quand ces propriétaires ramassent tout le blé que leurs

serfs s'épuisent à cultiver, pour le vendre
à l'étranger, et acheter en retour des objets
de luxe qu'ils consomment, tout le monde
n'en est que plus misérable. Il vaudrait mieux
que ces magnats ne trouvassent pas à vendre
leurs grains ; ils essaieraient peut-être d'en
nourrir des hommes, auxquels ils tâche-
raient d'apprendre à fabriquer au moins une
partie des choses qu'ils désirent. Mais, encore
une fois, ce n'est pas là la faute du commerce.
On peut même ajouter, qu'encore dans ce
cas, par son effet lent et inévitable d'appauvrir les prodigues en leur offrant des jouissances, et d'éclairer les malheureux en faisant
pénétrer parmi eux quelques hommes moins
abrutis, il tend nécessairement à amener un
ordre de choses moins détestable. On peut
en dire autant des guerres absurdes et ruineuses, que l'on fait trop souvent pour
conserver l'empire et le monopole exclusif
de quelques colonies lointaines. Ce n'est
point encore là le commerce, mais la manie
de la domination et la démence de l'avidité,
ou, comme disait Mirabeau, du papier-monnaie forcé, et comme on pourrait dire de
bien d'autres choses, *c'est une orgie de l'au-*

torité en délire. Voilà, ce me semble, une
partie de ce que notre auteur aurait dû développer avec toute l'éloquence et la pro-
for deur de vues dont il était doué, au lieu
de tant de choses insignifiantes ou fausses
qu'il a laissé échapper de sa plume au milieu de beaucoup d'autres qui sont admis-
sibles.

CHAPITRE XIX.

Sur le Livre XXII. — Des lois dans le rapport qu'elles ont avec l'usage de la monnaie.

LES monnaies sont un sujet bien savant aux yeux de certains hommes qui se croient bien habiles, et qui s'imaginent qu'il y a des choses très-fines à dire sur l'argent, sur son usage, sur sa circulation, et sur les moyens de la faciliter et même d'y suppléer. Pour moi, j'avoue que je ne vois point là de mystères si occultes, et je suis même convaincu que, dans ce genre, comme dans tous les autres, tout ce qui approche de la subtilité ne fait qu'éloigner de la droite raison. Je me bornerai donc à un petit nombre d'observations, d'autant plus que je crois fermement avoir dit dans le chapitre précédent, à propos du commerce, la plus grande partie de ce qu'il y a de plus essentiel à remarquer sur les propriétés et les effets de l'argent monnayé.

La société consiste essentiellement dans le

commerce, et le commerce dans l'échange.
Toutes les marchandises, nous l'avons vu,
ont une valeur naturelle et nécessaire, celle
du travail indispensable pour les produire,
et une valeur vénale, celle des autres marchandises que l'on trouve à troquer contre
celles-là dans les échanges. Toutes ces valeurs diverses sont successivement mesures les
unes des autres; mais elles sont variables et
fragiles, et par conséquent difficiles à apprécier, à fixer, à conserver. Parmi ces denrées,
ayant toutes une valeur, il s'en trouve une
homogène, inaltérable, divisible, facile à
transporter; elle devient naturellement la
mesure de toutes les autres : c'est l'argent.
Ce qui en constate la qualité et la quantité
avec le plus grand scrupule, c'est le titre et
le poids; l'autorité publique y imprime une
marque : il devient la monnaie. Voilà tout
le mystère.

Cette courte explication de la nature de
la monnaie nous montre d'abord qu'il ne
peut y avoir qu'un métal qui soit réellement
monnaie, c'est-à-dire, à la valeur duquel
on rapporte toutes les autres valeurs ; car,
dans tout calcul, il ne peut y avoir qu'une

unité de mesure. Ce métal, c'est l'argent,
parce que c'est lui qui se prête le mieux
au plus grand nombre des subdivisions dont
on a besoin dans les changes. L'or vient le
secourir pour le payement de plus grandes
sommes : mais ce n'est que subsidiairement,
ce n'est qu'en rapportant la valeur de l'or à
celle de l'argent. La proportion est, à peu
près, en Europe de quinze ou seize à un.
Mais elle varie de valeur, comme toutes les
autres proportions, suivant les demandes. A
la Chine, elle n'est ordinairement que de
douze ou treize à un, ce qui fait qu'il y a
du profit à y porter de l'argent, parce que,
pour douze onces d'argent, vous y avez une
once d'or, qui, à votre retour en Europe, vous
vaut quinze onces d'argent : vous en avez
donc gagné trois. Les autorités politiques
peuvent bien cependant frapper de la monnaie d'or et en fixer la proportion avec celle
d'argent, c'est-à-dire, statuer que, toutes les
fois qu'il n'y aura pas de stipulations contraires, on recevra indifféremment une once
d'or ou quinze ou seize onces d'argent. C'est
comme elles établissent que, dans les actions
judiciaires, quand il y a des sommes qui

doivent porter un intérêt qui n'a pu être
déterminé par les parties, cet intérêt sera
de tant pour cent. Mais elles ne peuvent, ou,
du moins, elles ne doivent pas plus empêcher
les particuliers de régler entre eux la quantité d'or qu'ils veulent donner ou recevoir
pour une certaine quantité d'argent, que de
déterminer de gré à gré le taux de l'intérêt
de la somme qu'ils prêtent ou qu'ils emprun-
tent. C'est ainsi que ces deux choses se font
toujours dans le commerce, même en dépit
de toute loi contraire, parce que, sans cela,
les affaires ne se feraient pas. Quant à la
monnaie de cuivre, ce n'est point une véritable monnaie, c'en est une fausse. Si elle
contenait la quantité de cuivre suffisante pour
qu'elle valût réellement la quantité d'argent
à laquelle on la fait correspondre, elle serait cinq ou six fois plus pesante qu'elle n'est,
ce qui la rendrait fort incommode : encore
cette proportion varierait-elle journellement
comme celle de l'or. Ainsi la monnaie de
cuivre ne vaut que la quantité d'argent qu'on
est convenu de donner en troc. Aussi elle ne
doit servir que pour de petits appoints, dans
lesquels cette exagération de valeur est de

peu d'importance. Mais quand on autorise, comme cela est arrivé quelquefois, à payer de grosses sommes en monnaie de cuivre, c'est un véritable vol, parce que celui qui les reçoit, ne peut jamais trouver, de gré à gré, à réaliser ces grandes masses en argent pour leur valeur nominale, mais seulement pour leur valeur réelle, qui est cinq ou six fois moindre.

Secondement, on voit que, quand on a frappé pour la première fois de l'argent en monnaie, il a été fort inutile d'inventer des noms de monnaies nominales, telles que livres, sous, deniers, etc. Il aurait été bien plus clair de dire tout simplement, une pièce d'une once, d'un gros, d'un grain, qu'une pièce de trois livres, de trente, de vingt-quatre, de douze, de quinze sous. On aurait su toujours quel poids d'argent on voulait pour chaque chose. Mais une fois que ces dénominations arbitraires ont été admises, et qu'on s'en est servi dans toutes les obligations contractées, il faut bien se garder d'y rien changer. Car quand j'ai reçu trente mille livres, et que j'ai promis de les rendre dans tel temps, si, dans l'intervalle, le gouvernement vient à dire que la quantité d'argent qu'on appelait trois livres, s'appellera six livres, ou, ce qui est la même chose, s'il fait des écus de six livres qui ne contiennent pas plus d'argent que n'en contenaient les écus de trois, moi qui paie avec ces nouveaux écus, je ne rends réellement que la moitié de l'argent que j'ai reçu. Tranchons le mot, c'est voler; et c'est, il le faut avouer, ce que presque tous les gouvernemens ont fait si souvent avec tant d'audace et si peu de mesure, que, par exemple, ce que l'on appelle actuellement en France *une livre*, et ce qui était réellement autrefois une livre d'argent de douze onces, en est à peine la quatre-vingt-unième partie, aujourd'hui que le marc, composé de huit onces, vaut cinquante-quatre de ces livres. Donc, à différentes fois, on a volé le quatre-vingt-unième de ce qu'on devait : et s'il existe encore une rente perpétuelle d'*une livre*, constituée dans ces temps anciens, pour vingt livres reçues, on l'acquitte aujourd'hui avec la quatre-vingt-unième partie de ce qu'on a promis originairement, et de ce qu'on devait loyalement. Il est vrai que, quand un gouvernement a diminué de moitié

la valeur réelle de sa monnaie, le lendemain,
s'il veut acheter des marchandises, on lui demande moitié plus de valeur nominale pour
avoir la même valeur réelle, et, d'un autre
côté, on lui paie la même quantité nominale
de tribut qui est imposée, c'est-à-dire, qu'on
lui paie moitié moins de valeur réelle, et
qu'ainsi il est appauvri de moitié. Mais il
augmente les impôts, et, par provision, il s'est
libéré; cela s'appelle une opération de finance.
On ne fait plus guère aujourd'hui de ces sortes
d'iniquités, mais on en fait d'équivalentes,
comme, par exemple, quand on force à
prendre du papier pour de l'argent, comme
font maintenant presque tous les gouvernemens de l'Europe.

Il est clair, d'après ce que nous avons dit,
que l'argent n'est la mesure des valeurs des
autres choses, que parce qu'il a une valeur
lui-même. C'est se tromper étrangement de
dire qu'il en est le signe. Il n'est point signe,
il est équivalent. Cette erreur a mené à une
autre : c'est de croire que du papier pouvait, en vertu d'un ordre de l'autorité, équi-
valoir à de l'argent. Le papier n'a de valeur
réelle que son prix de fabrication, et de

valeur vénale que son prix dans la boutique
comme papier. Quand je tiens une promesse,
une obligation quelconque d'un homme sol-
vable de me payer à vue cent onces d'argent, ce papier n'a que la valeur réelle d'une
feuille de papier. Il n'a point celle de cent
onces d'argent qu'il me promet. Il n'est pour
moi que le signe que je recevrai ces cent
onces d'argent quand je voudrai. Si ce signe
est très-certain, je ne suis point en peine de
le réaliser. Je pourrai même, sans prendre
cette peine, le passer de gré à gré à un autre
qui sera aussi tranquille que moi, et qui
même aimera mieux ce signe que la réalité,
parce qu'il est moins lourd et plus transpor-
table. Nous n'avons ni l'un ni l'autre aucune
valeur. Toutefois nous sommes aussi sûrs d'en
avoir quand nous voudrons, que nous sommes sûrs, avec de l'argent, d'avoir à dîner
quand nous aurons faim. Mais qu'on vienne
d'autorité nous dire : Voilà un papier sur lequel est écrit, *Bon pour cent onces d'argent;*
je vous ordonne de le prendre et de le donner pour cette valeur : j'ordonne aux autres
de le recevoir, et je vous défends à tous de
jamais exiger qu'on le réalise. Il est clair

que je ne tiens qu'un morceau de papier,
qu'il n'est point pour moi le signe que je
recevrai la valeur qu'il annonce, qu'il est
même très-certain que je ne la recevrai pas,
que je ne trouverai jamais personne qui, volontairement et librement, le prenne pour
cette valeur, qu'il n'y a que la présence ac-
tuelle des supplices dont on est incessamment
menacé, qui puisse y contraindre, et que, dans
toutes les transactions faites volontairement,
et qui pourront échapper à la vue de l'autorité opprimante, ce papier sera compté
pour rien, ou pour la faible portion de la
valeur nominale que, d'après certaines circonstances, on peut croire qu'il procurera
un jour. Ainsi on n'osera pas me dire : Vos
cent onces d'argent en papier n'en valent
qu'une; mais on m'en fera donner dix mille
en papier pour la même chose qu'on m'aurait vendue cent en argent. Tel est le sort
inévitable de tous les papiers forcés. Car, s'ils
sont bons, il n'est pas nécessaire de forcer
à les recevoir; et, s'ils sont mauvais, la contrainte que l'on emploie ne fait qu'accroître
encore plus la défiance.

. De ce que l'argent a une valeur qui lui

est propre comme tout ce qui est utile , de
ce qu'il est une richesse comme une autre ,
il s'ensuit encore que celui qui le possède peut
en disposer comme de toute autre chose ,
qu'il a le droit de le consommer ou de le
garder , de le donner ou de le prêter , de
le louer ou de le vendre , suivant sa volonté,
comme nous l'avons dit chapitre treizième.
Le vendre, c'est s'en servir pour acheter
autre chose ; le louer, c'est en céder l'usage
pour un temps, moyennant une rétribution
qu'on appelle *intérêt*. Il n'y a pas plus de
raison à obliger le possesseur de l'argent à le
louer, moyennant une rétribution au-dessous
de celle qu'il en peut trouver, qu'à le contraindre à en donner pour une autre marchandise plus qu'on ne lui en demande , ou
qu'à forcer le possesseur de l'autre marchandise à la donner pour moins d'argent qu'on
ne lui en offre. Toutes les fois que l'autorité
commet une de ces atteintes au droit de propriété,elle trouble toutes les relations sociales.
Il faut qu'elle emploie des moyens de rigueur
odieux, et encore on y échappe par des
subterfuges, des contre-lettres, etc., toutes
choses qui favorisent le fripon et exposent

l'honnête homme. Il faut être bien borné ou avoir renoncé à sa raison , comme certains théologiens , pour ne pas voir cela (1).

Quant au *change*, qui consiste essentiellement dans la conversion de la monnaie d'un pays en celle d'un autre, il ne s'agit, pour le particulier , que de savoir si la quantité de monnaie qu'il demande , contient exactement autant d'argent pur que celle qu'il donne , et de payer le droit de commission à celui qui lui rend ce service ; et, pour le changeur ou banquier, il ne s'agit que d'embrouiller ou d'obscurcir cette équation , afin d'y introduire quelque inégalité à son profit , pour augmenter son salaire connu. Il y a en outre cette circonstance, que dans cer-

(1) Je voudrais que tout docteur, de quelque communion qu'il soit, qui me condamne à louer à son fermier mon argent pour la moitié du prix qu'il m'en offre, fût obligé de louer à ce même fermier les terres de son bénéfice, pour la moité du prix que ce fermier est disposé à en donner. Car il y a parité absolue. Son champ est un capital comme mon argent. Avec ce champ , il peut acheter mon argent, comme avec mon argent je peux acheter ce champ ; et il importe fort peu au fermier que ce soit le champ ou l'argent qu'il loue à moitié prix.

tains momens beaucoup d'habitans d'une ville,
ayant des dettes à payer aux habitans d'une
autre ville, viennent en foule apporter leur
argent aux banquiers, pour leur demander
des lettres ou billets payables dans cette autre ville. Cela gêne ces banquiers, s'ils n'y
ont pas des fonds suffisans. Ils peuvent même
être obligés d'y en faire voiturer, ce qui entraîne des risques et des frais. D'où il arrive,
que, pour cent onces d'argent, que vous leur
portez, vous vous contentez de la lettre qu'il
vous donnent, et qui porte l'obligation d'en
payer quatre-vingt-dix-huit, ou même quatre-
vingt-dix-sept. Ainsi on perd deux ou trois
pour cent. Dans le cas contraire, la même
chose arrivant dans l'autre ville, si on leur
apporte quatre-vingt-dix-sept ou quatre-
vingt-dix-huit onces d'argent, ils peuvent en
faire toucher cent dans cette ville, sans y
perdre. Mais ils s'arrangent toujours pour
faire supporter aux particuliers plus que la
perte, et pour ne les pas faire profiter de tout
le bénéfice. Ces mêmes changeurs ou banquiers font encore un autre négoce; c'est de
payer en argent tout bon billet ou lettre de
change à terme, qui n'est pas encore échu, en

déduisant de la somme l'intérêt qu'on en ti-
rerait pendant le temps qui reste à courir jusqu'à l'époque de l'échéance ; cela s'appelle
escompter.

Ces changeurs ou banquiers se réunissent
quelquefois plusieurs ensemble, et forment
de grandes compagnies pour faire, avec de
plus grands fonds, l'un ou l'autre de ces
commerces ou tous les deux à la fois. Cela
peut être utile, en ce que, faisant beaucoup
plus d'affaires, ils peuvent se contenter d'un
moindre bénéfice sur chacune ; obliger par
là leurs rivaux à réduire aussi le leur, pour
soutenir la concurrence, et diminuer ainsi
le taux général des frais du change, de l'escompte, et par suite de l'intérêt de l'argent,
ce qui est un bien. Il arrive aussi que ces
grandes compagnies, ayant beaucoup de crédit, émettent pour des sommes considérables
des billets payables à vue ; et, comme on les
sait très-bons, on les prend pour comptant,
et, pendant ce temps, elles font travailler leur
argent. C'est comme s'il y avait une plus
grande quantité d'argent dans le pays, ce
qui, à certains égards, peut être encore un
avantage, quoique je le croie bien faible : car

qu'il y ait peu ou beaucoup d'argent dans un pays, la circulation se fait de même dans les deux cas. La seule différence est que la même quantité d'argent représente plus ou moins de marchandises dans un cas que dans l'autre. Quoi qu'il en soit, c'est en cela que consiste uniquement la manœuvre de toutes ces banques. Mais pour qu'elles produisent les bons effets que nous venons de voir, il faut qu'elles ne soient ni protégées ni privilégiées ; qu'il puisse toujours s'en établir de pareilles à côté d'elles, et surtout qu'elles puissent toujours et à tout instant être contraintes de réaliser leurs billets à vue ; car, sans ces conditions, au lieu de diminuer le prix de leurs services, elles l'augmenteraient bientôt, en vertu des avantages du monopole, et elles finiraient aussi très-promptement par prendre des termes pour solder leurs billets à vue, ce qui est une vraie banqueroute, et établit, qui pis est, tout de suite dans la société un véritable papier-monnaie forcé. Au reste, quand ces banques vont bien, ce qui est très-rare et ne s'est encore jamais vu long-temps de suite nulle part, elles méritent encore par cela

la haute estime qu'on leur accorde. Produire,
fabriquer, transporter, c'est-à-dire, extraire
les matières premières avec intelligence, les
façonner avec adresse, et les échanger à
propos, ou, en d'autres termes, faire le plus
de travail que l'on peut, et le rendre le plus
fructueux possible ; voilà la grande source
de la richesse des nations. Tous les petits
profits que l'on peut faire sur le change, sur
l'escompte, sur l'intérêt de quelques sommes
fictives, et autres grivelages de cette espèce,
sont de bien faibles gains, qui peuvent peut-
être faire la fortune de quelques particuliers, et c'est pourquoi on les vante tant,
mais qui sont bien peu de chose en comparaison de la masse des affaires, et bien in-
différens à la prospérité d'un pays. Y attacher
de l'importance est une grande erreur. Voilà,
suivant moi, tout ce qu'on peut dire d'essentiel et de vrai sur les monnaies.

Puisque Montesquieu a jugé à propos de
parler dans ce livre des dettes publiques, il
est bon d'observer que, non-seulement elles
ont l'inconvénient de nécessiter des impôts
pour en payer les intérêts, et de faire vivre
avec ces intérêts une foule d'oisifs qui, sans
cela, seraient obligés de travailler, et de

faire travailler utilement leurs capitaux, mais encore qu'elles n'ont point l'avantage de diminuer le taux courant de l'intérêt de l'argent, comme l'avance notre auteur, au chap. 6.

Elles produisent, au contraire, l'effet opposé; car un gouvernement qui emprunte, ne peut pas forcer à ce qu'on lui prête. Il faut qu'il donne un intérêt capable de déterminer le prêteur, et par conséquent au moins égal à celui qu'offrent ordinairement les particuliers solvables. Mais toutes les sommes qu'on lui prête, on les aurait prêtées à d'autres. Par conséquent, la concurrence augmente pour emprunter, et par suite, l'intérêt se tient plus haut qu'il n'aurait été : d'où il arrive que bien des spéculations d'agriculture, de manufacture, ou de commerce qui auraient été fructueuses, en empruntant des fonds moins chers, deviennent impossibles. C'est un grand obstacle à la production en général.

L'intérêt de l'argent emprunté fait, sur toutes les affaires, l'effet que produit l'impôt foncier sur la culture. A mesure que l'un et l'autre augmentent, il y a toujours plus de terres et d'entreprises qui ne valent plus la peine d'être exploitées ou tentées.

CHAPITRE XX.

Sur le Livre XXIII. — Des lois dans le rapport qu'elles ont avec le nombre des habitans.

Sɪ l'on est étonné de voir un chapitre de politique commencer par une traduction, et même une traduction assez mauvaise d'un morceau de Lucrèce, on est bien plus surpris encore de tout ce que l'on trouve d'énoncé dans ce livre, et cela sans improbation ou même avec éloges, sur les moyens d'augmenter ou de diminuer le nombre des citoyens d'un état, sur les droits des pères sur la vie de leurs enfans et sur leurs mariages, sur l'intervention du gouvernement dans tout cela, etc., etc. Il est impossible de suivre notre auteur pas à pas dans de pareilles idées. Nous commencerons donc par quelques réflexions générales, et ensuite nous tâcherons d'observer de plus près la nature humaine sur laquelle l'art, et surtout l'art social, doit toujours régler et modeler ses conceptions et ses institutions.

Tout être animé est entraîné à se reproduire

par le plus irrésistible de tous les penchans.
Un homme et une femme parvenus à un âge
fait, bien constitués, et pouvant pourvoir largement à leur subsistance, sont toujours capables, durant le temps de leur vie pendant lequel
ils sont propres à la propagation, de faire plus
de deux, plus de quatre, ou même plus de
six enfans. Ainsi quand on supposerait que,
suivant le cours de la nature, la moitié ou
même les deux tiers de ces enfans doivent
périr avant d'être en état de produire leurs
semblables, supposition certainement bien
exagérée, l'homme et la femme dont il s'agit,
devraient encore, avant de finir leur carrière,
laisser une postérité plus que suffisante pour
les remplacer, et la population devrait toujours aller croissant. Si donc nous la voyons
stationnaire et rare chez les peuples sauvages,
et presque stationnaire, quoique plus nombreuse chez les vieilles nations civilisées, il
faut en chercher les causes. Pour les sauvages, la raison en est sans doute que les
grandes disettes, les accidens imprévus, les
intempéries, les épidémies, emportent souvent une partie des hommes faits, et altèrent
les sources de la reproduction dans ceux qui

demeurent, et que le dénuement, le besoin, l'impossibilité d'apporter des soins nécessaires, le manque d'intelligence et d'affection, font périr la plus grande partie des enfans qui naissent. Pour les nations civilisées, quoique le développement de l'industrie, l'accroissement des moyens et des ressources, leur ait permis de multiplier bien plus, elles s'arrêtent pourtant dans leurs progrès, lorsque leurs avantages deviennent trop mal répartis. Un petit nombre d'hommes des classes aisées et privilégiées, dévore la subsistance d'une grande multitude ; et pourtant ils sont énervés par les excès, par l'indolence, par les travaux intellectuels, par les passions ; et, soit l'effet du calcul, soit celui de l'altération physique et morale de leur nature, ils ne multiplient pas. Pendant ce temps, les hommes et les femmes de la classe pauvre, à qui on enlève journellement une partie considérable du fruit de leurs travaux, sont affaiblis par une fatigue excessive, languissent dans la misère, et sont vieux avant le temps. Ils font encore un assez grand nombre d'enfans, mais ils sont débiles. Ils ne peuvent ni ne savent les soigner en santé, ni les secourir dans leurs maladies, et il en périt une quantité prodigieuse. Comme ces malheureux forment incomparablement le plus grand nombre dans la société, leur détresse influe prodigieusement sur les tables de mortalité, et je suis persuadé que c'est elle seule qui a fait croire long-temps en Europe qu'environ la moitié des enfans meurent dès leurs premières années. Quoi qu'il en soit, il est certain que, chez les peuples sauvages, il existe autant d'hommes que le faible développement de leur intelligence en peut défendre contre toutes les chances de mort, et cela est peu de chose. Les peuples civilisés au contraire, ont des moyens plus puissans, ils sont plus nombreux sur une étendue de terrain semblable, mais non pas aussi nombreux qu'ils pourraient l'être. Chez eux, il n'existe des hommes qu'autant et à proportion que les gouvernans, les grands, les riches, et en général tous les oisifs, laissent des moyens de subsistance à la classe laborieuse et pauvre qui produit plus qu'elle ne consomme. Aussi dès que le gouvernement devient plus doux et moins rapace, dès qu'il réforme quelques abus, dès qu'il empêche quelques oppressions, dès

qu'enfin quelques fonds ou quelques revenus
repassent des mains des oisifs dans celles des
travailleurs, on voit tout de suite la population croître presque soudainement. Cela est si
vrai, que, dans nos États-Unis de l'Amérique,
où nous avons les avantages de la civilisation
sans en avoir les inconvéniens, où le peuple
est éclairé et par conséquent fait un travail
très-productif, où il jouit pleinement du fruit
de ce travail, où il ne doit payer ni dîmes, ni
champarts, ni droits seigneuriaux, ni même
de fermages, car ordinairement la terre qu'il
cultive est à lui, ni des impôts fort lourds,
ni l'impôt plus lourd encore de la paresse et
de l'ignorance, effet de la misère et du dé-
couragement, la population double tous les
vingt ans; et, quoi qu'on en dise, *l'immigra-
tion* est pour très-peu de chose dans cet
accroissement. On pourrait même observer
au contraire que, quelle qu'en soit la cause,
nous avons peu de vieillards, peu de longé-
vités remarquables; de sorte que la durée
moyenne de la vie humaine serait plus courte
chez nous qu'en Europe, si dans cette vieille
Europe le nombre prodigieux d'enfans qui
périssent ne diminuait pas extrêmement ce

27

taux moyen. Il est bien vrai que, quand nous n'aurons plus de nouvelles terres à occuper, les hommes se gêneront un peu davantage les uns les autres, et que cette progression pourra se ralentir; mais, tant que chacun travaillera avec intelligence et librement, et recueillera à lui tout seul le fruit de ce travail, il n'y aura presque point de ménage qui ne laisse après lui plus d'enfans qu'il n'en faut pour le remplacer. En thèse générale, on peut dire que, dans notre espèce, la fécondité naturelle étant très-grande, et augmentant même avec le bon état des individus, il existe toujours des hommes dans un pays autant et à proportion qu'ils savent et qu'ils peuvent se procurer des moyens de subsistance. Cependant, pour que cette maxime soit pleinement juste, il ne faut pas entendre par moyens de subsistance, seulement les vivres, mais toutes les connaissances, toutes les ressources et tous les secours par lesquels nous pouvons nous préserver de toutes les misères et de tous les malheurs auxquels nous sommes sujets. Voilà pour ce qui concerne la possibilité de la population : et cette manière de l'envisager fait déjà voir assez

clairement, je pense, quelle est la manière de
l'accroître. Aisance, liberté, égalité, lumières, en sont les principaux moyens ; et toutes
les ordonnances d'Auguste et de Louis XIV
sur les mariages sont des expédiens misérables et ridicules.

Maintenant considérons ce sujet sous un
autre aspect. Est-il donc si désirable de multiplier les hommes dans un pays comme les
lapins dans une garenne? Nul de nos politiques n'a imaginé que cela puisse faire une
question, et nul desposte n'hésitera sur la
réponse. Pour nous qui avons en vue le bien
de l'humanité, il nous paraît clair qu'il s'agit
de les rendre heureux, et non pas de les
rendre nombreux. Nous avons vu, en parlant
du commerce, que, quand vingt hommes
travaillent sans art et sans outils, ils se procurent des jouissances comme vingt, et
jouissent chacun comme un ; et que, quand,
en mettant plus d'intelligence dans leurs travaux, ils les rendent plus productifs, ils
peuvent parvenir jusqu'à se procurer cent
fois plus de moyens de jouissance, et à jouir
chacun cent fois davantage, s'ils restent en
même nombre: mais qu'ils ne jouissent chacun

que comme dix, si, pendant ce temps, ils
deviennent dix fois plus nombreux. Ce calcul
est simple. Il est vrai pourtant qu'étant
devenus dix fois plus nombreux, ils font aussi
dix fois plus de travail, et qu'ainsi leur multiplication n'est pas au détriment de leur
aisance, ou du moins n'y est que pour la
somme de sacrifices que leur a coûté l'éducation des enfans dont leur nombre s'est
accru, et ne devient vraiment un mal, que
quand les hommes sont assez nombreux pour
se gêner les uns les autres, et s'empêcher
réciproquement d'employer leurs facultés
aussi utilement pour eux, qu'ils pourraient
le faire, s'ils étaient moins rapprochés. Quoi
qu'il en soit, il est certain que l'augmentation du nombre des individus est une conséquence de leur bien-être, mais que c'est
leur bien-être qui est le vrai but de la société,
et que leur multiplication n'en est que l'accessoire souvent peu désirable. Au reste,
quand on en ferait le principal, les moyens
que nous avons indiqués seraient encore
les seuls efficaces pour produire cette multiplication si follement désirée. Tous ceux
qui révoltent la nature, qui blessent la liberté

naturelle, qui froissent les sentimens qui sont dans tous les cœurs, qui enlèvent à chacun, en tout ou en partie, la libre disposition de sa personne, tous ceux enfin qui exigent l'action violente d'une autorité que personne n'a pu vouloir donner à un autre sur lui-même, n'atteindront point le but. Car les hommes ne sont point des machines impassibles, mais des êtres sensibles; leurs sentimens sont les plus grands ressorts de leur vie, surtout ceux qui sortent du fond même de leur constitution. D'un autre côté, quand je dis qu'il est désirable que le nombre des hommes ne s'augmente pas au-delà d'un certain terme, il n'en faut point conclure que l'on puisse donner à qui que ce soit le pouvoir de retrancher l'excédant du nombre des vivans : tout être animé, une fois né et capable de jouissance et de souffrance, n'est la propriété de personne, ni de son père, ni de l'état; il est la sienne propre. Par son existence même, il a droit à sa conservation. L'en priver est un crime qui a été autorisé par beaucoup de législateurs contre lesquels les théologiens de leur pays n'ont point réclamé.

Mais ne pas donner naissance à cet être quand il ne pourrait que vivre malheureux et que rendre malheureux ses proches, est un acte de prudence qui a été condamné et contrarié par beaucoup de dispositions législatives et de préceptes religieux. C'est ainsi que va souvent le monde. Ceci nous mène naturellement au sujet des deux livres suivans.

CHAPITRE XXI.

Sur les Livres XXIV et XXV. — Des lois dans le rapport qu'elles or· avec la religion établie dans chaque pays, considérée dans ses pratiques et en elle-même. — Des lois dans le rapport qu'elles ont avec l'établissement de la religion de chaque pays et sa police extérieure.

LA religion n'est pas un sujet bien difficile à traiter sous le rapport de l'art social. L'esprit des lois, à cet égard, doit être de ne blesser, ni de gêner les opinions religieuses d'aucun citoyen, de n'en adopter aucune, et d'empêcher qu'aucune ait la moindre influence sur les affaires civiles. Sans doute il y a des religions plus nuisibles que d'autres par les usages qu'elles adoptent, par les maximes pernicieuses qu'elles consacrent, par le célibat de leurs prêtres, par les moyens de séduction, de corruption ou seulement d'influence qu'elles leur donnent, par leur dépendance d'un souverain étranger, surtout par leur aversion plus ou moins grande pour les lumières en tout genre. Mais aucune, quelle qu'elle soit, n'appartient en rien à l'ensemble du corps social. Elle est une relation immédiate et particulière de chaque individu avec l'auteur de toutes choses. Elle n'est point au nombre des choses qu'il a dû et pu mettre en commun avec ses co-associés ou concitoyens. On ne peut jamais s'engager à penser de même ou autrement qu'un autre, parce qu'on n'en est pas le maître. On n'est pas même certain de ne pas changer d'avis. Toute religion consiste essentiellement dans des opinions purement spéculatives, appelées *dogmes*. Sous ce rapport, toutes, excepté *la véritable*, sont des systèmes philosophiques plus ou moins téméraires, plus ou moins contraires à la sage réserve de la saine logique. Toutes joignent à ces dogmes quelques préceptes de conduite. Si quelques-uns de ces préceptes sont contraires à la saine morale sociale (et cela arrive dans toutes, toujours excepté *la véritable*, parce que toutes ont été faites dans des temps d'ignorance, et que la morale ne peut être épurée que dans des temps éclairés, et ne l'est pas même encore

complétement), ces préceptes sont un mal.
Si les préceptes de conduite , adoptés par
une religion erronée , étaient tous irrépré-
hensibles , ils auraient encore le tort qu'elle
leur donnerait pour base des opinions ha-
sardées , au lieu de les fonder sur la saine
raison et sur des motifs inébranlables. C'est là
le cas de dire , avec bien plus de raison , ce
que Omar disait de l'Alcoran : *Si tous ces
livres n'enseignent que la même chose que
l'Alcoran , ils sont inutiles : s'ils enseignent
le contraire , ils sont nuisibles.* Le gouvernement ne doit donc jamais faire enseigner
aucun système religieux , mais la meilleure
doctrine morale, reconnue telle par les esprits les plus éclairés du temps dans lequel
il existe. D'ailleurs , les opinions religieuses
ont ceci de particulier, qu'elles donnent un
pouvoir illimité à ceux qui les annoncent ,
sur ceux qui les croient réellement les dépositaires et les interprètes de la volonté divine. Leurs promesses sont immenses dans
l'avenir. Nulle puissance temporelle ne peut
les balancer. Il suit de là que les prêtres sont
toujours dangereux pour l'autorité civile ; ou
bien que, pour en être soutenus, ils adorent

tous ses abus, et font un devoir aux hommes de lui sacrifier tous leurs droits ; en sorte que, tant qu'ils sont en grand crédit, ni liberté ni même oppression paisible n'est possible. Aussi, tout gouvernement qui veut opprimer s'attache les prêtres, et puis travaille à les rendre assez puissans pour le servir. Celui qui veut le bonheur et la liberté, s'occupe de les discréditer par le progrès des lumières. Voilà à quoi se réduit l'esprit des lois sur ce point. Il me paraît assez inutile d'aller chercher ce que l'auteur d'une religion devrait faire pour la faire goûter et pour qu'elle puisse se répandre. J'ose croire qu'il ne s'en fera plus de nouvelles, du moins chez les nations policées.

CHAPITRE XXII.

Sur le Livre XXVI. — Des lois dans le rapport qu'elles doivent avoir avec l'ordre de choses sur lesquelles elles statuent.

Sous un titre assez énigmatique, tout ce livre se réduit à ce seul point : qu'il ne faut pas se décider sur une question par les motifs qui ont déterminé à l'égard d'une autre d'une nature toute différente. Cela est trop évident pour que personne soit tenté de le nier. Je ne m'y arrêterai donc pas, d'autant que toutes les décisions énoncées sur les nombreux objets que l'on prend pour exemples, sont jugées d'avance, au moins dans ma manière de voir, par les principes que j'ai établis précédemment, en traitant des différentes matières auxquelles ces objets se rapportent. Si je les discutais de nouveau, je ne ferais que me répéter; et, quand on a posé des bases, il n'est pas nécessaire d'examiner, l'un après l'autre, chaque cas particulier : n'ayant donc aucune instruction nouvelle à tirer de ceci, je passe outre sans plus tarder.

CHAPITRE XXIII.

Sur les Livres XXVII et XXVIII. — De l'origine et des révolutions des lois des Romains sur les successions. — De l'origine et des révolutions des lois civiles chez les Français.

Mon objet, dans ce Commentaire, n'a point été de faire l'apologie de l'érudition de Montesquieu, et encore moins de me joindre à ceux qui lui reprochent d'avoir mal saisi l'esprit des lois de ces temps anciens, dont il a essayé de percer l'obscurité. Je ne me suis proposé que d'établir quelques principes de l'art social. Or, comme ces deux livres-ci sont purement historiques, et qu'on n'en peut rien tirer pour la théorie de la formation et de la distribution des pouvoirs, ni pour celle de la formation et de la distribution des richesses, je les passerai entièrement sous silence.

CHAPITRE XXIV.

Sur le Livre XXIX. — *De la manière de composer les lois.*

CE titre un peu vague a besoin de quelque explication pour être bien compris, ainsi que plusieurs autres titres sur lesquels nous avons déjà fait la même remarque. L'auteur, dans ce livre, se propose de prouver que les lois doivent être claires et précises, s'énoncer avec dignité et simplicité, qu'elles ne doivent point prendre le style et la tournure de dissertation, et surtout ne pas s'appuyer sur des raisons ridicules, quand elles donnent leurs motifs; qu'elles ont souvent des effets indirects, contraires au but du législateur; qu'elles doivent être en harmonie entre elles; que souvent plusieurs se corrigent et se soutiennent les unes les autres, et que, pour bien apprécier leurs effets, il faut les rapprocher et les juger dans leur ensemble, et non pas chacune en particulier et prise isolément; qu'il ne faut point que le législateur perde de vue la nature de l'objet

sur lequel il statue, et se décide par des motifs
qui y sont étrangers. En cela, ce livre rentre
dans le sujet déjà traité dans le livre vingt-
sixième, comme à d'autres égards, il se rapproche en bien des points des objets des livres
douzième et sixième. L'auteur montre encore
que, pour bien apprécier une loi, il faut tenir
compte des circonstances dans lesquelles elle
a été rendue ; cela a déjà été dit et prouvé ailleurs. Il veut aussi que les lois statuent toujours
d'une manière générale, et ne soient pas
rendues comme les rescrits, à l'occasion de
faits particuliers. Enfin, il voudrait que le
législateur se défît de ses préjugés. Personne
ne sera tenté de le contredire sur aucun de
tous ces points. On pourrait bien n'être pas
aussi satisfait des divers exemples, et de quelques-unes des raisons qu'il emploie pour
prouver des choses si claires. Plusieurs seraient grandement sujets à critique. Mais,
comme il n'en résulterait aucune lumière
nouvelle qui fût de grande importance, je
m'en abstiens. Il ne suffit pas d'avoir raison
contre les grands hommes, il faut encore,
pour s'attacher à les contredire, que cela soit
nécessaire.

J'ai entre les mains une critique de ce livre de l'*Esprit des lois*, faite par le plus grand philosophe de ces derniers temps, Condorcet. Elle n'a jamais été publiée, et probablement n'a pas été faite pour l'être. Si j'osais, je la donnerais ici. On y verrait avec quelle force de dialectique il réfute Montesquieu, et avec quelle supériorité de vues il refait son ouvrage. On y verrait surtout que, si je suis loin d'une si haute capacité, je ne suis pas moins éloigné d'une telle sévérité (1).

(1) L'intention de l'auteur n'était pas de livrer à l'impression ce travail de Condorcet; mais, cédant aux vives instances qu'on lui a faites, il a bien voulu nous le confier; et nous croyons ajouter un grand prix au Commentaire que nous publions, en le faisant suivre de cet écrit.

CHAPITRE XXV.

Sur les Livres XXX et XXXI. — Théorie des lois féodales chez les Francs, dans le rapport qu'elles ont avec l'établissement de la monarchie. — Théorie des lois féodales chez les Francs, dans le rapport qu'elles ont avec les révolutions de la monarchie.

Les raisons qui m'ont fait passer si rapidement sur les livres vingt-septième et vingt-huitième, m'obligent à en user de même à l'égard de ceux-ci. Je respecte beaucoup ces recherches. Elles ont sans doute leur utilité, mais elles n'ont qu'un rapport très-éloigné avec celles qui m'occupent. Ainsi, je ne les examinerai point. J'observerai seulement, sans entrer dans le fond de la dispute, que tout homme sensé est affligé de voir Montesquieu (*Chapitre XXX du Livre XXV*) donner, comme une forte raison contre le système de l'abbé Dubos, *qu'il serait injurieux* pour les grandes maisons de France, et pour les trois races de leurs rois, parce que dans cette hypothèse, il y aurait eu un temps *où elles auraient été des familles communes.* On n'est pas moins choqué de l'emphase avec laquelle il parle continuellement de cette fameuse noblesse, qu'il représente toujours comme incessamment *couverte de poussière, de sang et de sueur,* et qui finalement ne l'a été que *de ridicules,* précisément pour s'être trop infatuée de ces pompeuses billevesées. Il y a bien encore quelques autres niaiseries qui même contredisent celles-là, comme, par exemple, de dire que, dès le temps de Gontran, *les armées françaises ne furent plus funestes qu'à leur propre pays;* et de s'écrier : *chose singulière! elle* (la monarchie) *était dans la décadence, dès le temps des petits-fils de Clovis.* C'est de bonne heure. Il aurait mieux valu, ce me semble, avouer naïvement qu'elle était un enfant mort-né, ou du moins fort mal constitué. Mais je livre tout cela aux réflexions des lecteurs. Ainsi, ma tâche est finie.

Ce serait peut-être ici le lieu de hasarder un jugement général sur l'ouvrage dont nous venons de discuter différentes parties. Cependant je m'en abstiendrai. Je me contenterai de remarquer que l'*Esprit des Lois*, quand il a paru, n'a guère été attaqué que par des hommes de parti, la plupart très-méprisables et de très-mauvaise foi, et que, malgré ses nombreux défauts, connus, reconnus et avoués, il a constamment été défendu par tous les vrais amis des lumières et de l'humanité, même par ceux qui avaient de justes motifs personnels de se plaindre de l'auteur. A leur tête, il faut mettre Voltaire, qui, dans cette occasion, comme dans toutes les autres semblables, a bien manifesté son noble et généreux caractère, aussi supérieur aux petitesses de la vanité, que son esprit l'était à celles des préjugés, en faisant l'éloge le plus complet, et même le plus exagéré, de l'*Esprit des Lois*, par ce mot si connu : *Le genre humain avait perdu ses titres ; Montesquieu les a retrouvés et les lui a rendus.*

FIN DU COMMENTAIRE.

OBSERVATIONS

DE CONDORCET

SUR LE VINGT-NEUVIÈME LIVRE

DE L'ESPRIT DES LOIS.

OBSERVATIONS

DE CONDORCET

SUR LE VINGT-NEUVIÈME LIVRE

DE L'ESPRIT DES LOIS.

~~~~~~

LIVRE XXIX.

DE LA MANIÈRE DE COMPOSER LES LOIS.

Chapitre I. — De l'esprit du législateur.
Chapitre II. — Continuation du même sujet.

Je n'entends pas ce premier chapitre.

L'esprit d'un législateur doit être la justice, l'observation du droit naturel dans tout ce qui est proprement *loi*. Dans les règlemens sur la forme des jugemens ou des décisions particulières, il doit chercher la meilleure méthode de rendre ces décisions

conformes à la loi et à la vérité. Ce n'est
point par esprit de modération, mais par
esprit de justice, que les lois criminelles
doivent être douces, que les lois civiles
doivent tendre à l'égalité, et les lois d'administration au maintien de la liberté et de la
propriété.

Les deux exemples cités sont mal choisis.
La simplicité des formes n'est pas contraire
à la sûreté, soit de la personne, soit des
biens, pour le maintien de laquelle les formes sont établies. Montesquieu semble le
croire; mais il ne le prouve nulle part, et les
injustices causées par les formes compliquées,
rendent l'opinion contraire au moins vraisemblable.

Le second exemple est ridicule. Qu'importe à la science de composer les lois, que
Cécilius ou Aulu-Gelle ait dit une sottise?

Par esprit de modération, Montesquieu
n'entendrait-il pas cet esprit d'incertitude qui
altère par cent petits motifs particuliers les
principes invariables de la justice? (*Voyez le
chapitre XVIII.*)

Chapitre III. — Que les lois qui paraissent s'éloigner des vues du législateur y sont souvent conformes.

Le premier devoir d'un législateur est d'être juste et raisonnable. Il est injuste de punir un homme pour n'avoir pas pris un parti, puisqu'il peut ou ignorer quel est le parti le plus juste, ou les croire tous deux coupables. Il est contre la raison de prononcer la peine d'infamie par une loi; l'opinion seule peut décerner cette peine. Si la loi est d'accord avec l'opinion, la loi est inutile; et elle devient ridicule, si elle est contraire à l'opinion.

Montesquieu ne se trompe-t-il pas sur l'intention de Solon? Il semble qu'elle était plutôt d'obliger le gros de la nation à prendre parti dans les querelles entre un tyran, un sénat oppresseur, des magistrats iniques, et les défenseurs de la liberté, afin d'assurer à ceux-ci l'appui des citoyens bien intentionnés, mais que la crainte aurait empêchés de se déclarer.

C'était un moyen de changer en guerre

civile toute insurrection particulière : mais
ce motif était conforme à l'esprit des républiques grecques.

Chapitre IV. — Des lois qui choquent les vues du législateur.

Un bénéfice étant ou une fonction publique,
ou une récompense, doit être donné au nom
de l'état, et on doit savoir à qui l'état l'a
donné. Un procès pour un bénéfice est donc
une chose ridicule.

Si on regarde au contraire un bénéfice
comme une propriété, et le droit de le donner comme une autre espèce de propriété,
alors la loi citée est évidemment injuste.

Comment dans *l'Esprit des lois* Montesquieu n'a-t-il jamais parlé de la justice ou de
l'injustice des lois qu'il cite?.... Pourquoi n'a-
t-il établi aucun principe pour apprendre à
distinguer, parmi les lois émanées d'un pouvoir légitime, celles qui sont injustes et celles
qui sont conformes à la justice? Pourquoi
dans *l'Esprit des lois* n'est-il question nulle
part de la nature du droit de propriété, de
ses conséquences, de son étendue, de ses
limites?

Chapitre V. — Continuation du même sujet.

Je ne sais pourquoi Montesquieu appelle une loi, ce serment qui était aussi imprudent que barbare. Une loi qui ordonnerait de détruire une ville, parce que ses habitans en ont détruit une autre, peut être très-injuste; mais elle ne serait pas plus contraire aux vues du législateur, que la loi qui décerne la peine de mort contre les assassins, dans la vue d'empêcher les meurtres.

Il existe près de nous tant de lois importantes, qui contrarient les vues pour lesquelles le législateur les a établies, qu'il est bien étrange que l'auteur de l'*Esprit des lois* ait été choisir ces deux exemples.

Cette observation se présente souvent, et l'on peut en donner la raison. (*V. ch. XVI*).

Chapitre VI. — Que les lois qui paraissent les mêmes n'ont pas toujours le même effet.

La loi de César était injuste et absurde. Quelle était donc la tyrannie de cet homme si clément, s'il s'était arrogé le droit de fouiller les maisons des citoyens, d'enlever leur argent, etc. ? et s'il n'employait pas ces moyens, à quoi servait sa loi? D'ailleurs elle devait augmenter la masse des dettes, et elle n'aurait pu être utile aux débiteurs qu'en diminuant l'intérêt de l'argent. Or, la liberté du commerce est le seul moyen de produire cet effet. Toute autre loi n'est propre qu'à faire hausser l'intérêt au-dessus du taux naturel.

La loi de César n'était vraisemblablement qu'un brigandage, et celle de Law était de plus une extravagance. (*Voir Dion Cassius, liv.* 41.)

Chapitre VII. — Continuation du même sujet. Nécessité de bien composer les lois.

L'ostracisme était une injustice. On n'est point criminel pour avoir du crédit, des richesses ou de grands talens. C'était de plus un moyen de priver la république de ses meilleurs citoyens, qui n'y rentraient ensuite qu'à la faveur d'une guerre étrangère ou d'une sédition.

Et comment la *nécessité de bien composer les lois*, et, ce qui en devrait être la suite, les principes d'après lesquels on doit les composer, sont-ils établis par l'exemple de deux mauvaises lois établies dans deux villes grecques ?

Il s'agit de donner aux hommes les lois les plus conformes à la justice, à la nature et à la raison ; il s'agit de composer ces lois de manière qu'elles puissent être bien exécutées et qu'on n'en abuse point : et l'auteur de l'*Esprit des lois* fait l'éloge d'une loi absurde des Athéniens !

Chapitre VIII. — Que les lois qui paraissent les mêmes n'ont pas toujours eu le même effet.

La liberté de faire des substitutions dérive, dans les lois romaines comme dans les nôtres, du principe que le droit de propriété s'étend jusqu'à la disposition des biens après la mort. Ce principe est assez généralement établi, parce que, presque partout, ce sont les possesseurs actuels qui, dans l'origine, ont fait les lois. Si les Romains voulaient perpétuer certains sacrifices, comme nous voulons perpétuer certains titres, il est vraisemblable que la vanité en était également le motif. C'était toujours un représentant qu'on se choisissait dans l'avenir.

Chapitre IX. — Que les lois grecques et romaines ont puni l'homicide de soi-même, sans avoir le même motif.

Dans quel pays de la Grèce punissait-on le suicide? et quelle était la peine établie?

Montesquieu n'en dit rien. Aussi trouve-t-on que Platon ne parle dans ce dialogue d'aucune loi établie, mais de celles qu'il faudrait établir. Il veut, par exemple, qu'un esclave qui tuerait un homme libre en se défendant, soit puni de mort, etc. Quant aux suicides, Platon conseille à leurs parens de les enterrer sans cérémonie, sans inscription, et de consulter dévotement les prêtres sur la forme des sacrifices expiatoires.

Enfin ce mot, *sera puni*, n'est pas dans Platon; et voilà comment Montesquieu cite Platon, et comment il prouve qu'en Grèce on punissait le suicide.

À Rome, si l'on se donnait la mort avant d'être condamné, on évitait la confiscation des biens, la privation de la sépulture, etc. Les empereurs déclarèrent donc que les accusés qui se tueraient pour prévenir la condamnation, seraient traités comme s'ils avaient été condamnés. Les lois qui prononçaient la confiscation après la condamnation étaient injustes; celles qui privent les condamnés de la séplture, peuvent être barbares; mais il ne s'agit pas dans tout cela de peine contre le suicide.

On fait grâce en Angleterre de certaines peines à ceux qui savent lire. Supposons qu'on eût fait une loi pour priver de cette grâce ceux qui apprennent à lire pendant le procès, dira-t-on qu'on a établi des peines en Angleterre contre ceux qui apprennent à lire?

Chapitre X. — Que les lois qui paraissent contraires dérivent quelquefois du même esprit.

Pour que l'exemple répondît au titre, il faudrait que la loi française eût pour motif le principe de respecter l'asile d'un citoyen;

Et, pour que le titre répondît à l'exemple, il faudrait dire qu'*on étend plus ou moins, dans différens pays, les conséquences d'un même principe.*

Mais alors le titre n'eût pas eu l'air profond,

Montesquieu aurait pu observer que, du même principe, du respect pour la vie des hommes, on peut déduire ou des lois douces, ou des lois sévères jusqu'à l'atrocité ; et il aurait fallu en conclure que tout autre principe que celui de la justice peut conduire à de fausses conséquences.

Chapitre XI. — De quelle manière deux lois diverses peuvent être comparées.

Pour que le principe établi dans ce chapitre fût vrai, il faudrait qu'un système de lois, où il en entrerait d'injustes, pût être bon. Autrement, il est beaucoup plus simple de juger séparément chaque loi, de voir si elle ne choque pas la justice, le droit naturel. Si elle y est contraire, alors il faut la rejeter, et, dans le cas où elle aurait une utilité locale, la remplacer par une autre loi qui aurait les mêmes effets sans blesser la justice.

Dans l'exemple cité il fallait 1°. Distinguer le faux témoignage regardé en lui-même comme un crime, et le faux témoignage considéré seulement comme un attentat contre la vie, l'honneur d'un citoyen, et prouver que c'est sous ce point de vue seul, qu'il est

un délit. 2°. Il fallait montrer que la loi de
France non-seulement n'est pas nécess ire,
mais qu'elle est mauvaise; non en ce qu'elle
punit de mort, dans une affaire capitale,
celui qui a causé par un faux témoignage la
mort d'un innocent, mais parce qu'elle autorise à poursuivre comme faux témoin celui
qui, après la confrontation, se rétracterait ou
dont le faux témoignage serait découvert;
qu'elle n'est par conséquent qu'un obstacle
de plus opposé à la justification d'un innocent accusé. 3°. De ce qu'il est difficile en
Angleterre de faire périr un innocent par
un faux témoignage, il ne s'ensuit pas que
l'on ne doive point regarder ce crime, lorsqu'il est commis, comme un crime capital.

Ainsi non-seulement le principe exposé
dans ce chapitre est très-incertain, mais le
fait employé comme exemple ne s'y applique point.

Qu'on nous permette seulement d'être un
peu surpris que la barbarie de la torture, le
refus injuste et tyrannique d'admettre à la
preuve de faits justificatifs, et la loi équivoque et peut-être trop rigoureuse contre
les faux témoins, soient présentés par Mon-

tesquieu comme formant un système de législation dont il faille examiner l'ensemble. Si c'est un persiflage, il n'est pas assez marqué.

Chapitre XII. — Que les lois qui paraissent les mêmes sont réellement quelquefois différentes.

Ce chapitre ne contient rien que de juste. Mais le titre semble annoncer la prétention de dire une chose extraordinaire que le chapitre ne justifie pas. Cette proposition : *Le receleur doit être puni de la même peine que le voleur*, n'est pas une loi, mais une maxime générale, vraie ou fausse. Si elle est vraie, la loi de France et la loi romaine sont également bonnes ou mauvaises, soit lorsqu'elles statuent contre le voleur, soit lorsqu'elles statuent contre le receleur; si elle est fausse, toutes deux sont nécessairement mauvaises par rapport à l'un des deux.

Chapitre XIII. — Qu'il ne faut point séparer les lois de l'objet pour lequel elles sont faites. — Des lois romaines sur le vol.

La distinction entre le vol manifeste et le vol non manifeste n'a pas besoin d'une explication tirée des lois de Lacédémone. La différence de la peine peut n'avoir eu d'autre motif que la certitude de l'un de ces vols et la difficulté de prouver l'autre. Et, comme le second n'était puni que par une amende, cette distinction n'est pas déraisonnable ; parce qu'un rec   ur, un acheteur imprudent, ou à demi de mauvaise foi, pouvaient être, sans injustice, condamnés à cette amende du double. Il y a des cas où nos tribunaux font grâce de la vie, et condamnent aux galères perpétuelles un assassin, un empoisonneur, sous prétexte qu'ils ne sont pas absolument convaincus, mais seulement à très-peu près. C'est une jurisprudence assez naturelle chez un peuple encore à demi sauvage, qui regarde la punition des crimes plus comme un acte de vengeance réglé par la loi, que comme un acte de justice.

La distinction entre la peine des pubères et des impubères n'a besoin, pour être entendue, ni des lois de Lacédémone, ni des raisonnemens de Platon sur les lois de l'île de Crète. Elle est fondée sur ce que les impubères sont supposés n'avoir ni l'usage de leur raison, ni la connaissance distincte des lois de la société.

Chapitre XIV. — Qu'il ne faut pas séparer les lois des circonstances dans lesquelles elles ont été faites.

J'avouerai qu'il m'est encore impossible d'apercevoir la moindre liaison entre le titre de ce chapitre et le premier article.

On voit clairement que Montesquieu avait rassemblé une foule de notes sur les lois de tous les peuples, et que, pour faire son ouvrage, il les a rangées sous différens titres. Voilà. toute cette méthode dont on lui a fait tant d'honneur, et qui n'existe que dans la tête de ceux qui refont son livre d'après leurs idées.

De ce qu'un médecin, qui ne réussit pas dans le traitement d'un malade qui lui a donné sa confiance librement, n'appartient à aucun corps, il ne s'ensuit pas qu'on doive le punir; et, qu'au contraire il ne mérite aucune punition, lorsque, ayant un privilége exclusif de me traiter, il m'a empêché, en vertu de son privilége, de m'adresser à un autre qui m'aurait guéri.

Est-ce qu'en France les chirurgiens et les pothicaires ne sont pas interdits ou condamnés à des dommages, lorsqu'ils se rendent coupables d'impéritie ? Si on ne punit pas les médecins, c'est qu'il serait très-rare de pouvoir les convaincre d'avoir eu tort, au lieu que la preuve contre les chirurgiens et les apothicaires est souvent très-facile (1).

Chapitre XV. — Qu'il est bon quelquefois qu'une loi se corrige elle-même.

Tout homme qui tue un autre homme est coupable d'homicide, sinon d'assassinat, à moins qu'il ne l'ait tué à son corps défendant, pour sauver sa vie ou celle d'un autre ; et, pour être regardé comme innocent, il faut que cette excuse soit au moins probable.

La loi des douze tables était mauvaise. D'ailleurs, Montesquieu veut-il dire autre chose, sinon qu'une loi peut exiger quelques

(1) Ajoutons : Qu'est-ce qu'un médecin d'une condition plus basse qu'un autre médecin ? et cette condition *plus basse* est-elle une bonne raison de condamner ce médecin à la mort, pour la même faute pour laquelle le médecin d'une condition *un peu relevée* n'est condamné qu'à la déportation? Tout cela fait frémir le bon sens.

modifications, distinguer certaines circonstances? Tout cela est vrai et commun, et il
pouvait le dire d'une manière plus simple et
plus utile.

*Chapitre XVI. — Choses à observer dans la
composition des lois.*

L'auteur commence, dans ce chapitre, à
traiter le sujet annoncé par le titre du livre.
Ce qu'il dit est vrai en général, mais n'est ni
assez approfondi, ni assez développé. (*Voyez
les remarques sur le chapitre XIX*).

D'ailleurs, ce chapitre XVI renferme beaucoup de choses inexactes.

Le testament, attribué à Richelieu, emploie
une expression vague, mais cette phrase n'est
pas une loi, et Montesquieu pouvait trouver
dans nos lois, ou dans celles des peuples voisins, des exemples plus frappans. Le chancelier de l'Hôpital crut devoir faire déclarer
Charles IX, majeur à quatorze ans com-
mencés; mais ni lui, ni personne n'imaginè-
rent jamais d'en donner d'autres raisons sé-
rieuses que celles qu'on ne pouvait avouer
publiquement.

Ce n'est pas dans des lois, qu'on a cité ni la rondeur de la couronne, ni les nombres de Pythagore.

L'édit de proscription de Philippe II n'est pas une loi.

Quoi ! notre jurisprudence criminelle est remplie de lois vagues qui conduisent des juges ignorans et féroces à des barbaries honteuses, et Montesquieu dédaigne d'en parler, et il va chercher ses exemples dans des lois oubliées !

Il reproche aux lois du Bas-Empire leur style ; mais c'est confondre le préambule d'une loi avec la loi. Lorsqu'un peuple se donne à lui-même des lois, il n'a pas besoin d'en développer les motifs, et souvent il n'en pourrait donner d'autres que sa volonté. Mais lorsqu'un seul homme dicte des lois à toute une nation, le respect dû à la nature humaine lui impose le devoir de rendre raison de ses lois, de montrer qu'il ne prescrit rien que de conforme à la justice, à la saine raison, à l'intérêt général. Les ministres des empereurs eurent tort s'ils écrivirent ces préambules comme des rhéteurs, mais ils avaient raison de les regarder comme nécessaires, et Montesquieu devait faire cette distinction (1).

Chapitre XVII. — Mauvaise manière de donner des lois.

Les lois doivent statuer sur des objets généraux et non sur des questions particulières; et les rescrits des empereurs ne peuvent être

(1) Ou plutôt il ne devait pas la faire. Tout délégué du peuple, agissant pour lui, doit lui rendre compte de ses motifs; et, quand il serait possible que le peuple entier agît, il ferait encore bien de se rendre compte à lui-même de ses raisons. Il en agirait plus sagement. Condorcet lui-même dit, au *chapitre XIX*, que tout législateur, pouvant se tromper, doit dire le motif qui l'a déterminé; et il explique les différens avantages de cette précaution et la manière de l'exécuter.

Il y a encore une raison pour que tout législateur donne ses motifs; c'est que ces motifs, fussent-ils bons, s'ils ne sont pas de nature à être goûtés généralement, il n'est pas encore temps de rendre la loi; et qu'au contraire, s'il parvient à les faire goûter, il est bien plus près d'amener la nation à toutes les bonnes conséquences qui en dérivent, que s'il avait fait passer la loi toute seule par autorité ou par surprise.

(*Note de l'éditeur.*)

regardés que comme des interprétations données par le législateur. Or, de telles interprétations ne peuvent avoir ni effet rétroactif,
ni force de loi, tant qu'elles ne seront pas
revêtues de la forme authentique qui caractérise les lois.

Une loi de Caracalla était une loi et pouvait être une loi absurde ; un rescrit de
Marc-Aurèle ou de Julien, fût-il un oracle
de sagesse, ne devait pas être regardé comme
une loi avant qu'un édit lui en eût donné la
sanction.

Justinien put avoir tort de donner force
de loi à plusieurs de ces rescrits, s'ils contenaient des dispositions absurdes ; mais ce
n'était point parce qu'ils avaient été faits par
les jurisconsultes qui écrivaient au nom de
Caracalla ou de Commode. Les empereurs ne
faisaient pas plus leurs rescrits que Louis XIV
n'a fait l'ordonnance de 1670.

Ce Macrin, qui avait été gladiateur et
greffier, puis rédacteur des rescrits de
Caracalla, qui régna quelques mois et perdit
l'empire et la vie par sa lâcheté, est une
singulière autorité à citer dans *l'Esprit des
Lois.*

Chapitre XVIII. — Des idées d'uniformité.

Nous voici à un des chapitres les plus curieux de l'ouvrage. C'est un de ceux qui ont valu à Montesquieu l'indulgence de tous les gens à préjugés, de tous ceux qui haïssent les lumières, de tous les protecteurs des abus, etc. Il faut l'examiner en détail.

1°. Les idées d'uniformité, de régularité, plaisent à tous les esprits et surtout aux esprits justes.

2°. Le *grand esprit* de Charlemagne peut-il être cité au dix-huitième siècle dans la discussion d'une question de philosophie ? Ce n'est sans doute qu'une plaisanterie contre ceux qui avaient les idées que Montesquien voulait combattre.

3°. Nous n'entendons pas ce que signifient *les mêmes poids dans la police, les mêmes mesures dans le commerce.* Le commerce emploie des poids et des mesures, la police se mêle des uns et des autres, et ne devrait s'en mêler que pour savoir s'ils ont réellement la valeur qui leur a été supposée, et pour en conserver d'exacts avec lesquels on puisse comparer ceux qui sont employés.

4°. L'uniformité de poids et de mesures ne peut déplaire qu'aux gens de loi qui craignent de voir diminuer le nombre des procès, et aux négocians qui craignent tout ce qui rend les opérations du commerce faciles et simples. Ce qu'on a proposé à cet égard, avec l'approbation universelle de tous les hommes éclairés, c'est de déterminer une mesure naturelle, fixe et invariable, qu'on pût toujours retrouver; de l'employer à former des mesures de longueur, de superficie, de contenance, et de poids; de manière que les divisions successives en mesure et en poids moindres, fussent exprimées par des nombres simples et commodes pour les divisions; d'établir ensuite, d'une manière publique et légale et par les moyens exacts que fournit la physique, le rapport précis de toutes les mesures usitées dans un pays avec la mesure nouvelle, ce qui prévient, pour jamais, toute espèce de procès pour la valeur de ces mesures; la nouvelle mesure aurait été adoptée par le gouvernement, les assemblées d'états, les communautés, etc. Les particuliers auraient eu la liberté de se servir de telle mesure qu'ils auraient voulu.

Ce changement se serait donc fait sans aucune gêne, sans aucun trouble pour le commerce : et jamais personne n'a proposé une autre opération.

5°. Comme la vérité, la raison, la justice, les droits des hommes, l'intérêt de la propriété, de la liberté, de la sûreté, sont les mêmes partout, on ne voit pas pourquoi toutes les provinces d'un état, ou même tous les états, n'auraient pas les mêmes lois criminelles, les mêmes lois civiles, les mêmes lois de commerce, etc. Une bonne loi doit être bonne pour tous les hommes, comme une proposition vraie est vraie pour tous. Les lois qui paraissent devoir être différentes, suivant les différens pays, ou statuent sur des objets qu'il ne faut pas régler par des lois, comme sont la plupart des règlemens de commerce, ou bien sont fondées sur des préjugés, des habitudes qu'il faut déraciner ; et un des meilleurs moyens de les détruire, est de cesser de les soutenir par des lois.

6°. L'uniformité dans les lois peut s'établir sans trouble, sans que le changement produise aucun mal.

On en convient pour l'établissement d'une

bonne jurisprudence criminelle. Mais quel trouble produira celui d'un code civil ? Il changera l'ordre de la distribution des successions : mais une succession qu'on attend n'est pas un droit de propriété : il ne résulte de même aucun droit d'un testament, avant la mort du testateur. Les conventions faites avant la nouvelle loi conserveront toute leur force, à moins qu'elles ne soient contraires au droit naturel. Les conventions sont de trois espèces : ou leur exécution est instantanée, ou elle dure un temps fixe, ou elle est perpétuelle. Dans les deux premiers cas, l'exécution des conventions faites avant la loi nouvelle peut être jugée d'après l'ancienne jurisprudence, sans nuire à l'uniformité des lois. Dans le dernier, elle y pourrait nuire ; mais l'exécution perpétuelle d'une convention ne peut naître du droit de propriété ; elle est uniquement fondée sur la sanction de la loi ; et par conséquent le législateur doit, par la nature des choses, conserver le droit de changer ces conventions en conservant le droit véritable et originaire de chacune des parties ou de ses ayant cause.

Si on établit un mode de jurisprudence

uniforme et simple, il s'ensuivra que les gens
de loi perdront l'avantage de posséder exclusivement la connaissance des fo mes ; que
tous les hommes sachant lire seront également habiles sur cet objet, et il est difficile
d'imaginer qu'on puisse regarder cette égalité
comme un mal.

7°. Ce n'est point une petite vue que l'idée
d'une uniformité qui donnerait à tous les
habitans d'un pays des idées précises sur des
objets essentiels, une connaissance plus nette
de leurs intérêts, et qui diminuerait l'inégalité
entre les hommes relativement à la conduite
de la vie et des affaires.

8°. Un fermier général disait aussi en 1775 :
*Pourquoi faire des changemens ? est-ce que
nous ne sommes pas bien ?* La répugnance à
changer ne peut être raisonnable que dans
ces deux circonstances : 1°. Lorsque les lois
d'un pays approchent tellement d'être conformes à la raison et à la justice, que les
abus sont si petits que l'on ne peut espérer du changement aucun avantage sensible ;
2°. Dans celle où l'on croirait qu'il n'y a
aucun principe certain, d'après lequel on
puisse se diriger d'une manière sûre dans

l'établissement des lois nouvelles. Or toutes les nations qui existent sont bien éloignées du premier point, et on ne peut plus être de la seconde opinion.

9°. *La grandeur du génie* est une de ces phrases vagues qui frappent les petits esprits et qui les séduisent, qui plaisent aux hommes corrompus, et sont adoptées par eux; les uns, parce qu'ils ne voient rien, aiment à croire que la lumière n'existe pas; les autres, qui la craignent, voudraient que personne ne s'avisât d'ouvrir les yeux

10°. *Lorsque les citoyens suivent les lois, qu'importe qu'ils suivent la même?* Il importe qu'ils suivent de bonnes lois; et, comme il est difficile que deux lois différentes soient également justes, également utiles, il importe encore qu'ils suivent la meilleure; il importe enfin qu'ils suivent la même, par la raison que c'est un moyen de plus d'établir de l'égalité entre les hommes. Quel rapport le cérémonial tartare ou chinois peut-il avoir avec les lois? Cet article semble annoncer que Montesquieu regardait la législation comme un jeu, où il est indifférent de suivre telle ou telle règle, pourvu

qu'on suive la règle établie, quelle qu'elle
puisse être. Mais cela n'est pas vrai même
des jeux. Leurs règles, qui paraissent arbitraires, sont fondées presque toutes sur des
raisons que les joueurs sentent vaguement,
et dont les mathématiciens accoutumés au calcul des probabilités sauraient rendre compte.

Chapitre XIX. — Des législateurs.

Montesquieu confond ici les législateurs
avec les écrivains politiques qui ont proposé
des systèmes de législation.

Est-il bien sûr qu'Aristote ait eu une intention si marquée de contredire Platon?

Ce que nous savons des républiques grecques nous donne lieu de croire que leur
législation était très-imparfaite à quelques
égards et surtout très-compliquée. Plus la
législation d'un état sera simple, mieux il
sera gouverné.

Qu'a de commun César Borgia avec la
législation? Les discours de Machiavel sur
Tite-Live, son histoire de Florence, renferment beaucoup de vues politiques qui annoncent, si l'on a égard au siècle où vivait
Machiavel, un esprit vaste et profond : mais

il n'a certainement pas songé, en les écrivant, à César Borgia. Quant au livre intitulé *Le Prince*, quant à la *Vie de Castracani*, etc., ce sont des ouvrages où Machiavel développe comment un scélérat peut s'y prendre pour voler, assassiner, etc., avec impunité. César Borgia passa quelque temps pour être un bon modèle en ce genre; mais il ne s'agit point là de législation.

Pourquoi Montesquieu n'a-t-il pas compté Locke parmi les législateurs? Est-ce qu'il a trouvé les lois de la Caroline trop simples?

Nous sera-t-il permis de placer ici quelques idées sur le sujet de ce livre? Nous distinguerons d'abord le cas où il s'agirait de donner à un peuple une législation nouvelle; celui où l'on ne statue que sur une branche plus ou moins étendue de la législation ; celui enfin où la loi n'a qu'un objet particulier.

Dans le premier cas, il est d'abord essentiel de fixer les objets sur lesquels le législateur doit statuer.

Ces objets sont:

1°. Les lois qui ont pour but de défendre les droits des citoyens contre la violence ou contre la fraude, ce sont les lois criminelles.

2°. Les lois de police : elles se partagent
en deux classes. Les unes ont pour objet
de déterminer les sacrifices que chaque citoyen peut être obligé de faire de sa liberté
au maintien de l'ordre et de la tranquillité
publique. C'est un véritable droit que l'homme acquiert en vivant en société, et par
conséquent il n'est pas injuste de soumettre
les individus à sacrifier à ce droit une partie
de leur liberté. La deuxième espèce des
lois de police a pour objet de régler la
jouissance des choses communes, comme les
rues, les chemins, etc.

3°. Les lois civiles qui se distinguent en
cinq espèces : celles qui déterminent à qui
doit appartenir la propriété, comme les lois
sur les successions, etc.; celles qui règlent les
moyens d'acquérir la propriété, comme les
lois sur les ventes ; celles qui règlent l'exercice du droit de propriété, dans les cas où
cet exercice peut nuire à la propriété d'un
tiers ; celles qui assurent la propriété, comme
les lois sur les hypothèques, sur les débiteurs, etc.; celles enfin qui statuent sur l'état
des personnes.

Sur tous ces objets il faut des lois de

deux espèces. Les premières sont les principes d'après lesquels chaque question doit être
décidée ; les autres règlent la forme suivant
laquelle elle doit l'être.

4°. Les lois politiques qui règlent, 1°. l'exercice du droit de législation ; 2°. la manière
d'employer la force publique au maintien
de la sûreté extérieure ; 3°. les moyens de
l'employer à assurer l'exécution des lois;
4°. la manière de traiter, au nom de la nation, avec les étrangers ; 5°. les dépenses qui
doivent être faites aux frais de la nation ;
6°. les impôts.

Nous ne parlons pas des lois de commerce ,
parce que le commerce doit être absolument
libre , et n'a besoin d'aucune autre loi que de
celles qui assurent les propriétés.

Ensuite il faut, sur chaque partie, réduire
à des questions générales, simples, et en un
aussi petit nombre qu'on pourra, toutes les
questions particulières qui peuvent se présenter, et examiner pour chacune :

1°. Si elle doit être décidée par une loi ;

2°. Si, d'après les règles de la justice , la
raison ne fournit pas une réponse à la question.

Si la raison fournit une réponse, il faut la suivre; sinon on choisira le parti qui paraîtra le plus conforme à l'utilité publique.

Il ne suffit pas que ces lois soient claires, il faut qu'elles ne contiennent que des mots d'un sens précis et déterminé; et, toutes les fois qu'une loi en emploiera d'autres, ces mots seront définis avec une exactitude scrupuleuse.

Comme tout législateur peut se tromper, il faut joindre à chaque loi le motif qui a décidé à la porter. Cela est nécessaire, et pour attacher à ces lois ceux qui y obéissent, et pour éclairer ceux qui les exécutent; enfin, pour empêcher des changemens pernicieux et faciliter en même temps ceux qui sont utiles. Mais l'exposition de ces motifs doit être séparée du texte de la loi, comme, dans un livre de mathématiques, on peut séparer la suite de l'énoncé des propositions, de l'ouvrage même qui en contient les démonstrations. Une loi n'est autre chose que cette proposition : *Il est juste ou raisonnable que......* (Suit le texte de la loi).

Si l'on ne veut donner qu'une branche particulière de législation, il faut avoir soin de la circonscrire avec exactitude, examiner, après l'avoir réglée selon la raison et la justice, si elle n'est en contradiction avec aucunes lois établies, et détruire soigneusement toutes celles-ci, comme on détruit toutes les racines d'un mal qu'on veut extirper. Cependant, il vaudrait mieux laisser subsister une bonne loi en contradiction avec une mauvaise qu'on n'aurait pu détruire, que de laisser la mauvaise seule.

Pour une loi particulière, si l'on veut être sûr qu'elle soit bonne, il faudra l'examiner, non pas isolée, mais dans son rapport avec toutes celles qui doivent entrer dans un bon système de lois pour la branche de législation à laquelle elle appartient, et avec l'état actuel de cette branche de législation. Alors, il peut arriver, ou que la loi qu'on veut faire, doive entrer dans un bon système de législation, ou qu'elle ne soit utile et juste que parce qu'elle s'oppose à l'injustice qui résulte d'une mauvaise loi qu'on ne peut changer.

Dans le premier cas, il faut se conformer à la justice absolue; dans le second, à la justice relative. Dans le premier, la loi doit être présentée comme une véritable loi; dans le second, comme une modification de la mauvaise qu'elle corrige.

Plus l'objet de la loi est particulier, plus il importe que le législateur expose ses motifs. Il est beaucoup plus aisé de saisir l'esprit d'une législation générale ou d'une branche de législation, que celui d'une loi isolée.

Il serait bon de régler, dans une législation générale, un moyen de réformer les lois qui entraînent des abus, sans qu'on soit obligé d'attendre que l'excès de ces abus ait fait sentir la nécessité de la réforme.

Il y a des lois qui doivent paraître au législateur faites pour être éternelles ; il y en a d'autres qui doivent vraisemblablement être changées. Ces deux classes de lois doivent être distinguées dans la rédaction.

Par exemple, cette loi : *Les impôts seront toujours établis proportionnellement au produit net des terres,* peut être regardée comme une loi fondée sur la nature des choses (1).

_____

(1) On voit qu'à l'époque où Condorcet a écrit ceci, il partageait encore les opinions des économistes français les plus exclusifs. Il prouve lui-même la sagesse profonde de l'expression dont il vient de se servir : *Il y a des lois* QUI DOIVENT PARAÎTRE

Mais la loi qui fixe la manière d'évaluer le produit peut être variable, parce qu'il est possible de perfectionner la méthode qu'il faut employer dans ces évaluations.

Il est encore plus important de distinguer les lois qui ne sont que pour un temps. Le chancelier de l'Hôpital, dans un édit de pacification, porta peine de mort contre ceux qui briseraient des images. Il est clair que cette loi trop rigoureuse n'avait pour objet que de prévenir des imprudences qui pouvaient rallumer la guerre civile; et c'est, en vertu de cette loi, regardée comme perpétuelle contre toute raison, que le parlement de Paris a eu la barbarie de condamner le chevalier de La Barre. Même en supposant la loi juste, il eût fallu statuer qu'elle cesserait d'être exécutée au bout de tant d'années, à moins que la continuation des troubles n'obligeât de la renouveler.

Ce que dit Montesquieu, *chap.* 16, sur les énonciations en monnaie n'est pas suffisant.

au *législateur faites pour être éternelles.* Les hommes, en effet, ne peuvent jamais répondre de l'avenir sous aucun rapport.

Non-seulement il faut y ajouter toujours leur
évaluation en valeurs réelles ; mais il faut,
suivant les cas, faire cette évaluation ou en
métal, ou en denrées ; et l'évaluation en
denrées doit être faite d'après le prix moyen
du blé en Europe, du riz en Asie, parce que
la denrée, qui sert de nourriture principale
et habituelle au peuple, est la seule dont on
puisse regarder la valeur comme constante ;
et, si la manière de vivre changeait, il faudrait faire une autre évaluation.

Nous avons dit qu'il y avait des choses
qu'il faut évaluer en métal (1). Tel est l'intérêt d'une somme d'argent prêtée, qui doit
toujours être la même partie du poids total ;
tel est l'intérêt de l'achat d'une maison, d'un
meuble, etc., tandis que l'intérêt de l'achat
d'une terre doit être évalué en denrées.

(1) Cette distinction n'est point fondée. Une somme
d'argent est une valeur déterminée. Au moment où
on la prête, on doit faire en sorte que l'intérêt qu'on
en paie, soit toujours la même portion qu'il a été convenu de donner annuellement de cette valeur, telle
qu'elle était au moment du prêt. L'emprunteur a pu
en acheter tout de suite une valeur égale de biens
susceptibles d'accroissement et de décroissement. (*Note
de l'éditeur.*)

Les lois doivent être rédigées suivant un ordre systématique, de manière qu'il soit facile d'en saisir l'ensemble et d'en suivre les détails.

C'est le seul moyen de juger s'il ne s'y est pas glissé de contradictions ou d'omissions, si les questions qui se présentent dans la suite ont été prévues ou non.

C'est le seul moyen de bien voir, lorsqu'une réforme devient nécessaire, sur quelle partie de l'ancienne loi elle doit porter; et alors la réforme doit être faite de manière qu'on puisse, sans altérer l'unité du système de la loi, substituer la loi nouvelle à celle que l'on réforme.

Ces réflexions sont simples : elles ne forment qu'une petite partie de ce qui doit entrer dans un ouvrage sur la manière de composer les lois : elles sont nécessaires, et Montesquieu n'a pas daigné s'en occuper.

FIN DES OBSERVATIONS DE CONDORCET.

TABLE.

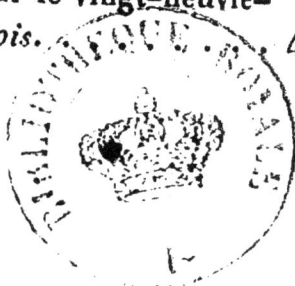

FIN DE LA TABLE.

www.ingramcontent.com/pod-product-compliance
Lightning Source LLC
Chambersburg PA
CBHW031611210326
41599CB00021B/3138